HYGGE！丹麥一年

The Year of Living Danishly:
Uncovering the Secrets of the World's
Happiest Country

我的快樂調查報告

海倫．羅素（Helen Russel）——著
羅亞琪——譯

目錄

CONTENTS

007 前言 快樂調查計畫的執行

027 一月 啟程

我們走出入境大廳，來到冰冷、空蕩、漆黑的外頭，尋找我們租的車。這不是件容易的事，因為所有的車牌都被霜雪弄得模模糊糊的，就像警方重建案發現場時會看到的那樣。終於找到正確的字母和數字組合後，我們開在馬路錯誤的那側，前往樂高樂園。

061 二月 新生

樂高不僅僅是丹麥的一家公司，更是一種生活方式。樂高就像是一盞文化引路燈，啓發了信徒的高度忠誠。丹麥人對自己國家最知名的輸出品甚感自豪；現今，穿著襪子踩到樂高積木而頻頻咒罵的父母，遍及了全球一百三十個國家。

087 三月 融入

自從我們適應了這整個全新的「工作生活平衡」概念後，樂高人就變得十分茫然。他就像贏了樂透一樣，面對一輩子的閒暇與奢華，卻不知道如何運用。由於丹麥人一星期只工作三十四個小時，我們便多了一百三十四個小時如此驚人的空閒時間，得想辦法填滿。

113 四月 **動物**

在陰冷的寒冬降臨丹麥時，我看見一些貴氣的老婦人穿著長至腳踝的皮草，使我感到十分驚訝。後來我發現，丹麥是全世界最大的貂皮輸出國。哥本哈根是皮草貿易的重鎮，中國和俄羅斯則為兩大主顧。但是，這應該和丹麥的動物福利原則有所衝突吧？

131 五月 **摩擦**

轎車女孩和她的朋友發出尖叫，我也發出尖叫。轎車女孩的父母超乎常人地冷靜，拍拍粉紅色洋裝，評估損害的程度。大家原先搞不清楚狗是從哪裡冒出來，接著才終於看見一對穿著雨鞋、拎著糕餅袋的英國瘋子夫妻抵達現場，一邊喘氣、一邊飆汗，不停說著「Undskyld」！

157 六月 **歧視**

在丹麥，被視為強壯的女人是種盛譽。就連在哥本哈根這個重時尚的首都，我也從沒看過在倫敦會覺得習以為常的那種病態身材，或是如紐約女子骨瘦如柴、皮拉提斯做過頭的體態。在這裡，過瘦沒有特別討喜。女人是會進食的。

183 七月 **婚姻**

然而，這麼多離婚案例並沒有讓丹麥人打消結婚的念頭。根據丹麥統計局的調查，丹麥是全歐洲

結婚率最高的國家。所以，要擁有丹麥式的幸福家庭，關鍵因素似乎在於：如果不滿意枕邊人，那就改變這個狀況；如果想要追求別的事物（或別的人），就去追尋。

現在不管到哪，我都會特別注意那些扭來扭去的粉嫩小生物，並開始以全新的眼光看待那些常被留在丹麥咖啡廳和餐廳外頭的嬰兒車。樂高人才剛察覺這個現象，不可思議地問：「丹麥人就這樣把小孩留在路邊？沒人看管？妳能想像家鄉發生這種事嗎？或世界上任何地方？」

近年來，哥本哈根出現了一場飲食文藝復興。在二〇一三年，共有十五顆米其林星星頒發給十三間餐廳，比其他北歐城市還要多。哥本哈根以外的地方，沒有任何餐廳獲得星等，日德蘭半島大部分仍屬美食荒漠。我希望了解更多背後的原因，以及哥本哈根成功的烹飪故事，是否影響了丹麥人的國家自豪感和快樂指數。

丹麥另一個與健康牴觸的事情，就是抽菸。丹麥人很愛抽菸，根據世界衛生組織，丹麥的香菸使用量是導致每年約莫一萬四千人死亡的主因。世界癌症研究基金會（World Cancer Research Fund）在二〇一二年時，又頒給丹麥另一個「第一名」，因為他們發現，丹麥女性是全世界肺癌罹患率最高的。

277 十一月 氣候

某天下午從超市開車回家的途中，我強烈懷疑車上的溫度計壞了，因為指針垂頭喪氣地垂向左邊，指著零下二十度的數字。我敲了敲刻度盤（大家都知道，這是「修理」任何機械的方法，和「打一打」、「反覆開關」是一樣的），但它不為所動。沿著港灣行駛時，我看見一些「軀體膨脹」的小孩，他們身穿著鋪有軟墊的充氣連身裝，小心翼翼從浮橋上「踏入海中」。

301 十二月 信任

信任讓福利國家得以存在，而不是相反。丹麥人接受自己必須繳納高額稅金的這件事，因為他們信任政府會妥善運用他們的錢，做對的事情。這套制度奏效了，丹麥人整體來說便很快樂，因為他們有很高的信任感。

321 節慶 丹麥的聖誕節

J-Day是丹麥聖誕節的非官方起始日，酒吧和餐廳會從晚上九點開始供應聖誕啤酒，釀酒廠的促銷團隊會發放幾百份的免費試飲，揭開派對序幕。樂高人看著身旁咕嚕咕嚕喝著聖誕啤酒的人，說：「既然都來了，我應該也來試喝看看。」

353 後記 丹麥製造

363 心得 「丹麥式生活」十大祕訣

前言

快樂調查計畫的執行

一切其實開始得很簡單。休了幾天假，假日即將結束時，我和老公的心情都很低落，十分不願回去面對那些例行公事。倫敦降下了一場灰濛濛的細雨，使整座城市看起來髒兮兮的，讓人有一種筋疲力竭的感覺，正如當時的我。「人生不可能只有這些而已……」每天搭地鐵上班時，我的腦海中總會閃過這麼一句訕笑的話語，挑釁著自己。十二個小時後，走過隨處可見雞骨頭的街道，回到家裡，晚上還得繼續工作數小時，或是為了工作出席某個活動。

我是一名記者，替一家表面看來十分光鮮亮麗的雜誌社工作。但，我覺得自己像個騙子。因為我每天所撰寫的文章都在告訴讀者如何「兼顧一切」：維持工作和生活的平衡、獲得成功、身心健全、向酒精說「不」等等。可是，我自己的學貸都還沒還清、需要依賴大量咖啡因才能撐過一天的工作，睡前還得靠葡萄酒助眠。

每個星期天晚上，想到接下來的一個星期，我的胸口就會一陣悶。每天早上，我都會按下好幾次鬧鐘的貪睡按鈕才爬得起來。這份工作是我努力很久才得到的，而我在這個產業也奮鬥了十年以上。可是，達到目標後，我發現自己沒有變得比較快樂，只是更加忙碌罷了。我想要達成的目標一直在變，達成一個目標，又會覺得「少了」別樣東西。我以為我想要、需要的東西，或我「應該」做的事情，總是永無止境。而我，總是疲憊不堪，人生變得凌亂、破碎。我總想一次做很多事，但總覺得自己落後他人。

那時，我三十三歲。耶穌也活到這個歲數，但祂在這把年紀時，照理說已經做出在水上行走、治癒痲瘋病、讓死者復活的事蹟。祂也啟發了好幾個追隨者、詛咒無花果樹、在婚禮上神奇地變出大量的葡萄酒。我呢？我有一份工作、一間公寓、一個老公、一些好友，還有一條新養的狗。牠是一隻品種不明的混種犬，養牠，是希望能帶給我們一點鄉村情調，平衡一下繁忙的都市生活。所以，我的人生還算可以!?好吧，我確實經常頭痛、失眠，使用數個月的抗生素，扁桃腺炎仍未好轉，而且每隔一個星期似乎就會感冒一次。但，這些都很正常，不是嗎？

過去，都市生活帶來的刺激曾讓我成長茁壯，和優秀、活力充沛的團隊一起共事，我也從不會無聊。我的社交行程滿檔，有一群支持我以及我所深愛的朋友，而且還住在全世界最令人興奮的其中一座城市。然而，在英國首都全力衝刺十二年後，同時我所居住的北倫敦社區又在十二個月之內，發生第二起砍人事件，使我突然感到情緒極度低迷。

不僅如此。兩年來，我天天注射荷爾蒙，被針筒又戳又捅的，每個月卻總是換來一場心碎。我們一直努力要有孩子，但我就是沒辦法懷孕。每當辦公室傳卡片、募禮金，要送給那些喜獲麟兒、請育嬰假的同事時，我就好不開心。這麼多年來，我每星期上三次門診，目標就是一件嬰兒裝，卻只能買來送人，實在是受夠了。

後來，大家開始開我玩笑，叫我「加快腳步」、說我「已經不年輕了」、不會希望「錯失良機」。聽到這些話，我總是一邊露出大到下巴會痛的笑容，一邊克制自己，不要朝向他們的臉上揮拳並大吼一聲：「滾開！」我早已經認命，打算未來在工作時間穿插人工受孕的療程，然後再用僅有的空閒時間做更多工作，以趕上進度。我不能停；我不能讓自己有時間想太多，才能夠繼續維持我自以為想要與需要的那種生活。

我另一半的壓力也很大，幾乎每晚回到家後，都對這個世界感到憤怒不已。他會氣呼呼地抱怨那一小時半的通勤時間所遇到的糟糕駕駛，或是尖峰時段的交通狀況，接著倒在沙發、沉迷於電視節目的垃圾內容，直到該上床睡覺的時候。

我的老公是個表情嚴肅的金髮男子，身上散發著物理老師的氣質。他小時候曾參加星河巧克力棒（Milky Bar）[1]廣告童星的試鏡，但小時候沒電視可看的他，其實不太曉得星河巧克力棒是什麼，只因為他的父母在《衛報》（*Guardian*）看見廣告，覺得這產品聽起來滿健康就報名參加了。後來，是另一個彷彿得了白化症的小孩獲得那個角色，但他仍記得那美好的一天。那是他第一次玩掌上型的任天堂遊戲機，是另一個有望獲得童星角色的小孩帶來的。此外，他還盡情吃了很多巧克力——若在平常，這可是被禁止的。

他的父母禁止他接觸許多這類新奇的玩具和食品，反倒常常讓他聽古典樂、帶他上博物館，或是到戶外進行長距離的清新徒步之旅。因此，不難想像在他八歲的時候，他的父母聽到他說最喜歡的書是阿爾戈斯

（Argos）[2]的商品目錄時，內心有多麼失望；他可以開心地讀好幾個小時的商品目錄，在這本厚重的「巨著」裡，圈選各種想要的家電產品和樂高組合。從這個童年喜好，就知道他將來會成為什麼樣的人。

他出現在我的生命時，我已經差不多放棄希望了。那年是二〇〇八年，前一任男友在一場婚禮上把我甩了；上次約會的對象邀我到他家共進晚餐，卻被我發現在看足球比賽的電視轉播，忘記買任何吃的，後來他說要幫我訂達美樂披薩，我跟他說不用麻煩了。所以，當我認識未來的老公，他說要煮飯給我吃的時候，我其實並沒有抱太大的希望。結果，那頓晚餐進行得出奇順利。他很聰明、幽默，人也很好，而且還拿出了「白瓷焗烤杯」！我跟我媽講到最後這一點時，她十分讚賞地說：「有一組白瓷焗烤杯，表示他是個教養很好的年輕人，而且他還知道怎麼使用，那就更不得了了！」

三年後，我嫁給了他。因為他會逗我笑、願意吃我的實驗料理、不會抱怨我把家裡的甜食一掃而空。有時，他確實讓人很受不了——每天都會弄丟鑰匙、皮夾、手機，甚至全部一起弄丟；到哪兒都會遲到；上個廁所總是要上老半天，叫人氣得要命（「你是在翻修廁所嗎？」）。但我們的婚姻沒什麼問題。我們一起建構人生。此外，撇開醫院的療程以及輕度的憂鬱／疲勞／感冒病毒／因為月初花太多錢導致月底出現的經濟問題，我們依然相愛。

我想像我們兩個幾年之後會搬離倫敦，過著工作、拜訪朋友、度假的生活，接著退休。我幻想自己的人生就像英國版的《女作家與謀殺案》（*Murder She Wrote*），過著和主角潔西卡・佛萊契（Jessica Fletcher）一樣的生活[3]：撰寫犯罪小說、解開除卻血腥內容的犯罪事件、喝一杯好茶，最後來個皆大歡喜的結局。我幻想中的退休生活一定會超酷的。可是，當我和老公分享這個願景時，他似乎不怎麼熱情。我得到的反應是：「就這樣？大家都這樣啊！」我試著再跟他解釋一遍：「你沒聽清楚潔西卡・佛萊契的那個部分嗎？」他說，《女作家與謀殺案》是虛構的。我對他的言論嗤之以鼻，說他接下來該不會要告訴我，「獨角獸可不是真的唷！」然後，他打斷我的話，跟我說他真的很希望有一天可以旅居海外。

「『海外』？」我不確定自己有沒有聽錯。「你是說，『不在這個國家』？不在我們的海洋？」

「對。」他回答。

「噢。」我這個人對冒險沒什麼興趣，因為成長的過程和年輕時期就已經歷了很多。現在，我比較嚮往安定。如果前方出現必須放膽冒險的事情，我傾向在自己的舒適圈內乖乖躲好。點菜時，我甚至不敢點平常不會吃的東西，但我老公似乎想要追求更多。這讓我很害怕，擔心自己會無法滿足他。疑慮的種子就這樣種下了。接著，在某個下雨的星期三晚上，他告訴我，有人要給他一份新工作，工作地點在另一個國家。

突如其來的機會

「什麼？這是什麼時候發生的？」我問道，口氣有些「衝」，懷疑他私下偷偷在找國外的工作。

「今天早上的事。」他說，給我看一封電子郵件，確實是那天早上莫名其妙寄來的，問他有沒有興趣到丹麥工作。丹麥，有著美味的餡餅和培根、小說中的女性角色向來都很強健，而且還出產我老公小時候最愛的玩具。希望雇用我老公的，就是那些小小塑膠積木的製造商。

「樂高？」我一邊讀信，一邊不可置信地問。「你希望我們一起搬到丹麥，這樣你就能替樂高工作？」他在開玩笑嗎？我們現在是在湯姆・漢克的某部續集爛片裡嗎？大人可以實現童年願望的那部？接下來會發生什麼事？「森林家族」（Sylvanian Families）找我當森林女王？還是「彩虹小馬」（My Little Pony）要邀請我擔任牠們的大王[4]？「這究竟是怎麼回事？難不成有妖精作怪，還是馬戲團的機器故障之類的？」

我老公搖搖頭，說他真的是今天才知道這件事，一定是他很久以前接觸的人力仲介突然把他介紹給這間公司。他說，他真的沒有主動去找這份工作，但既然現在工作找上門，他希望我們至少可以考慮一下。「拜託了？」他求我。「就算是為了我？若是我，就會願意為了妳這麼做。下次我們也能為了妳的工作搬家。」他向我保證。

我不認為這是個公平的交易：他很清楚，我只想開開心心地待在倫敦郊區的某個宜人小鎮一輩子，執行我的「潔西卡・佛萊契計畫」。丹麥從沒出現在我的人生計畫當中。可是，他真的很想要做這件事。接下來一個星期，我們工作以外的時間都在討論這件事。談得越多，我就越明白此事對他的意義和重要性。如果我不答應他的請求，才結婚一年的我們，將來會變得如何？我真的希望這件事變成我們的遺憾嗎？甚或更糟的是，我真的希望他為此對我有所埋怨？我愛他。因此，我答應他，我會考慮看看。

某個周末，我們到丹麥「勘察」一番，並參觀了樂高樂園。我們嘲笑丹麥人開車開得慢；看見一份簡易三明治的價格，驚訝得說不出話。這個國家確實有些很吸引人的地方：環境乾淨、餡餅超出我們的預期，風景雖然不如挪威峽灣那般震撼人心，卻也使我們的性靈獲得昇華。

在丹麥的時候，我感受到全新的可能在面前展開。我們看到一種不同的生活型態，也發現我們在這裡遇見的人和英國人很不一樣。姑且不論他們全是高大魁梧的維京人，身材比我的一六〇和我老公「狀況好時」的一八〇都要高得多，我們遇到的丹麥人「看起來」的感覺也和我們不一樣。他們看起來很愜意，走路慢條斯理，總是不疾不徐，有時停下腳步欣賞周遭景致；或，只是為了停下來，好好吸一口新鮮空氣。

然後，我們回到家，回到日常的苦差事。雖然費盡全力，那個念頭仍舊在我腦中揮之不去，好似一本情節不賴的犯罪小說，被一條又一條的線索解開謎底。我們可以改變生活的方式——這個想法讓我心神不寧，取代原先那種毫無怨言的認分態度。我突然覺得「潔西卡‧佛萊契計畫」好遙遠，我不確定自己是否能保持同樣的步調再過三十年。我也突然發現，大半輩子都在期待退休生活（即使是很棒的退休生活），簡直就像中古時期的人才會做的事。我又不是農奴，日日辛勤耕作，最後因過勞才結束勞碌的生活。我可是在二十一世紀的倫敦工作，生活應該要過得不錯、快活，甚至簡單。所以，三十三歲就在夢想退休人生的我，顯然有什麼地方必須改變。

我不記得上一次放鬆是什麼時候的事了——好好地放鬆，不需要依靠安眠藥或酒精助眠的那種。我幻想著：如果搬到丹麥，說不定就能學會這種「不需成天背負沉重壓力」的生活習慣……。我們可以住海邊，每天到海灘遛狗；我們也不必再搭地鐵——我們打算搬去的地方，甚至根本沒有地鐵。

過完「另一種生活」的周末後，我們面臨抉擇：我們可以選擇繼續留在已知的世界，或者在臉上長出皺紋前就做出行動。如果我們想要嘗試更豐富圓滿的人生，就得做出不一樣的改變，現在就要開始！我老公超喜歡斯堪地那維亞國度，所以早就選了丹麥，而我因為生性謹慎，需要多點時間思考。身為一名記者，我決定先研究一下這個國家。

我對丹麥幾乎一無所知，只知道莎拉・隆德（Sarah Lund）的法羅群島針織毛衣[5]、碧姬特・奈柏格（Birgitte Nyborg）的髮髻造型，還有《權力堡壘》（Borgen）編劇亞當・普萊斯（Adam Price）把政治結盟的題材變成黃金時段影集的超強本領[6]。這些北歐的黑色影劇只教我兩件事：第一，這個國家的雨永遠下不完；第二，常常有人遭殺害。然而，丹麥顯然也很受到觀光客的喜愛。

根據丹麥觀光網站Visit Denmark的官方數據，相關數字高達百分之二十六。我還發現這個北歐小國的商業成就超出了人們的預期，主要的輸出品牌有：大概是全世界最好喝的啤酒嘉士伯（Carlsberg）、全世界第七大乳品公司兼亞諾牌奶油（Lurpak）製造商的愛氏晨曦（Arla）、英國培根的主要供應商丹麥皇冠（Danish Crown），當然還有全世界最大間的玩具製造商——樂高。這對一個人口才五百五十萬（和南倫敦的人口差不多）的國家來說，還挺不錯的。

「五百五十萬！」我看到這個數字時，忍不住捧腹大笑。當時只有我家的狗和我在公寓裡，而牠也努力加入這個話題，噴著鼻息表達驚愕之情。好吧！牠或許只是打了個噴嚏。「才五百五十萬，這也算是個國家？」我問我家的狗。「那不是一個大城的人口而已嗎？這樣也需要有自己的語言？」牠悄悄地走開，彷彿無法回答這個問題，而我還是繼續查下去。

我發現，根據愛爾蘭的中央統計局指出，丹麥是歐盟國中物價最高的國家，而且這裡的居民必須繳納貴得不得了的稅。這表示，我們也要繳這麼高的稅金。喔，好極了！所以到了月底，我們會比現在更窮！然而，我查到，人民繳納的每一塊丹麥克朗，將會換來全套的社會福利、免費健保、免費教育（包括大學）、育兒津貼，以及保障你能連續兩年獲得八成薪資的失業保險。

另外，丹麥也是貧富差距最小的國家之一。不僅如此，世界上還沒有任何一個國家達到真正的性別平等，可是丹麥似乎也離這目標不遠了。我寫這本書時，他們不僅有一位女首相，還有很多厲害的女性位居領導地位。在美國和英國，那些壓力大、薪酬低的女性被要求退讓順從並且付出更多，但在丹麥，女性似乎不用委屈求全，也能過得很好。噢，還有一點：女人倘若無法兼顧家庭和工作，也不會遭到責難、唾棄自己。

我認為，這是一件很棒的事！

在美國和英國，我們總是努力工作、賺更多錢，可是在北歐，人們則是努力換取更多時間，請家務假、從事休閒娛樂，達到工作與生活的完美平衡。常常可看見丹麥被引述為員工每周工時最短的國家；根據丹麥統計局（Statistics Denmark）的最新數據，丹麥人一星期的平均工時只有三十四個小時。相較之下，英國的國家統計局則發現，英國人一星期的平均工時為四十二點七個小時。丹麥人不像其他國家的人，夜以繼日地勞動，再將多餘的收入換取生活中其他面向的服務，像是煮飯、清掃、園藝，甚至打蠟，他們選擇自己動手完成這些事情。

丹麥也創下了許多世界紀錄：擁有全世界最棒的餐廳，即位於哥本哈根的諾馬餐廳（Noma）；是對人最有信任感的國家；對階級之分的容忍度最低。然而，最吸引我的，是最重要的事物：我們的新家候選國是

「地球上最快樂的國家」。聯合國的「世界快樂報告」（World Happiness Report）將原因歸納為：人均國內生產總值高、壽命長、沒有貪汙腐敗的現象、對於社會支持的感受度很高、可以自由做出人生的選擇，以及慷慨大方的文化。鄰國的挪威和瑞典雖然緊跟在後，同樣位於快樂國家排名的前茅，但榮獲第一名的卻是丹麥。此外，英國國家統計局列出的世界最快樂國家名單，以及歐盟執行委員會的幸福指數，丹麥也都名列第一，共蟬聯四十年。一切頓時變得有趣起來。

「快樂」是撰寫生活風格文章的記者所嚮往的目標；我撰寫的每個專欄或多或少都跟如何追求這個難以實現的目標有關。況且，自從一九九〇年代早期，我在我的軍用二手包上塗滿REM[7]的歌詞後，我就一直很渴望成為亮麗、快樂人種的一員（好吧，我沒聽懂歌詞當中對共產黨的諷刺評論，但我那時也才十二歲）。

我知道，證據顯示，快樂的人錢賺得較多、身體較健康、關係能夠維持得較長久，甚至「聞起來」也比較香。大家都想快樂，不是嗎？可以確定的是，我們都花了不少時間和金錢想讓自己快樂一些。我查資料的當下，自助產業在美國的產值高達一百一十億美元；自助相關書籍也在過去五年以來，替英國的出版商賺進六千萬英鎊。抗憂鬱藥物的使用率在過去十五年成長四倍，是現今全世界最常開的前三名藥物，緊跟類固醇和止痛藥之後。比較幸運的少數族群，即使從不需要服用抗憂鬱劑，或者閱讀那些承諾能讓你心情好轉的書籍，恐怕也曾利用食物、酒精、咖啡因或信用卡讓自己快活一點。

但是，如果快樂不是用買就能買到的呢？我幾乎可以感覺到，要是那些生活風格雜誌之神發現我懷有這種驚人的想法時，會如何想盡辦法把我打倒。如果，快樂比較像一種過程，努力練習就能得到？如果訓練你的心理和生理就能得到快樂？如果，丹麥人真的成功征服了快樂？

快樂的來源

當記者的其中一個好處，就是能靠探聽八卦維生。我可以拿「研究」為藉口，打電話給許多有趣的人物，並有完美的理由詢問一些深入的問題。因此，當我發現丹麥有「快樂經濟學家」克里斯欽・比亞奇可夫（Christian Bjørnskov）這號人物時，我趕緊與他聯繫。他向我證實，我們的北歐鄰國的確不會藉由花錢來自我慰藉，完全否定了我平常有百分之九十的機率會使出的抗憂鬱策略。

克里斯欽告訴我：「丹麥人不相信多買一些東西就能帶來快樂。買更大輛的車子，在丹麥只會讓你繳更多的稅；買更大棟的房子，只會讓你花更多時間整理。」大概就是類似已故的偉大歌手「聲名狼藉先生」（Notorious B.I.G.）所說的偉大格言：「財富越多、焦慮感也越大。」或者根據我最近很愛的谷歌翻譯，用聽起來不那麼厲害的丹麥語形容，就是「mere penge, mere problemer」（錢越多、問題越多）。所以，究竟什麼東西才會讓丹麥人興奮？他們為什麼全都如此快樂？我很懷疑地問克里斯欽，丹麥人對生活的滿意度這麼高，會不會純粹只是因為他們想要的不多。

他馬上回答：「絕對不是。人們普遍認為，丹麥人之所以快樂，是因為他們的期望不高。但是在上一個歐洲研究中，丹麥人被問到對生活的期許時，卻發現這些期許都很高，可是也都十分實際。」所以，丹麥人不是因為實現了某些容易達到的期許才很快樂，而是因為他們的期許雖然很高，卻也十分可行？「一點兒也沒錯！在丹麥，人們也很自由。」克里斯欽說。丹麥是出了名的觀念進步，不僅首開同性婚姻合法的先例，也是歐洲第一個不需要絕育也能變性的國家。

克里斯欽繼續說下去：「並非所有的北歐國家都是如此。例如在瑞典，許多的人生選擇仍被視為禁忌，像是同性戀，或身為女人卻打算不生小孩。然而在丹麥，三十歲決定不生小孩並不會怎麼樣，不會有人因此用異樣的眼光看你。這裡的社會規範程度不像其他地方那麼高。」不過，克里斯欽提醒我，丹麥人在某些方面也是會遵守規範的。

他告訴我：「我們每一個人看起來都很像；不同的年紀和性別各有自己的一套『制服』。」例如，四十歲以下的女性會穿著緊身牛仔褲、寬鬆T恤、皮革外套，以及披得很有格調的圍巾，髮型則是丸子頭或是直長金髮；三十歲以下的男性則愛穿緊身牛仔褲、高筒運動鞋、印有標語或樂團圖樣的T恤、短版夾克和平頭；年紀較長的男性和女性則喜歡穿Polo衫、不花俏的鞋子、寬鬆便褲和夾克。此外，每個人都會戴北歐出品的方形黑框眼鏡。「可是，隨便問一個丹麥人的感受或他們可以接受的事物，答案就有很多種。」克里斯欽說。「在丹麥，不愛思考是一件很奇怪的事。」

他說，這裡的人們不太在意社會階級的差異。他拿自己參加的一個網球俱樂部為例，使我馬上想到有權有勢的美國北歐後裔、漢普頓區[8]的白人、長島的冰茶和伍迪・艾倫的電影。但克里斯欽立刻糾正我：「在丹麥，參加運動社團不需要有特別優越的社會地位，大家就只是想運動。很多丹麥人都會參加俱樂部，像我就常常和老師、超市員工、木匠、會計師等各行各業的人一起打網球，我們都是平等的，社會階級對我們來說，並不是那麼重要。」

克里斯欽告訴我，丹麥人真正重視的是信任：「在丹麥，我們不只信任親朋好友，也信任路上的陌生人。這一點才是讓我們的生活和快樂程度與他人不同的原因。若詢問各種民調問受訪者：『你覺得大部分的人都是可以信任的嗎？』結果總會發現，丹麥人對人的信任感相當高。超過七成的丹麥人會回答：『是的，大部分的人都是可以信任的。』在其他歐洲國家，平均只有三分之一的人這麼認為。」克里斯欽所說的現象讓我覺得很有意思，因為除了直系血親之外，其餘的親屬約有七成，我都無法信任。克里斯欽告訴我一個現象，又讓我大吃一驚：丹麥父母覺得孩子身處的環境非常安全，因此即使在外頭、咖啡廳和餐廳，他們也敢單獨把小孩子留在嬰兒車裡。腳踏車不用鎖、窗戶也開著，全都是因為丹麥人對他人、政府和整個體系擁有高度的信任。

丹麥的國防預算很少，儘管兵役是義務制，但若真的遭受攻擊，這個國家幾乎沒有能力自我防衛。然而，由於丹麥和鄰國的關係十分良好，所以也不需要害怕。正如克里斯欽所說：「當你信任他人，生活就會變得簡單許多。」

「丹麥的社會福利也是人民快樂的原因之一嗎？」我問他。

「沒錯，社會福利是有幫助的。當人人平等並有國家照顧你時，就比較不會出現不信任的現象。」那麼，若換成偏右的黨派執政，或者政府沒錢了，會發生什麼事？如果國家不再照顧每個人，丹麥的快樂神話會變成什麼樣子？

克里斯欽解釋：「丹麥人的快樂不只建立在良好的社會福利、擁有社會民主主義的執政者或財富的多寡。丹麥人希望這個國家在他人眼裡，是個寬容、平等、快樂的社會。丹麥是歐洲第一個廢除奴隸制的國家，推動性別平等的歷史悠久，從一九一八年開始就有女議員參政，是個觀念進步的地方。我們一向對丹麥的名聲感到很自豪，也很努力維持這個形象。在丹麥，快樂存在於潛意識，深植於文化的每個面向。」通話結束時，在丹麥住一年的想法已深深吸引我。能夠花一段時間學習思考和生活或許也不錯。老公回到家後，我用一個似乎不是出自我口的聲音，小小聲地告訴他：「嗯，好吧……我們……搬去吧！」

樂高人（從現在開始，我們就這樣稱呼他）聽到這消息，高興得在廚房跳起一段迷人的機械舞。後來，他打電話給人力仲介公司時，我聽見他發出歡呼。隔天，他帶了香檳和樂高迷你公仔的金色鑰匙圈回家，鄭重其事地送給我，我盡可能地展現出熱情並謝謝他。接著，我們開了香檳、敬我們的未來。「敬丹麥！」

原本只是一個模模糊糊、很不真切（或至少還很久遠）的念頭，開始要付諸實踐：我們填寫相關表格、與居留仲介洽談，並跟身邊的人宣布我們的搬遷計畫。他們的反應令人驚訝。有些人很支持；很多人說我「很勇敢」（我真的不勇敢）；還有一對夫妻說，他們真希望自己也能做一樣的事。很多人都露出困惑的表情；有個朋友甚至引用塞繆爾・詹森（Samuel Johnson）的話，說我如果厭倦倫敦，一定是厭倦了整個人生；另一個朋友非常嚴肅地奉勸我們：「告訴別人你只是要去九個月。如果你說要去一年，不會有人再和你們保持聯繫，因為他們會以為你再也不回來了。」好極了，謝謝啊。

冒險的開端

當我辭去我那整體來說不錯、偶爾極有魅力的工作時，得到的反應也是什麼都有：「妳瘋了嗎？」「妳被炒魷魚啦？」「妳要成為愜意的少婦？」是最常見的三個問題。我的回答則分別是：「有可能喔」、「沒有」、「當然不是」。我向同事解釋，我打算當個自由工作者，撰寫與健康、生活和快樂有關的文章，並為英國的報章雜誌報導斯堪地那維亞的新聞。有些人說，他們想投入自由工作者的行列已經很久了，有些人則無法接受自由工作者的概念，甚至還用「職業自殺」一詞來形容。聽他們這麼說，就算我先前不害怕，現在也嚇死了。

「我到底做了什麼？」我每天都如此哀聲歎道好幾次。「要是事情無法順利發展怎麼辦？」樂高人用實事求是的口吻說：「如果沒有順利發展，那就沒有順利發展呀！我們試一年看看，如果不喜歡就回來。」他說得很簡單，好像如果不試試看，就太傻了！於是，最後一天上班哭得像淚人兒過後回到家，我把這十年來每天所穿的制服——裙裝、外套和四吋高跟鞋，好好打包、收起來，因為我們即將前往的地方，這些服裝會派不上用場。

某個星期六，六名搬家工人現身在我們的小公寓，喝著咖啡、吃著巧克力消化餅。我們把所有的身外之物打包進一百三十二個箱子裡，裝上貨櫃，準備運到遙遠的丹麥鄉間。這一切真的在進行中。我們就要搬走了，而且不是搬去哥本哈根某個舒適的外國移民區。正如倫敦不像真正的英格蘭，根據可靠消息指出，哥本哈根也不像「真正的丹麥」。我們要去的地方，市區全覽圖、地鐵卡和名牌鞋的優惠卡全都用不著，只要有橡膠雨鞋和雨衣就足夠，這個地方就是斯堪地那維亞的蠻荒之地——日德蘭半島的偏遠地帶。

比隆小鎮（Billund）位於半島南方，人口僅有六千一百人。我知道，有些人的臉書好友比這個數字還要多。樂高總部和樂高樂園位於這座城鎮，但我對這裡的認識也就這麼多。「妳要去一個叫『皮龍』的地方？」親朋好友不知道問這個問題問了幾次。「比隆。」我會糾正他們。「離哥本哈根三小時的距離。」

如果他們略感興趣，我會多說一些，告訴他們一位名叫奧爾・科克・克里斯蒂安森（Ole Kirk Christiansen）的木匠，如何在一九三〇年代開始這一切。他的故事就像安徒生童話：一個鰥夫為了養活自己和四個孩子，以製作木頭玩具維生。後來，他開始製造塑膠積木，取名為樂高，來自丹麥語「玩得開心」（leg godt），而我老公就是要去替這間玩具公司工作。還想了解更多的，家裡通常都有個樂高迷；沒有小孩的，則喜歡問那裡的冬季運動。

「丹麥很冷，不是嗎？」

「沒錯，它位於波羅的海，當然很冷。」

「所以，呃，那裡可以滑雪或滑雪板嗎？」

「可以，但不在丹麥。」

然後，我會告訴他們，丹麥境內最高的地方只有海拔一百七十一公尺，所以如果想滑雪，必須到瑞典。

「那麼，那裡一定充滿斯堪地那維亞風情囉？」那些轉移話題、想入住免費度假小屋的人，常會這麼問。而我只得跟他們解釋，最近的度假勝地在兩百五十公里外。

很多人搞不清楚我們究竟要去哪一個北歐國家。我們收到很多卡片，祝我們「在芬蘭一切順利！」我媽則到處跟別人說我們要搬到挪威。就很多層面來看，確實也是如此。從倫敦換到北歐鄉間，這麼大的差距總會讓人大吃一驚。

搬家工人走後，我們只剩下一個裝滿衣物的行李箱，還有整櫃的酒——礙於海關規定，我們不能帶酒入境。為了因應這個狀況，我們辦了一場「喝乾公寓」派對。可是，晚上在冷清清的房間用塑膠杯喝存放三年的義大利檸檬酒，其實沒有聽起來這麼快意，大家只能站著或坐在地上，說話聲迴盪在少了家具的空間。整場派對不像為了什麼特殊事件而辦，也沒有電影裡會看到的那種史詩般的餞別場面。對大多數的人而言，生活一如往常。除了幾個比較親密的朋友和家人以外，我們離開英國的這件事，並沒有什麼大不了。有些人表示了自己的一點心意，其中一位帶了迷你棋盤蛋糕和一壺熱茶，因為我家已經沒水壺和茶包了。我感激得差點掉下淚來。現在回想，我當時真的可能哭出來。還有一位朋友製作了蒙太奇，記錄我們在倫敦所度過的種種時光。另外還有一位朋友借了氣墊床給我們，讓我們度過最後一晚。

一棟愛德華風格的聯排公寓，在一個濕冷的冬夜，沒有任何家具，確實是個令人悲傷的地方。我們躺在不太夠兩個人睡的氣墊床上，十分不舒服，還要努力不挪動身子，以免把對方彈下床，滾到硬邦邦的木地板。終於，樂高人的呼吸變得深沉，我知道他睡著了。無法入眠的我，盯著天花板那個問號形狀的縫隙；我們很久以前就想把它填補起來。我們彷彿失去一切，或變成了偷住空屋的人，或是剛離婚——雖然，我們就躺在彼此的身邊。就這麼一晚，我們一無所有。我盯著那個問號似乎有數小時之久，直到窗外的街燈熄滅，我們陷入一片黑暗。

隔天，我們和家人以及幾個好友一起在公寓附近的咖啡廳共進午餐。有椅子耶！還有盤子！簡直就像天堂。除此之外，也有不少眼淚：我的、我媽的，還有一位學生時代的朋友的；她因為最近生了一對雙胞胎，變得很易醉。另外，我們也喝了啤酒和琴酒，並且收到一些有助於轉換心境的北歐相關禮品。接著，幾小時後，計程車前來載我們到機場。頓時，我好想多在倫敦逗留一會兒，一邊在晨昏中穿越這座城市、一邊把它的每一個細節都記下來，牢記河岸每一盞閃爍的燈光，好讓我下一次回來時，還能記得這一切。我想靜靜享受這一刻。然而，我們的司機不是那種多愁善感的類型。他放起無比吵雜的美國饒舌樂，打開一瓶空氣芳香劑。

我們沉默地坐完剩下的旅程。我在腦中反覆溫習計畫，好占據自己的心思。這是過去三十三年以來，我所謹遵的輕微病態法則：「讓自己忙碌，就沒時間悲傷！」我大略構思的計畫是這樣的：盡可能融入當地人的生活，了解丹麥這個國家、探究這裡的居民快樂的原因。在此之前，我的新年新希望大致脫不了以下：「多做瑜伽」、「讀史蒂芬•霍金的著作」、「減個三公斤」等等。但是今年我只有一個新希望：「丹麥式生活」。是的，我甚至為這個計畫取了一個名稱。接下來十二個月，我要調查各個面向，了解如何「丹麥式生活」。我要探訪各領域的專家，請求、威嚇、甚或賄賂他們，請他們分享丹麥人知足的祕訣、示範丹麥人不同於他人的行事方法。

在倫敦的最後幾天，我每小時都會察看丹麥的天氣，因此有了第一個問題：為何丹麥人每天在零下十度的環境，仍能保持心情愉悅？另外，得知納稅之後會剩下多少所得，也叫我大開眼界：高達百分之五十的稅！應該沒人能接受才對，不是嗎？面對可能面臨的窮困，樂高人仍面不改色，把焦點放在周末生活副刊中常出現的北歐設計產品。我心想：難道是丹麥備受讚譽的美學設計影響了國民的情緒？還是說，他們純粹是從那些美味的餡餅攝取了大量的多巴胺？

我決定發掘在現代生活的各個層面中，令人感到快樂的關鍵。教育、環境、基因、婦科檢查椅（是的）、家庭和食物，都是我打算研究的層面。說真的，你們有沒有嘗過新鮮出爐的丹麥餡餅？很好吃。有了這些餡餅，丹麥人怎麼可能對人生不滿意？每個月，我都會學一件事，並且跟著改變我的生活。我要展開一段追尋之旅，為了我個人、也為了我身為記者的專業，找出丹麥人「自我感覺良好」的原因。我希望這些研究成果可以成為你我一輩子的快樂準則。

快樂調查計畫就此啟動！為了確保這些專家說出口的和實際上的快樂程度相符，我會請他們替自己打分數，十分表示快樂無比、零分表示悲慘至極，中間值則表示普普通通。這是個蠻有趣的小活動，因為在我執行丹麥一年的計畫之前，我會給自己打六分，一個還不錯的數字。每個人都在我的離職卡片上稱讚我是個快樂的人，但我很快就發現，表面上總想要討人喜愛的陽光女孩，不見得真心誠意對自己感到滿意。事前做功課、打給克里斯欽時，我也問了他的分數。他坦言，「就算是丹麥人，也不可能樣樣完美。」但他接著說：「我會給自己八分。」還不賴。我又問他，有什麼能讓你這位快樂教授更快樂？他毫不猶豫地回答：「交女朋友。」所以，如果有人想和丹麥的黃金單身漢教授約會，請洽詢出版社。至於其他人，這本書會教你如何像丹麥人一樣快樂。

注釋

1 雀巢製造的一種白巧克力棒，其廣告常找童星代言，扮成西部牛仔的模樣。
2 英國和愛爾蘭的一家零售業品牌。商品種類繁多，包括玩具和家電。
3 《女作家與謀殺案》是美國電視劇，劇情類似日本卡通《名偵探柯南》，每次主角出現在某個地方，就會發生謀殺事件。警方起先認定的嫌疑犯往往和主角認為的不一樣，最後主角總會找出真正的犯人、解開整個謎團。
4 森林家族和彩虹小馬都是小女孩的玩具品牌。
5 莎拉・隆德是丹麥懸疑劇《謀殺拼圖》（*The Killing*）的主角，她身上穿的毛衣很受觀眾喜愛。
6 《權力堡壘》為丹麥的政治劇，主角碧姬特・奈柏格是以丹麥的第一任女首相為原型。
7 美國搖滾樂團，從一九八〇年代晚期起，歌詞開始帶有政治意涵。
8 位於紐約長島東端的熱門度假勝地，有許多極其昂貴的避暑豪宅。

一月 啟程

我們走出入境大廳，

來到冰冷、空蕩、漆黑的外頭，尋找我們租的車。

這不是件容易的事，因為所有的車牌都被霜雪弄得模模糊糊的，

就像警方重建案發現場時會看到的那樣。

終於找到正確的字母和數字組合後，

我們開在馬路錯誤的那側，前往樂高樂園。

「Hygge」對於丹麥人的意義

某樣又冰又軟的東西落在我們的頭上。四周一片漆黑，我們站在安靜的機場跑道上，思忖著下一步。上飛機前，一切是悶熱、明亮、吵鬧的。我們被其他乘客又推又擠，地勤人員帶我們坐上公車、穿梭在機場內；起飛後，穿著整齊海軍藍制服的空服員把我們照顧得無微不至，不斷供應小瓶裝的酒和汽水。可現在，我們隻身站在結冰的柏油跑道上，一個鳥不生蛋的地方。當然，旁邊也有別人，但是我們互不相識，而且我們也聽不懂他們在說什麼。整個地方散發出白閃閃的光芒，好似由小蘇打的結晶體所製成。空氣非常冷冽稀薄，只到我的喉頭就卡住了，無法順利進入肺部。

「現在怎麼辦？」我先開口，但下雪的聲音卻掩埋了我的聲音。我的耳朵也因為受凍而疼痛不已，於是我用頭髮把它們遮蓋起來。這招還滿有用的，雖然我更聽不清楚了。樂高人的嘴唇在動，我卻不知道他在說什麼，所以我們只好改用手語溝通。「走這邊？」他邊用唇語表示，邊指向前方的白色建築。我做出八〇年代高中生流行的電影手勢，豎起大拇指：「好。」

一個拖著附有輪子的袋子的女人出現在我們身後，毫不遲疑地走向前方那一小塊方形的光源，我們尾隨著她，沿路踏過緊實的冰雪，發出「嘎吱嘎吱」的聲響。這裡沒有任何接駁車或加蓋的通道。看樣子，維京人喜歡凡事靠自己。

hygge

老公輕輕捏了捏我那幾乎要凍傷的手，我雖努力微笑，卻因為牙齒抖個不停，看起來比較像是在扮鬼臉。我本來就知道這裡會很冷，但沒想到會冷成這樣。暴露在波羅的海的空氣才九十秒，我就已經冷到骨子裡。就快要流鼻水時，我的鼻子突然不再發癢，而且變得完全感覺不到鼻尖。我心想：「天哪，這裡就連鼻涕也會結冰？」來到查驗護照的地方，我鬆了一口氣，腳趾和手指也因室內相對溫暖的環境而舒緩許多。一個巨大的廣告看板寫著：「歡迎來到全世界最快樂的國家！」宣傳的是丹麥最有名的啤酒。我心想：「是喔，我們走著瞧。」

我們誰也不認識、不會說丹麥語，又沒地方可住。原本開開心心、打賭要在「新的一年蛻變成新的自己」，現在只覺得：「靠，這下是玩真的！」出發前兩天的冗長歡送派對和送別午餐所造成的宿醉，不僅無濟於事，反而雪上加霜。

走出入境大廳，我們來到冰冷、空蕩、漆黑的外頭，尋找租借的車。這不是件容易的事，因為所有的車牌都被霜雪弄得模模糊糊的，就像警方重建案發現場時會看到的那樣。終於找到正確的字母和數字組合後，我們開在馬路錯誤的那側前往樂高樂園。因為不熟悉那些被雪部分覆蓋住的路標，我們轉錯了幾次彎，最後總算抵達接下來幾天暫時的「家」。

「歡迎來到樂高樂園飯店！」入住時，一位高大、魁梧的金髮櫃檯人員朝我們燦笑。他的英語說得非常好，使我鬆了口氣。克里斯欽之前向我保證，大部分的丹麥人語言能力都很好，但他也提醒我，在鄉村地區不要期望太高。我們現在就在鄉下，不過目前為止，一切都好。

櫃檯人員接著說：「我們安排了公主套房。」

「公主套房？」樂高人複述。

「和總統套房一樣？」我滿懷希望地問。

「不，是主題套房。」櫃檯人員把監視器轉過來，讓我們看看套房的樣子。那是一間粉色系的臥房，裡面有張粉紅色的床，以及用塑膠積木蓋成的城堡造型床頭櫃。

「懂了？」

「哇！我懂了……」

櫃檯人員又接著說：「這間套房是用一萬一千九百六十塊樂高積木蓋成的。」

「……好，是的，可是……」

「……而且還有上鋪喔！」他驕傲地補充道。

「很棒。只是，我們沒有小孩……」櫃檯人員一臉困惑，好像我說的話多難理解：「牆上還有蝴蝶裝飾耶！」我覺得他接下來很有可能變出一杯獨角獸的眼淚，因此決定溫和地勸退他：「聽起來真的很棒，可是我們不需要這麼……高級的房間。沒有別的房間嗎？」他皺了皺眉，在鍵盤上敲敲打打了一會兒，接著抬起頭、臉上依舊掛著大大的笑容：「海盜套房如何呢？」

於是，我們在新國度的第一晚，就在一面巨大的骷髏旗下方度過。房裡有個裝滿海盜服裝的箱子，還有各種鸚鵡和古西班牙銀幣的道具。早上，樂高人從浴室出來時，還戴著一副眼罩。

不過，白天似乎讓一切變得比較美好。我們拉開窗簾，看見外頭明亮的白色新世界，眨了好幾次眼睛，才把這幅景象盡收眼底。吃完一頓豐盛的自助早餐（首次嘗到丹麥著名的醃漬鯡魚）之後，我們覺得自己已準備好，可以開始執行移居新國家必須處理的生活大小事。因此，我們踏出戶外。雪花已經升了一個檔次，從帶有李察・寇蒂斯（Richard Curtis）電影風格的溫和雪花，變成被生氣的小小孩用力搖晃過的透明雪花球。此時，天空正迅速淨空內容物，急著朝四面八方丟下其重擔。我們回到室內，套上所有的衣物。一小時後再度出門的我們，酷似米其林的輪胎人，但卻也為新的一天做好了準備。坐在租來的車子裡，我努力記住排檔不在左手邊，並且應該靠右行駛。樂高人則在讀由新公司的人力資源經理貼心寄來的待辦事項清單。這份詳盡的文件共有十頁，多得嚇人，而且還只是「第一階段」。

樂高人宣布：「首先，我們需要身分證，不然嚴格來說，我們不存在於丹麥。」原來，被英國人嫌棄多年、最後終於在二〇一〇年被捨棄的身分證制度，長久以來都是丹麥人生活中不可或缺的一部分。一九六八年開始，每個人都會被登錄在「中央人口註冊系統」（Central Population Register，CPR）中，擁有一組獨一無二的號碼，由生日加上四位數所組成。女性的最後一碼為偶數，男性則為奇數。這組號碼印製在一張黃色的塑膠卡片上，必須「隨時隨地攜帶」（人力資源經理非常強調這點）。做任何事，都需要這組獨一無二的號碼，像是到銀行開戶、就醫、租屋，甚至上圖書館借書，也會需要用到。當然，前提是我們能看得懂丹麥文的書，或是知道圖書館在哪裡，或是知道「圖書館」的丹麥文是什麼。甚至會有一個條碼，只要掃描一下，就會顯示出我的完整醫療紀錄。聽起來很有效率，我也確定辦證手續並不難——只要我們知道自己在幹嘛，或是如何抵達註冊機關。結果，這件事花了一個早上才完成。即使如此，我們還是覺得自己算幸運了。因為，歐盟以外的新住民必須等好幾個月才能拿到居留證，而且拿到之後，每隔幾年就要更新一次。想成為移民，不適合有行政恐懼症的人。

下一步，到銀行開戶。在當地唯一一間銀行裡，一個長相聰明、留著極短平頭、戴著北歐風方框眼鏡的男子熱情地迎接我們，說他名叫「艾倫」。接著，他指著自己的名牌，又說了一遍自己的名字。我發現，他的名字有兩個「L」，是丹麥的拼法。這位名字有兩個「L」的艾倫告訴我們，他會負責幫我們開戶。接著，他幫我們倒咖啡、讓我們從一盒巧克力中挑自己喜歡的來吃。比起英國的銀行，這裡的銀行人員真是有禮貌又友善。正當我這麼想的時候，他說：「所以，你們在丹麥沒有錢囉？」

「是的，我們昨天才剛到。」樂高人說。「我們還沒開始工作，但這裡有我的合約、薪資協議與支薪日的細節。」他把文件拿給艾倫。

艾倫仔細讀過以後，終於勉強地說：「我會給你一張丹卡（Dankort）。」

「太好了，謝謝！什麼是丹卡？」我問。

「丹卡是丹麥的國家轉帳卡，等妳有錢時可以使用。當然，這張卡只能在丹麥使用。不能花費超過帳戶裡的錢，也沒信用卡可用。」

「沒信用卡可用？」從畢業後，我就開始在英國享盡各種信用卡的優惠，身上從不帶錢。不管是因為全球金融危機還是其他原因，信用卡對我這一代人來說，幾乎等於基本人權。刷卡付費是種生活方式，現在居然要我們馬上戒斷信用卡？

艾倫重申一次：「沒信用卡。」他大方地補充說明：「但妳有錢的時候，可以領現金。用這個就行了！」他揮舞著一張看起來很陽春的提款卡。

現金！從二〇〇四年開始，我就沒帶過實體金錢了。我跟女皇一樣，只差在我有一張藍色的國民西敏銀行卡（NatWest card），並且對中看不中用的鞋子具有強烈的喜好。但現在我居然要在一個只用現金的國度過活，攜帶一些綠色、粉紅色和紫色、看起來像大富翁裡所使用的鈔票，以及中間挖洞的奇怪銀幣？我連丹麥的數字都還沒學會耶！但是，名字有兩個「L」的艾倫十分堅決。

「有了這張卡，」他在我們眼前晃動那張塑膠卡，好像在說，他願意放心交給我們任何東西，我們該心存感激似的。「你們可以登入網路銀行，進到政府網站。」聽起來很厲害。我心想，我們現在是在談論中央情報局史諾登作風的事情嗎？[1] 不過，艾倫接著又講得更清楚一點：「就是，可以讓你們付帳單之類的。」

銀行帳戶搞定（雖然裡頭空空如也），我們總算可以正式展開尋找租屋的任務。居留仲介會協助我們尋找租屋處，但是因為還有幾個小時才會跟她碰面，所以樂高人建議，我們先到最近一座大小比較正常的城鎮進行偵查，以免我們最後判定這座玩具城不適合我們。

比隆單調乏味的街道和千篇一律的房屋，就像戲劇裡面的軍事基地一樣，所以我早就認定這座玩具城並不適合我們；希望下一個地點會好一些。進入下一座城鎮時，我的信心增加了不少：這裡有漂亮的紅磚宅邸與市立建築、鋪鵝卵石的街道，以及簇擁在堅固建物之間、引起我很大興趣的時裝店。這個地方就像北歐的基爾福（Guildford）[2]。然而，在「大路」上開了一段路後，我們開始懷疑是不是發生了什麼核能災害，而且只用丹麥文宣布，所以我們並不曉得。

「我們已經……」我看了一下錶，「二十分鐘沒看見任何生靈了。」

「妳確定嗎？」

「是的。」我說。「我們遇到唯一類似人類的東西，就是幾條街以前看見的詭異噴泉，上面有真人大小、全裸的馬頭人身和貓頭人身雕像的那個。」

「那個位於『市中心』、造型很像特雷維噴泉（Trevi Fountain）[3]、神似安妮塔・艾格寶（Anita Ekberg）[4]，但卻有著色情小馬的雕像？」樂高人兩手故意做出強調的手勢，表示並不認為這是個繁榮的城市。

「沒錯，就是那個！色情小馬和露胸小貓。」

「嗯哼！」

後來我們得知，這座雕像是為了向小說家卡夫卡致敬。我心想，卡夫卡一定很得意吧！我們又經過了一些商店，但不是沒開就是空無一人；還有一些房子，看起來沒人住，裡面卻有幽微的燭光閃爍著。

「這不太正常吧？大家都上哪去了？」我問。

「我……不知道……。」

我用手機查了一下新聞：沒有核能意外；第三次世界大戰還沒爆發；也沒有什麼可怕的病毒疫情。排除了立即死亡的可能性，樂高人建議先找間店喝杯東西，等待天氣暖和起來。可是，我們找不到任何酒吧，也找不到任何看起來是：一、有營業；二、不是麥當勞或土耳其烤肉連鎖店的地方。終於，我們找到一間有賣咖啡的麵包店，因此我提議「每樣東西都點一份」，希望碳水化合物能讓我們的心情好一點。

店內沒有客人，所以我們滿心期待地站著，等人來帶位，但櫃檯後的那個女人完全無動於衷。「嗨！」我試著引起她的注意，但她迴避我的目光，忙著排箱子裡的餐包。樂高人用挑高的眉毛指向各式各樣的食物，表示「我可不可以點這個和那個？」最後，那個女人終於投降，對上我們的眼神。我們露出微笑。而她，還是沒笑。她指了指頭上寫著數字「137」的LED燈板，又指了指我們身後一台精緻熟食店使用的餐券機，然後用丹麥語說了一句我們聽不懂的話。我又不是在一九八〇年代要跟肉販買火腿，我只是想要在這間沒客人的店買個餐包，如此而已。她當真要我領餐券？她當真是要告訴我，今天已有一百三十六個客人光顧？這座城鎮當真有這麼多人住？

此時，麵包店女的雙手堅決地合抱在胸前，彷彿是說：「照規矩來，否則甭想吃到奶香四溢的美味餐包。」被打敗的我只好轉過身、向右跨三步、從餐券機取出一張上面寫著「137」的白色小紙，然後走回來。那女人點點頭、拿走我的餐券、放開雙手，表示可以開始進行正常的服務了。

點完餐後，樂高人接到一通電話，是那熱心過頭的人力資源員工所打來的。他走到外頭講電話，以遠離奶泡機的吵鬧聲，而我則找了一張桌子，好放置我們這兩隻貪吃鬼挑選的餡餅。「不可以先偷吃！」他用手遮住通話孔，嚴厲地說。

他這麼謹慎，不是沒有依據。我在這方面是累犯，只要方圓一百公尺內出現蛋糕，就可能被我消滅。我的肚子期待得受不了，不知道要怎麼樣一口也不碰地撐到樂高人回來。為了讓自己分心，我一邊用手機上網查「新國家，丹麥，文化衝擊」，一邊狂喝咖啡。

我發現，丹麥人是歐洲國家中咖啡喝最多的民族，而且每人每年平均消耗十一公升的純酒精。看來，我們應該還是能適應良好。讓我覺得更有希望的是，我查到了文化融合輔導師佩妮樂・雪嘎（Pernille Chaggar）的網站。認定文化融合輔導師正是我展開「丹麥式生活」一年所需要的人，再加上第二杯濃咖啡使我心情好了起來，於是我便打給佩妮樂，請她參與我的快樂調查計畫。她很好心地答應我的請求——而且沒要我事先取票，才能打給她。

對於我們從倫敦搬到偏遠的日德蘭半島，她感到很驚訝。隨後，她又對我們選在一月時搬遷，表達深深的哀悼。她告訴我：「冬天來丹麥，對外人來說是非常不容易適應的。冬天是丹麥人的私人家庭時間，大家全都躲在家中。在十一月到二月的這段期間，丹麥人會把自己包得緊緊的——衣服裹得多、人也躲得好好的。所以，如果在外面沒看到什麼人，特別是偏遠地區，請不要太訝異。」

好極了！

「那，他們都跑到哪裡了？大家都在幹嘛？」

「他們都在『hygge』（呼嘎）。」她這麼告訴我，發出一個好像東西卡在喉嚨的聲音。

意思，妳說什麼？」

「『hygge』。這是丹麥特有的東西。」

「那是什麼意思？」

「很難解釋，是一個所有丹麥人都曉得的詞，有點像是在描述舒適愜意的時光。」

我還是有聽沒有懂。「這是動詞還是形容詞？」

佩妮樂說：「兩者皆可。比方說，窩在家裡舒舒服服、點著燭光，就算是在『hygge』。」我告訴她，我們發現街上空無一人，而且經過很多人家的窗戶，裡面都可以看見燭光。佩妮樂又重複一次，說那是因為大家都待在家「hygge」。看樣子，燭光是個不可或缺的元素，而丹麥人的確也是全世界燃燒最多蠟燭的民族。「但『hygge』比較像是一種概念。麵包店也可以形容為『hygge』……」我猜對了！看著眼前一堆美味的餡餅，我這麼想。「……和朋友吃晚餐也是hygge。妳可以說自己正在hygge，通常hygge的時候都會喝酒……」

「噢！很好。」

「hygge也跟天氣和食物有關。外頭天氣如果不好，我們會待在舒適溫暖的室內，吃美食、點燭光、喝好酒。英國人會上酒吧認識朋友、進行社交活動，但在丹麥，我們喜歡在家裡和親朋好友交際。」

我告訴她，我在這裡還沒有房子，也沒有朋友。此外，除非發生什麼極端的事，使我媽認定人們對柏克郡（Berkshire）[5]的讚美言過其實，否則短時間內，我的家人也不太可能前來拜訪我。「所以，外來的新住民要怎麼像丹麥人一樣hygge？」

「沒辦法。」

「噢。」

「那是不可能的。」她說。當我正要陷入絕望的情緒中、放棄這整件事時，佩妮樂糾正自己並勉強表示，如果我願意努力看看，「或許」還是可以做到hygge。「如果不是丹麥人，想要hygge，必須走過一段辛苦的歷程。澳洲人、英國人和美國人比較習慣外來移民，因此也比較擅長對新來的陌生人放開心胸、開啟話題。我們丹麥人不擅長寒暄，冬天習慣躲在家裡。」她接著說，讓我重燃一絲希望。「不過，春天情況會好一些。」

「好的，那麼這裡什麼時候春天？」

「官方定義是三月，但實際上是五月。」

「好極了！那把這些全納入考量，」在她描繪了一幅荒涼黯淡的冬日景象後，我忍不住問她：「對於那些說丹麥是全世界最快樂國家的研究，妳有什麼看法？妳快樂嗎？」

「快樂？」她口氣不太確定，害我以為她就要告訴我，這整個「快樂丹麥」的概念其實被過度放大了，但她回答：「我會給自己打十分滿分。丹麥文化真的非常適合孩子，是全世界最棒的！我不認為世界上有其他地方比丹麥更適合養育子女。妳有小孩嗎？」

「沒有。」

「噢。」她的語氣好像在說：「那妳真的完蛋了……」但她接著說：「好吧，祝妳hygge順利！」

「謝謝。」

樂高人從外面回來，嘴唇已經呈藍紫色，身子微微顫抖。他宣布玩具製造商和他的小精靈們都已準備好迎接新來的他，他將如先前所計畫的，在一個半星期、我們適應良好之後，開始上班。我告訴他，要適應這裡的生活恐怕沒這麼簡單，並且轉述了我和佩妮樂的對話給他聽。

下載完所有的對話內容後，他說：「真有趣。」我們沉默地坐了一會兒，盯著面前滿滿一盤的碳水化合物。過了一會兒，樂高人挺起身子，把眼鏡摘掉、泰然自若地放在桌上，接著清了清喉嚨，好像要說什麼非常重要的事一樣。他說：「妳覺得，丹麥人自己怎麼稱呼他們的餡餅？」他拿起一個餡餅仔細研究。

「什麼東西？」

「就是……他們總不會也叫這些餡餅『丹麥餡餅』吧？」

「也是。」本持著英國人偉大的壓抑傳統，我們熱切地抓住這個新話題緊緊不放，忽視新生活可能會帶來的徒勞與孤寂。樂高人開始上網查資料，而我則打開我們唯一的一本旅遊指南，從中尋找答案。

「噢！你看！」我指著書，把書中的大意唸給他聽：「這些餡餅叫做『維也納麵包』，因為當年丹麥烘焙師傅舉行罷工，迫使他們的雇主雇用了一些奧地利人。結果這些奧地利人做的麵包非常好吃，後來這些餡餅到了美國……」

「怎麼去的？」

「什麼？」

「怎麼去到美國的？」

「不知道啦，海運吧！還有餡餅專屬的護照呢！總之，到了美國，人們把這種餡餅稱為『丹麥餡餅』，從此以後這個名稱就定下來了。」我唸到這裡就停了，因為我發現樂高人趁這機會搶先一步大啖餡餅，我可不想落於人後。

「這是肉桂蝸牛捲。」他指著一塊螺旋狀、撒有肉桂粉的麵團糕餅，已經被他吃了一半。我趁他還沒有機會吃光剩下的一半前就把它拿走並迅速咬下去。我的味蕾甦醒了，多巴胺流竄全身上下。「實在是太了不起了……」我邊吃下第一口，邊喃喃自語。這和我在英國吃到的那種半乾半濕、使用人工增甜劑的「丹麥餡餅」一點也不像。這塊餡餅十分清爽，同時卻又濃郁無比；辛辣，但又帶有甜味，濃烈、複雜的味道，一個接著一個輪番上陣；餅皮的口感先是酥脆、再來柔軟、最後黏牙。我暫時置身於另外一個世界，那裡所有的東西都用糖製成，沒人生氣、沒人必須工作或洗碗、沒人踢到腳趾頭，也沒有人的笑容是假的。我狼吞虎嚥地解決了剩下的蝸牛捲，接著靠在椅背，對這個驚奇的大發現感到訝異不已。樂高人說：「我懂！而且這還只是基本款，他們也做巧克力口味的。越靠近櫃檯那端，就越高級豪華。」他指向櫃檯。

「這只是入門款？」我用油膩膩的手拍了一下額頭。「天啊！復活節前我肯定已經開始穿鬆緊褲了。」我邊吃第二塊餡餅，邊告訴他：「別管什麼聖誕節後的戒食計畫了，如果這就是所謂的「丹麥式生活」，那我想我們會適應得很好。還有，不管佩妮樂怎麼說，我們無論如何都要hygge。」樂高人回答：「我還是不知道那是什麼，但我也要加入。」他塞了另一塊蝸牛捲到嘴巴，象徵一言為定。

整潔美麗的居家環境

增加幾千大卡的熱量後，我們帶著圓滾滾的肚子離開麵包店去和居留仲介碰面。她是一名身材苗條的女子，染成金黃色的頭髮綁成典型的北歐丸子頭，身穿黑色皮夾克、外搭厚重的鵝絨上衣，以及一件看起來很容易著火的長褲。她安排了幾個會面，讓我們看看丹麥的房子。

我們欣喜地發現，這些房子全都很相似，有著白色的牆面、漂白過的木地板、完善的地下暖氣，而且全都不見一絲凌亂。此外，這些房子的室內全都很熱。看樣子，日德蘭半島的居民很喜歡在家中單穿一件T恤四處走動，即使在一月也一樣。每次跨過一道門檻，我們就要脫掉圍巾和冬季大衣，一邊流汗、一邊適應冰天雪地的戶外和熱帶室內之間的溫差。過去五年以來，我們所住的愛德華式聯排公寓的保溫效果很差，加上從小到大父母總告訴我：「如果會冷，就再套一件毛衣，套到手臂碰不到身子為止。」因此，這種奢侈的中央暖氣設備對我來說，簡直就是過分鋪張。

「太……熱……了……」參觀第二棟房子時，我一邊脫衣服，一邊隔著美麗諾羊毛含糊不清地說。

「對啊，為什麼呀？」樂高人扯了扯衣領，釋出一些熱空氣，擦掉眼鏡上的霧氣。

我想，丹麥人長久以來都擁有超溫暖的房子，是不是因為氣候太冷的關係。氣候越冷的地方，人們對抗寒冷的準備似乎就越周全。或許，英國溫和潮濕的冬天，意味著我們在這方面的發展向來比較落後。我把這個理論說給樂高人聽，但居留仲介無意間聽到，打斷了我們的對話。

她告訴我們：「丹麥的中央暖氣系統很出名。我們的門窗品質都很優良，」她各指了門和窗，唯恐我們沒聽懂。「隔熱效果非常好。英國有『通風裝置』，」聽她的口氣，似乎對通風裝置的概念不屑一顧。「丹麥人是絕對不可能忍受這種東西的。」她接著解釋，丹麥有一種精良的區域供熱系統，經由燃燒廢棄物、風力和中央太陽能供熱系統所產生的熱氣，加熱該地區幾乎每一間房子的松木地板。根據她的說法：「這麼做的效能很高，也不需要關掉暖氣！」我不確定這是不是能源消耗的一種永續做法，但我很佩服她懂這麼多。

另外，我們參觀的每一棟熱呼呼的房子都非常整潔、帶著極簡風格，卻又充滿設計師的格調。其中一位驕傲的房東誇耀自己的房子有著一塵不染的工作檯，以及具有禪風氛圍的整齊居家環境。她打開廚房的抽屜，炫耀其緩衝機制。我還發現她的廚具就和屋內其他事物一樣，帶有無懈可擊的秩序。

「這太不正常了！」移動到下一個房間時，我對樂高人嘶聲說道。在我們英國的廚房，開櫥櫃的同時必須用空出來的手擋住臉，以防有東西跳出來；裝錯的抽屜堆滿樂扣盒，誰有膽子打開，就要面對被抽屜砸中的危險。但在這裡，所有的房子都是井然有序、乾淨無瑕。我問了仲介：「這些人是房東，沒錯吧？他們沒有什麼動機必須在訪客來之前進行大掃除吧？」她看起來一臉困惑。

「訪客來之前大掃除？英國人都這樣？」她露出批判的表情。「丹麥人無時無刻都努力讓自己的家維持整潔的樣貌。」我忍不住想向她表明，我們英國人也努力做到這點，又不是說我們會為了好玩而有便。樂高人感受到我的怒火，把手輕輕放在我的手臂，要我別開戰。她還告訴我們，丹麥人習慣在進屋時脫鞋，把鞋子整齊地擺在門邊的鞋架。「這樣一來，就不會把任何塵土或室外的髒汙帶進屋內。」她這麼告訴樂高人，顯然放棄和他那邋遢的妻子溝通。

我們很快就明白，乾淨和丹麥文化幾乎是畫上等號，光滑、俐落、容易擦拭乾淨的設計隨處可見：水箱隱藏在假牆壁內的半空懸掛式馬桶；嵌入式的衣櫃；以及看起來屬於畫廊裝潢的燈飾。缺點是，沒有浴缸。帶著批判神情的仲介告訴我們，丹麥人在十年前拆除了浴缸設備，把浴室改裝成較為現代的樣貌。她說：「而且淋浴比較衛生。」這是我執行快樂調查計畫時經歷的一大挫折。沒有辦法泡澡，怎麼有人能夠快樂？而且還是全國皆然？樂高人理解我的痛苦，於是向我保證，我們隨時可以上網找《唐頓莊園》裡的那種獨立式浴缸，並將這樣東西列入他那不斷增加的丹麥新家必備用品清單。

第一天的尋屋大冒險結束以後，我開始好奇：如此強調房子必須乾淨、清爽、光滑、具有設計感，會不會是丹麥絕佳生活品質的重要因素。好奇想知道更多的我，找到了丹麥設計博物館的館長安—路易斯．索默（Anne-Louise Sommer），希望徵詢她的專業意見。安—路易斯曾研究過家具設計、文化趨勢、國家認同與意識形態之間的關係，並提出了一些理論。

安—路易斯說：「丹麥是個很重設計的社會，而這也是人民之所以很快樂的重要環節。」她說，丹麥時尚的美學風格受到德國包浩斯學派（Bauhaus school）的影響，從一九二〇年代起，優良的設計便成為丹麥的傳統。她告訴我：「當時，丹麥經濟衰退，出現巨大的社會挑戰，但政府決定將設計列入優先考量，因為他們知道，設計對人們的幸福很重要。」丹麥人似乎走在時代的前端。二〇一一年，倫敦大學學院（University College London）的科學家研究這個現象，證實了觀看美麗的事物的確能讓我們更快樂，因為這會刺激大腦中的多巴胺。我禁不住想：就像那些餡餅一樣！研究顯示，偉大的藝術和設計甚至會引發和戀愛時一樣的腦部活動——丹麥人早在九十多年前，就已體認到這件事。

安—路易斯解釋：「對一個年輕的社會民主政府來說，提供高品質的設計是住宅復興計畫很關鍵的一環。」許多偉大的天才，像是建築師兼設計師的阿納・雅各布森（Arne Jacobsen，知名的蛋椅設計便是出自其手）、燈光設計傳奇人物保羅・漢寧森（Poul Henningsen），以及家具製造商漢斯・韋格納（Hans Wegner）與芬恩・尤爾（Finn Juhl），都十分出名，也將丹麥的設計推向國際。我問她，一般丹麥人是否明白自己國家的設計有多偉大。安—路易斯想了一下。

「如果在街上隨便問一個人，他們可能並沒有特別思考過自己和文化或設計之間的關係，但那是因為他們向來不需要思考這個問題，設計已內化在丹麥人的意識裡，我們很習慣擁有美麗的環境。」她說。「美感從人生最開始就已存在。孩子來到學校，就開始與高品質的建築和家具互動，因此他們從小就明白，想要實踐美好的生活，實用又美麗的設計是必需的。長大後，在辦公室工作或身處公共環境，大部分的丹麥人也都親身經歷結合了功能與設計的高品質環境。」我明白她的意思。目前為止，我所看到的公共空間全都是下重本設計的，到處是華麗的建築和古奇的設計（除了那個色情小馬噴泉）。

「當然，天氣也是一個原因。」安—路易斯說。「漫漫冬日期間，我們經常待在室內，自然會投資很多金錢在周遭環境上。花這麼多時間在家，當然要讓家好看點！」那麼，擁有一個設計感十足的家，真的能夠讓人快樂？安—路易斯的答案是肯定的：「我認為，美學環境和內心感受互有關聯。」她告訴我，整天待在博物館被美麗的設計所環繞，絕對是讓她感到快樂的原因。所以，她給自己打幾分呢？「九分。」安—路易斯說，但隨即改正過來：「其實我現在想不到其他可以讓我更快樂的事物，或許我可以打十分！」

受到啟發的我們，也想創造一個快樂並充滿丹麥設計的家。現在，只需要選擇一間仲介所推薦的房子就行了。我們已經把名單縮小到兩間：我選了一間位於大鎮（The Big Town）、靠近色情小馬的公寓，樂高人則選了一間靠海的房子。靠海的那間位於一棟老舊紅磚建築的一樓，看起來很像某機關大樓。仲介告訴我們，這棟建築以前是醫院。

樂高人十分喜愛鄉村生活與廣闊無邊的自然景致，被越少人破壞越好，我把這歸因於他小時候住在蘇格蘭鄉間和約克郡荒野的兒時經歷。反之，在漢默史密斯（Hammersmith）[6]的河岸邊漫步，對我來說就可定義為「重返大自然」。不意外，我們兩個很難達成共識。

樂高人爭論道：「住在這裡，永遠不可能像住在倫敦一樣，所以，住在一個和我們所習慣的世界級大都市比起來形同垃圾的城鎮，意義何在？（日德蘭半島的居民們，我對他的言行感到萬分抱歉。）不如好好利用這個機會，住在海邊！」我心想：是啊，他當然沒差。他每天都會去辦公室上班，而我得待在家裡工作，只有一條狗和海浪作伴。

我們曾談到有一天要住在海邊，但我腦海中的畫面是：一、我們一百歲時；二、一棟位於布萊頓（Brighton）或霍夫（Hove）[7]的漂亮聯排公寓，兩旁有著附庸風雅的咖啡館和手工麵包坊。太陽永遠照耀，而且我們會有很多訪客。就算是在我最淒苦的幻想中，我們濱海小屋的前身也永遠不會是丹麥鄉下某棟醫院，而且還是冬天。

可是，不知怎地，他還是說服我了。可能是因為他承諾我們一輩子都會有餡餅可吃，或是因為他把我灌醉了，或是其他不明的原因。總之，隔天早上我們已經默默達成共識，貨運公司也捎來一封信，確認下星期二會將我們所有的物品運到濱海的史迪克斯維爾（Sticksville-on-Sea）。

靠近海邊的家

四個高大魁梧的維京人從貨櫃卸下一百三十二個箱子，接著脫掉鞋子、鋪上毯子，以保護木地板，然後開始一邊拆箱，一邊對我們的物品評頭論足。所有的箱子都照原先存放的房間貼著標籤。我很開心地發現，我那倫敦衣櫃的內容物被標上了「羅素夫人的衣物」的字樣（我希望，以後能聽到更多人使用此正式頭銜稱呼我）。他們很懂禮數地將這些衣物拿到臥室，可是我後來發現，他們將一抽屜的褲子全散落在剛組裝好的床上，而我藏青色的蕾絲內衣也不見蹤影——這可就沒那麼有禮數了。不過，撇開他們可能偷了我的內衣這一點外，這些搬家工人是我所見過最彬彬有禮、口齒清晰、具有教養的一群。他們還問了我們許多關於聯合政策的問題、我們對大衛・卡麥隆（David Cameron）的髮型有何感想（我後來得知，丹麥人很愛嘲笑他的頭髮），以及我們對歐盟的看法等。

他們離開以後，我們下定決心要多了解歐盟的政治情勢，往後才不會給自己難堪。接著，我們開始整理物品，替那些被我們遺忘許久的東西找個家。這時，我才驚愕地發現，所有的東西都好髒。「你覺得是運送過程造成的嗎？」我滿懷希望地問，努力把灰灰髒髒的白色書櫃擦乾淨。樂高人一臉狐疑：「有可能。但也有可能是我們在地下層的公寓住久了，從沒發現所有的東西都很髒。」

我告訴他，我比較喜歡我的版本。我們開始用肥皂洗掉明顯的污漬，心想著我們到底有沒有辦法達到對居家環境無比自豪的丹麥人的標準。洗刷數小時後，家具變得乾淨了點，卻不夠擺滿新家的空間。原來，住在倫敦市中心所能負擔得起的坪數，其家具只能占滿一般丹麥居家空間的一半。由於太陽三點就下山了，屋子此時也漸漸陷入黑暗。搬到丹麥，不僅要帶燈泡，還得要準備好相關裝置。天花板見不到任何接線盒，我也完全不知道怎麼搞定天花板上那些延伸得亂七八糟的通電電線。

於是，我們就著頭燈的光線泡了一壺茶，接受之後得把這些用品全部買齊的事實。樂高人很開心。他是個喜愛戶外和動手做東西的約克郡人，對於室內設計的熱情總是高得驚人。多年來，他默許每個人的假定，讓人以為訂閱家居生活雜誌，與打造漂亮居家環境的都是我。最後，他終於承認拼貼板和剪貼本等全部都是他的傑作，並公開了他的祕密嗜好。現在，他希望「丹麥式生活」一年可以讓他更充分展現這個興趣，這樣他就能多到戶外、變得自豪，「還能」擁有時尚的燈飾。他已經非常著迷於北歐美學，決定要把我們的新家擺滿各式各樣價格高得嚇人的設計師品項。我擔心如果放任樂高人這麼做，恐怕再也吃不到蝸牛捲，於是便打給一名室內設計師，向她請教若要讓我們的新家變得hygge，有哪些值得買的必備物品。

替丹麥最著名的室內設計雜誌《更好的生活》（*Bo Bedre*）工作的夏洛特・朗霍特（Charlotte Ravnholt），建議我們保持簡單的風格。她說：「要呈現丹麥的風格，不用一開始就瘋狂購買一大堆東西。比較常見的做法是，先買幾樣必要的物品，再拿現有的搭配組合。」這讓我很受鼓舞。那麼我們首先需要什麼？

「丹麥人的家使用很多自然的素材，像是木頭和皮革。另外，我們喜歡使用很多燈具。在世界上大部分的地方，燈具通常都位於房間中央，但在丹麥，我們會纏繞燈具、擺在特定的位置，創造出一處光源，成為hygge的地點，或是讓人感到舒適的地方。懸吊燈飾、落地燈飾、桌燈，這些也都需要好好想想。」

我把這些全都記在便利貼上。樂高人伸長了脖子想聽對話，並把身子挪近。我不得不拍他一下，要他別靠這麼近，然後寫下：「她說我們只需要買幾樣必要的物品就好了！」我放下筆，全神貫注聽夏洛特說話。再次看向便利貼時，我發現樂高人在我寫的那段話旁邊加了一個「☹」後氣呼呼地走掉，打算尋找其他方式，把還沒入口袋的錢拿來花在並非真正需要的事物上，用在根本不屬於我們的房子裡。

我向夏洛特詢問hygge的事情，她告訴我，丹麥人通常會在家裡的沙發上放披巾或毯子，還有很多的靠墊，增添額外的舒適感。她告訴我：「丹麥人甚至有冬夏不同的靠墊。靠墊在丹麥是一塊很大的市場——手頭緊、買不了新家具時，丹麥人會花五百丹麥克朗（約新台幣兩千兩百元）買一條很棒的靠墊，使房間煥然一新。」一花五百丹麥克朗在一個靠墊上？在我看來，這還是花了很多錢呀！我心想，不知道這個一切都很時尚的國家，是否會認為我太吝嗇了。

我問：「所以，丹麥人一般都會花很多錢在打造自己的居家氛圍嗎？」

夏洛特說：「我認為，我們確實是把金錢優先花在設計上。金融危機之前的數字顯示，我們是全世界每人平均花最多錢在家具上的國家。此外，丹麥人真的很重視好的設計、工藝與品質。我們會想買可以用很多年的東西，然後傳給我們的子女。」她提了幾個在丹麥設計領域響叮噹的人物，如阿納・雅各布森、芬恩・尤爾和保羅・漢寧森。這些名字我在和安—路易斯通話時略有耳聞，也在樂高人的煽情裝潢雜誌看過。此時的我還不會識別這些大師的作品，也沒辦法在一組燈具中認出保羅・漢寧森的設計，但夏洛特告訴我，大部分的丹麥人都認識自家的設計師。

她說：「每一個丹麥人都知道阿納・雅各布森和他的作品，不光只是設計迷。」設計是丹麥國家意識的一部分，這也難怪我們參觀過的丹麥房子，全都像從報紙的生活風格副刊直接複製貼上的。我得知保羅・漢寧森的燈具在這裡相當受歡迎，因此百分之五十的丹麥人家中「至少」擁有一件。夏洛特說：「人們覺得支持丹麥品牌是件很好的事，他們喜歡買本土手工製造的產品。我們頌揚丹麥設計，也對此很自豪。所以，是的，我們的確花不少錢在這上頭。一九六〇年代以來，越來越多丹麥人擁有自己的家，男女都出現在職場上，因此我們開始有能力花更多錢購買家具和設計產品。」

我知道樂高人在旁邊聽著，迫不及待想使用我們的「緊急」英國信用卡。於是，我要夏洛特推薦五樣必備的丹麥設計產品，好滿足我們家這位北歐狂熱者，並讓我們的房子變得hygge。她欣然接受這項挑戰。她開始一一列出：「首先，我會推薦妳買一款很棒的木頭餐桌，在三餐還有聊天與放鬆的時候使用。」我正得意我們本來就有張六人座的橡木餐桌時，她補充道：「在丹麥，餐桌通常至少要有八張椅子，才能邀請很多人來。」可惡，顯然我們的社交生活不夠豐富。我寫下：「再兩張椅子，可能還要一張更大的桌子。」樂高人雙眼發亮。「然後，我會買張手工打造的椅子，像是阿納・雅各布森、漢斯・韋格納或博格・莫根森（Børge Mogensen）的作品。」她接下去：「一般的丹麥家庭也會有一款設計師燈具，如路易・波爾森（Louis Poulsen）所生產的保羅・漢寧森ＰＨ系列或阿納・雅各布森ＡＪ系列。還有絕對立方（Kubus）的燭台——這是典型的丹麥居家產品，很多家庭都有。最後呢，我大概會買一些皇家哥本哈根（Royal Copenhagen）出品的餐盤。」她最後補充道。我看向洗碗機旁那堆宜家家居（Ikea）的灰白瓷盤，知道我們要做的可多了。

「好的。」我開心地回答，決心收拾掉我們家所有的宜家家居的家具。「那麼，這些很棒的設計真的能讓丹麥人快樂？」我問。樂高人此時已將一隻手伸進外套裡尋找汽車鑰匙，準備展開購物治療法。夏洛特說：「沒錯，我想是的。讓生活四周充滿高品質的設計會影響我們的情緒，美好的周遭環境會讓我們感到舒服安全、心情更快樂。」

我問她快不快樂。「喔，快樂呀。我會給自己打九分。畢竟，永遠都有進步的空間嘛！」我忍不住問：「像是什麼？」她回答：「那是私事。」我擔心自己是否打聽過頭、冒犯了她，但她的口氣旋即變得溫和，願意告訴我：「我想要住在海邊，並希望我男朋友能向我求婚，這樣我就會是十分了。」

我向夏洛特道謝，說了再見，接著望向老公，他正在想盡辦法把腳套入靴子裡，身影映在一片如詩如畫、帶有粉紅晨昏的遼闊海景。我深情地想：或許我的快樂調查計畫應該從感謝自己擁有的事物開始。就在這時，樂高人在一張便利貼上寫了「快點！」貼在我的額頭上，夢幻泡泡瞬間破滅！我馬上打消念頭，決定接下來十二個月必須好好忍受他把濕毛巾丟在床上，或永遠找不到洗衣籃的各種小毛病。接著我便一把抓起外套，出發購物。我們放肆購物，完全無視銀行那位名字有兩個「L」的艾倫。樂高人把新買的東西擺好、裝好後，就已經變得更快樂了。接下來幾天，我們的房子開始有了家的模樣。我也試著正面思考，但是這項快樂調查計畫並非十全十美。

我所做出第一個讓丹麥人覺得失禮的行為，是把紙類丟錯回收桶。兩位留著鬍子的男子為了此事，在某個星期一的早上八點來按我家門鈴，讓我首次與鄰居有了互動。那時的我還沒換衣服，甚至連咖啡機也還沒打開。也就是說，我還沒準備見客。但兩位鬍子先生堅持不走，不斷地按門鈴。住在四面都是玻璃、無處可躲的我，最後只得應門。兩位紳士窩在厚重的外套裡，手裡拿著風格極不北歐的玻璃牛奶瓶，開始用丹麥語說話。我趕緊向他們解釋，我還沒學會這優雅的語言。終於，他們的態度緩和了一些。

鬍子先生一號結結巴巴地用英語告訴我，「鄰居們」（複數）發現回收桶比平常還滿，於是翻了一下，找到了罪魁禍首。鬍子先生二號把證據舉高：是一張沾有茶汁的水電帳單，收件人寫的是樂高人的名字。鄰居翻我們的回收桶（後來發現，那其實是他們的垃圾桶），真讓我感到詭異無比。但我還是很有禮貌地問他們，應該要把廢紙丟在哪裡。他們指著一個和我所用的那個一模一樣的回收桶，就位於前者的左邊一、兩公尺處。

羞愧的我答應他們下次會改進，免費獲得了一堂垃圾分類的課程。原來，丹麥人非常重視資源回收——令人讚賞。近九成的包裝都會回收處理，紙類、罐頭、瓶子、食物和有機廢物，皆有各自的回收桶。此時的我尚未精通哪種廢物該丟哪裡的這門藝術，但我倒是知道，當地超市那些外表看不出容量很大的小亭子是專門回收瓶子的。某天下午，我們丟了一個瓶子進去，內心沒有抱太大希望。結果，小亭子開始進行特殊的雷射燈光秀，使我們驚奇不已。原來，這部神奇的機器是在掃描瓶子，算出其再利用的價值，接著吐出相當於一丹麥克朗的禮券，讓我們下次購物時使用。我興奮得不得了。

在丹麥，不只有油電混合車的駕駛、抽大麻者或是嬉皮熱切關注環保議題。在這裡，對環境友善被視為一種基本義務，要成為丹麥社會的一分子，就必須注重環保。新鄰居對環境所抱持的熱切態度，促使我搜尋相關資料，進而發現丹麥是全世界第一個設立官方環保局的國家，成立時間為一九七一年。今日，丹麥的潔淨能源產業在全世界名列前茅。此外，丹麥的電力有百分之三十來自風力。二〇一三年，丹麥贏得世界野生生物基金會（the World Wildlife Fund）最高的殊榮「獻給地球的禮物」獎項（Gift to the Earth），因為這個國家擁有許多領先全球的人物，他們都設立了相當有野心的再生能源與氣候目標。此外，丹麥連續兩年被聯合國的氣候變遷績效指數（Climate Change Performance Index）票選為對氣候最友善的國家。

丹麥政府計畫在二〇二〇年以前，將碳排放量減少四成；丹麥環保局也有一個全體目標，那就是在二〇五〇年以前，達到「零廢物丹麥」的理想：他們希望屆時所有的東西都能回收或再利用。對於自己許下的環保承諾，大部分的國家選擇一再食言，丹麥人卻設立越來越高的目標並著手實現。十分激賞丹麥人環保意識的我，決定日後要光榮地善盡回收義務，並在下星期兩位鬍子先生來檢查我是否把罐頭丟進正確的回收桶時，通知他們這點。他們點點頭，對我在環保方面的開悟表示認同，接著迅速走人。

除此之外，沒有人跟我們講過話。若期待地球上最快樂的國家會熱情迎接外人，那可就錯了。我好想念倫敦，想念噪音。我現在工作的環境，聽不見波音七四客機沿著希斯洛機場跑道移動所發出的颼颼聲，也聽不見刺耳的警車汽笛呼嘯而過、追捕倫敦罪犯的聲音，只聽得見鳥鳴、耕耘機的聲音，或更糟的狀況：一點聲音也沒有。這個地方如此平靜而沉寂，因此日常的背景音樂常是早已被我遺忘許久的耳鳴；青年時期太常聽搖滾樂現場演奏，換來了我的耳鳴。然後，我們的狗總算從英國抵達丹麥，但卻因為非常害怕目前定居於花園的鹿、兔子和狐狸，所以馬上退守到洗衣間。牠會在那兒悲鳴不已，只有在堆得滿滿的衣物開始脫水時，情緒才會鎮定些。終於讓牠習慣新家以後，我們卻又連續三晚被「貓頭鷹」吵得睡不著覺。

我也十分想念我的朋友。用視訊跟他們抱怨貓頭鷹，一點也不像一起喝葡萄酒、面對面跟他們抱怨貓頭鷹那般有趣。我原本已準備好重新開始一切；我們說服自己，這一切會讓我們「解放自我」，強迫自己嘗試新事物、認識新朋友、擴大視野。然而，當我們發現自己再次孤單地坐在家裡，不曉得要怎麼展開丹麥的社交生活時，一切似乎沒那麼美好了。我告訴樂高人：「假設丹麥的人口和南倫敦一樣多，而我們將社交範圍設定為方圓二十公里內，並將年齡層限縮在二十歲內，那可能和我們投緣的人數就更少了。換句話說，朋友圈已經很小，而我們又不可能喜歡在這圈子裡遇見的每個人。」

「是的。」樂高人說，表情不太確定。我等著他反駁我的說法，告訴我一切都會沒事的，但他沒有這麼做。他倒是說：「妳也應該記住一點：他們可能也不會喜歡我們，而且可能已經有很多朋友，就像我們在倫敦時一樣。」很好，這樣讓我心情好多了……

最後，樂高人還是說：「不會有事的。」他在沙發上挪動身子，靠近我，把一隻手環繞著我。「我們只是需要更認識這裡。妳該多出門走走，認識別人。」他說的或許沒錯。在家工作並且使用Skype和FaceTime交際，對女孩子來說不是件好事。可是，濱海的史迪克斯維爾的大眾運輸工具對女孩子來說，也沒好到哪裡去。受到凍傷之苦，外加樂高人每天通勤上班時，都會開走我們唯一的交通工具——向樂高租來的汽車，而我家附近的公車和火車又很少，讓我氣惱不已，因此，我決定是該買輛自己專用的汽車了。

來自英國的我想要在丹麥上路，算是相對容易的。歐盟以外的外籍人士必須先通過考試，才能在這裡開車。新規定自二〇一三年開始生效，允許來自「道路安全程度可比丹麥」之國家的外籍人士，僅需更替駕照即可，但有附加條件。申請者必須是在十八歲以前考過駕照，且過去五年沒有不良的駕駛紀錄。

如同丹麥的其他事物，汽車也不便宜。在這裡，新車的營業稅高達百分之一百八十，比英國的價格貴三倍。也就是說，一輛可從後方開啟行李箱的普通汽車，在英國可能只要一萬英鎊（新台幣四十萬元左右），但在丹麥的零售價卻高達三萬英鎊（新台幣一百二十萬元左右）。新車價格不菲，二手車自然不會比英國便宜。發現這些驚人的事實後，我問樂高人：「這就是為什麼大部分的丹麥人都開火柴車嗎？」

「我猜應該是。妳自己一個人沒問題吧？我是指買車。」

「當然。」我告訴他，語氣一點也不肯定，但又覺得這應該是二十一世紀的成年女子要能夠處理的。內心充滿勇氣的我，出發前往最近的一家車商。發現飛回倫敦的機票比在日德蘭半島搭二十分鐘的計程車還要便宜，我只好再次認命地搭公車。兩小時過後，我毫髮無傷地來到汽車展示廳，獎賞是混合了人工皮革、汽車清香劑與廉價鬍後香水的芳香氣味。

我的預算只買得起兩輛車。第一輛就像一個隨意拼湊而成的帶輪錫盒，無論看起來或聞起來，都彷彿曾經有一家子的野貓住在裡頭，而且還固定在此排泄。第二輛讓我想到了電動輔助機車，顏色是喜氣洋洋的番茄紅。我並沒有馬上對它傾心，但在附近的街道稍微開了一下後，我發現：一、它真的會動，二、這輛車的駕駛座居高臨下，讓我可以俯視眾駕駛人。這對一個身處維京人國度、身高一六〇的英國人來說，可新奇了。我告訴車商：「我要這輛。」他拿了一份九頁的文件給我，卻是用丹麥文寫成。我問他，我能否把文件拿回家請人翻譯，或至少花時間用一本丹麥英文的雙語字典好好研究一番，但他說他可以幫我翻譯。雖然不認為這是一般車商會提供的服務，但由於我的旅遊指南上寫到，丹麥的二手車商必須遵守公平貿易規定，加上業務員無法抽佣金，因此我研判自己應該不太可能被坑。這個人若對我坦誠相見，並不會有所損失。我心想：既然走到了這步，就繼續下去吧！於是，我謝謝他，請他帶我讀過合約。然而，價格比我預期的還多了好幾個零。

「這費用是什麼？」我指著第四頁那排看起來像張開雙臂擁抱的圖示。

「喔！那是冬胎的費用。」原來，在丹麥，會換季的事物不只靠墊。冬季輪胎雖然不是強制要有，但通常會建議購買。多撒個六千丹麥克朗（約新台幣兩萬三千元）換來一組輪胎，讓我不會在冬天氣溫降到零下又開在陌生的道路時栽進溝渠中，聽起來似乎值得。我指著另一個數字，問他那是什麼費用。

「這是請人裝夏胎，以及從春季開始將冬胎存放在輪胎旅館的費用。」丹麥的輪胎還有自己的旅館？天啊！這裡的生活水準真是高到天邊去了。「我真的需要這個嗎？」我問。

「我們建議把輪胎存放在安全的地方，並由專業人士組裝。」是他的回答。「好的……」我心想，不知道能否利用：一、樂高人，或是二、車庫，來省下這筆費用。我決定冒這個風險。

銷售男又指向另一個數字：「而這個則是牌照的費用……」

「牌照沒包含在裡面？」

「沒呀！」他似乎覺得有點好笑。「不然的話，大家都會知道你的車有多老了！」

「你是認真的？」他的笑容垮了下來，好讓我相信他是百分之百認真。「每一位駕駛都會獲得新的牌照，上面的數字和字母隨機產生。」原來，丹麥重視平等的程度之高，當局甚至不希望任何人因為車齡而被他人品頭論足。這聽起來似乎值得嘉許，但是我十分確定，就算只有半顆大腦的人，也知道我的番茄紅電動機車並不是最新、最前衛的車款，我可不想付錢假裝它很新潮。

「另外還有註冊稅、環境稅、反補貼稅……」我幾乎可以感覺到名字有兩個「L」的艾倫正怒目瞪視著我，極不認同我的行為，也能想像他失望地搖搖頭，但我還是速速簽完字，離開現場。

幾天過後，我發現這輛番茄紅電動機車只要時速超過七十公里，就會發出「咯咯」聲；除非收聽丹麥的公共電台，否則就會發出刺耳的嗶嗶聲；雨刷只不過是把塵土從一邊刷到另一邊，將我的視線抹成一片髒汙。但，這是我的車，我專屬的車。冒險從此展開！

本月學習重點：

- 一月的丹麥真的很冷、很冷。
- 金錢或許無法買到快樂，但能買到汽車、燭台和無敵好吃的蛋糕。
- 貓頭鷹的叫聲超級吵。
- 膽小鬼不適合移民。

注釋

1 愛德華・史諾登（Edward Snowden）是一位電腦分析師。二〇一三年，他洩露美國國家安全局的最高機密文件，揭發了美國政府監聽電話與網路通訊的行為。

2 位於英國東南部薩里郡的第一大城。

3 位於義大利羅馬的著名噴泉，上頭有巴洛克式的華麗雕像。

4 瑞典的一名模特兒，是性感女神的象徵。

5 英國東南方的一個郡，靠近大倫敦地區，郡內有著名的溫莎城堡。

6 位於倫敦西方、泰晤士河北岸的一座城市。

7 布萊頓和霍夫都是位於英國南方的濱海城鎮，彼此相鄰。

二月　新生

樂高不僅僅是丹麥的一家公司，更是一種生活方式。

樂高就像是一盞文化引路燈，啟發了信徒的高度忠誠。

丹麥人對自己國家最知名的輸出品甚感自豪；

現今，穿著襪子踩到樂高積木而頻頻咒罵的父母，遍及了全球一百三十個國家。

跟朝九晚五的生活說再見

每個人都告訴我，自由工作者的其中一個好處，就是可以穿著睡衣工作，並且穿著拖鞋從床鋪通勤到筆電。對我來說，這是一個怪異又陌生的概念，因為我已經穿了十年高達十公分的高跟鞋，以及乾洗限定的裙裝。過去，我雖然有興趣聽聞這個陌生新世界的種種，卻沒有真的想要親自造訪的念頭——就像拉斯維加斯對我的意義。然而，新生活才過了四個星期，我就發現自己穿著一套有鬆緊帶的兩件式印花絲綢睡衣，開開心心地敲著鍵盤，而時間是下午兩點半。我告訴自己，事情沒那麼糟，因為：一、今天是星期五；二、這裡在冬天時，外頭幾乎永遠是暗的，所以穿睡衣不會不得體；三、我正打電話到美國進行訪談，而那裡現在是早上。但基本上，我的裝扮就只能用「可恥」兩個字形容。我發誓，時鐘敲響四點半的時候，我一定會沖澡、換衣服，甚至梳個頭，像個得體的大人。四點半已經成了我邋遢模樣的臨界點，過了這個時間，我會讓自己呈現可以見人的狀態，因為樂高人就是約莫在這個荒唐的時間會下班回到家。

一切是這樣開始的：他在我毫無防備時出現。數周前某一天，我正穿著睡衣敲打筆電的鍵盤。突然，一陣冰冷刺骨的寒風從敞開的前門灌進來。門口站著一個身影，但因為外頭那片永無止境的黑暗，所以難以認出他是何方神聖。

「誰呀？」我問，擔心有人入侵我家，或是鬍子先生又來了。

「我啦！」樂高人應道。

「你怎麼回來了？」他生病了？被炒魷魚了？樂高總部遭到飛彈攻擊，所以緊急撤退？（我的座右銘：如果可以來點戲劇效果，何必非要理性思考？）「還有，把門關上！冷得要命！」

「妳歡迎我回家的方式還真是熱情啊！」樂高人回答。他把男用包包放下，說辦公室四點鐘就人去樓空了。「有小孩的人，大部分都在三點鐘以前清空辦公桌，下班到學校或托育中心接小孩。」

「三點？」

「嗯哼！」

「大家這麼早就下班了？沒有人搶當最後一個留在辦公室？或是叫外賣通宵工作？」

他聳聳肩：「我沒看到有人這麼做。」

這真是太令人讚嘆了。在倫敦，我們兩個如果都能在七點前到家，趕上廣播劇《阿契爾一家》（The Archers），就是件值得慶祝的事了。大多數時候，我們因為很晚下班或晚上和朋友出去，所以只在周末見到彼此，或者午夜過後在床上碰見對方暖呼呼的身子。但在這裡，四點鐘變成全新的七點鐘。在丹麥，四點鐘才是交通尖峰時刻。過去在倫敦，我下午的工作通常要待到四點過後才會真正開始，這樣還有幾個小時可以發揮。可現在他居然已經回家，想要放起很大聲的音樂、聊天、東敲西打的。

我才剛適應這整個新局面以及樂高人早下班的狀況，卻又在下午兩點半聽見車子開上車道的嘎吱聲。門轉動的聲音嚇了我好大一跳，害我在和紐約的一位時間管理專家通話時，打翻了一杯水。我只好對她佯稱，隨之而來的咒罵聲其實是咳嗽聲，而狂吠的狗叫聲則是跨洋通訊的干擾雜音。

「真是謝謝妳寶貴的時間。」我一邊說，一邊用拙劣的速記法寫下最後一些筆記。我家的狗此時正因為主人回來而興奮得吠叫不止，樂高人也一如往常地把寒風和噪音帶進屋內。因此，我語氣有些急躁地補上一句：「那就談到這裡了！」希望在這片喧鬧聲中，對方能聽得見我的聲音。狗兒熱情但很粗魯地迎接他，使我偷得一時半刻思忖自己如何解釋這身隨便的打扮：或許，我可以把這套休閒的午後睡衣脫了，就當作向花花公子創辦人休・海夫納（Hugh Hefner）致敬……？

「你提早下班了！」我做錯事的口吻，彷彿是被他抓到我和莎拉・隆德（Sarah Lund）第三季裡出現的情人偷情一樣。（快上網搜尋他，超帥！）「是的，因為大家在星期五更早離開。」他把頭伸進門內，打量我亂糟糟的模樣。「妳怎麼沒換衣服！還好嗎？是不是不舒服？」

我考慮了一下，是否要編造某種不會有生命危險的暫時性病症，但最後還是在施壓下舉手投降。「沒有。」我怯怯地回答。「這是，呃，某篇專題所需要的。」這是騙人的。

樂高人環顧四周亂七八糟的盤子、馬克杯以及吃完糕點留下的證據：「什麼專題？『邋遢正夯』？」

「我告訴你，這可是斯特拉・麥卡尼（Stella McCartney）[1]設計的睡衣！」我虛弱地說，試著轉移話題：「你今天……早上過得如何？」

「很好，謝謝。我整個早上都在學習丹麥人平衡工作與生活的方式。」

「你不是才剛……你午餐時間就回來了！」

樂高人忽略我的話：「很顯然，星期五可以八點半再進辦公室。接著，還有所謂的……」他發出一個奇怪的喉音字，我聽不懂。「你說什麼？」

他說：「這個字拼作『morgenmad』，是早點的意思。」我們都還沒開始上丹麥語課，他就已經學會了幾個和食物有關的重要詞彙。這讓我有點緊張。「辦公室的每個人都要輪流烘焙，帶麵包捲和餡餅來。今天帶了餐包的那個人，凌晨四點就起來做了。」

「天啊！這裡的烘焙坊這麼棒……」我忍不住想，若是我早兩個小時起來，應該也無法讓丹麥的烘焙食品變得更美味。

「沒錯。所以，我們吃了一小時的早點，然後開了個會，決定必須再開一次會才能做出決議。接著，我去開另一場會，又吃了不少餐包、喝了不少咖啡。十一點半的時候，我們全部一起去吃午餐。吃完飯後，慶祝某個人的生日，於是又吃了蛋糕。吃完蛋糕，大家就開始收拾辦公桌，準備回家度過周末。」

「好忙的一天啊……」我諷刺地說。「是的，我吃得好撐啊！」他一臉嚴肅地說，一屁股坐在沙發上，翻閱室內設計雜誌。

就我所知，在一個典型的丹麥上班日，茶點似乎占了很大一部分。從幾年前開始，樂高禁止公司內部出現任何販賣機和砂糖，改為供應員工免費的裸麥麵包、水果和紅蘿蔔。「所以，世界上最大的玩具公司是以β-胡蘿蔔素、全穀和孩子對生命的那股熱情為燃料？」我問道。

樂高人聳聳肩：「只要能夠完勝一天五蔬果，就沒什麼做不到的。」午餐是團體活動，大約在每天十一點到十一點半之間進行。大家會離開辦公桌，一起到員工餐廳吃飯。員工餐廳是個明亮的白色空間，陳設則是採用樂高積木的三原色。餐點包括了豬肉、鯡魚和單片三明治（smørrebrød，傳統的開放式裸麥三明治麵包）的各種配料，但看不見布丁。

「嗯，人不能什麼都想要嘛！」我告訴他。他說，由於糖在公司裡很罕見，所以早餐或其他時候只要出現含糖食品，就是一件大事。這星期，他首次目睹了丹麥人的慶生方式。壽星的辦公桌上擺滿旗子，其他同事則圍在桌子旁，合唱一首十分激昂的歌曲。

「我不太確定他們在唱什麼，但是動作很多。因為不知道他們在做什麼，所以很難加入。可是到了最後一段時，我猜測應該是和伸縮長號有關……」他快速模仿了一下，闡述他的重點。我告訴他，我才剛讀到一段文字，發現丹麥是世界上最厚臉皮的國家。「他們天生就不會害臊。」

他點點頭：「不意外，我已經聽他們唱了好多次歌。」

我不禁興奮起來：「真的？你都沒跟我說過！快告訴我！你明明知道我超愛那種提高團體意識的彆扭合唱……」

「好啦、好啦，我說。」樂高人說，似乎有些心不甘、情不願。「可是妳要答應我，不可以把這件事寫成一篇文章，或拿來當成好笑的趣事放在文章裡。」

「我當然不會！」我說了謊。

「我們有一個辦公室樂團……」（聽到這裡，我開心得拍拍手）「……他們只要逮到機會就會演出……」（他用斥責的眼神看著我）「……沒有人會像妳一樣偷笑！」我知道，我永遠不可能收到辦公室樂團的演出邀請了。「他們還會以當紅的流行歌為曲調，自編一些和辦公室有關的歌曲……」

「不會吧！」他簡直要把我寵壞了。「比方說？」

「像是這星期，就有人拿ABBA的〈媽媽咪呀〉（Mama Mia）編了一首和我們部門有關的歌。我最喜歡的一句是：『我們認真工作，只為達到ＫＰＩ』——噢，ＫＰＩ是關鍵績效指標的縮寫。」他補充道。「怕妳不知道……」

「我當然知道！」我撒了個小謊。「繼續說！」

「抱歉、抱歉。嗯，然後就是『得得得』那部分……」

我幫忙唱，希望加快速度：「得得得得得得得、得得得得得得……」樂高人接著唱出下一句：「我們一致同意，自己仍風趣幽默……」

「得得得得得得、得得得得得得……」

「然後……再來是……我忘記後面了。」

「用力想！」

樂高人的臉皺成一團，努力想起歌詞，但最後還是搖搖頭，鬆開臉部肌肉，說：「抱歉，想不起來。」

「好吧，前兩句真是棒呆了……」

「謝謝。」他說，彷彿作詞是他的功勞似的，然後在走出房間時補上一句：「他們還常常打鼓。」

「你說什麼？」他不能就這樣丟下一顆震撼彈，然後從容不迫地走掉！

他從廚房喊道：「在開會或工作室時，常常會打鼓，拿水桶、箱子、小鼓，或把任何可以敲擊的物品當作樂器。」他的語氣就像描述一件再正常不過的事，例如：到文具櫃拿幾盒新的釘書針。

「每個人都會加入？」我現在已經起身，跟著他團團轉，想知道更多細節。

「喔，對啊。大家都會一起做每件事。我們都是平等的，還記得嗎？不過，還是可以看出誰的地位比較重要，因為大咖的通常都會打最大的小鼓。」

「哇！」沒辦法親眼目睹全辦公室一起打鼓的歡樂時刻，我真是失望透了。「有些人是不是特別有音樂天分？他們會不會打一打，最後開始比誰打得最厲害？」

他知道我在想什麼。他知道我會立刻變得爭強好勝，想跟別人比自己的打鼓技術並開始大肆炫耀。他很堅決地說：「不。不管你多會打鼓、唱歌或模仿伸縮長號，那都不重要，因為自吹自擂最要不得。公司的至理名言就是：『樂高永遠擺在自尊前面』，大家都遵從這句話。」樂高告訴我，公司給他與同樣不是丹麥人的同事一段由一九三〇年代的丹麥裔挪威作家阿克塞爾・桑德摩斯（Aksel Sandemose）所寫的文字，以便更加明白如何融入丹麥職場。阿克塞爾在小說《難民迷影》（*A Fugitive Crosses His Tracks*）中，列出了十條如何「丹麥式生活」的法則——洋特定律（Jante's Law）[2]。我用谷歌翻譯加上自己的理解，將這十條法則翻成：

一、不要自認你很特別。
二、不要自認你比我們更好。
三、不要自認你比我們聰穎。
四、不要說服自己你比我們更好。
五、不要自認你懂得比我們更多。
六、不要自認你比我們還重要。
七、不要自認你很能幹。
八、不要取笑我們。
九、不要自認有人很在乎你。
十、不要自認你能教訓我們什麼。

「哎呀！在這裡不能做的事情真多，對吧？」

「噢！還有一條潛規則。」

「是……？」

「『不要忍受超時工作的行為』。如果有人留在辦公室很晚或是做了太多工作，其他人不但不會同情，還會放有關工作效率或時間管理的宣傳手冊在他們桌上。」

「天哪！」這和倫敦的生活完全不同。在老家，半夜回電子郵件或是在辦公室待到晚上八點，可以獲頒榮譽獎章，但是在丹麥的職場文化，這種行為會被認為無法在可用的時間內完成工作。在這裡，辦公桌全都裝有液壓升降的設備，員工可以選擇站著工作。根據《社會心理與人格科學期刊》（*Journal of Social Psychological and Personality Science*）刊登的一項研究，站立工作對身體比較好，亦能帶動更加即時、活絡的非正式談話。在這裡，你不會問同事是否可以「坐下來」聊個天，而是會「站著」聊。樂高人說：「我們才聊一下就累死了。」

他還告訴我，沒有人會用頭銜稱呼彼此，也沒有人戴領帶。事實上，你比較有可能看見主管穿著大帽T四處遊蕩，而非穿著西裝。我成功說服樂高人讓我在午餐時間到公司找他——當然，我承諾會謹遵幾個條件，也就是不會提到ABBA的大合唱，或要求觀看打鼓樂隊的演出。

「樂高」的生活方式

樂高總部位於比隆的住宅區中心，是個令人昏昏欲睡的地方；正門由大片玻璃所構成，一踏入便能立刻感受到悠哉的氛圍，彷彿身處矽谷的谷歌總部。我一邊舒舒服服地坐在樂高積木造型的環形沙發上，一邊思忖著，把玩接待區那堆白色積木，會不會是很要不得的行為。樂高人前來與我碰頭，帶我逛過總部，途中經過許多會議室，全都以玩具命名。這幾個星期以來，我時常聽到老公在電話上說到「早上九點半在『玩具士兵』、結束之後再到『泰迪熊』」之類的談話內容。現在，我滿心的疑惑總算是消除了。每間會議室的桌子

中央都放了一大碗樂高積木，鼓勵員工與訪客一邊講話、一邊做模型。樂高人告訴我：「有時，我幾乎聽不見開會的內容，因為常常有人在碗裡翻找適合的積木。」

樂高不僅僅是丹麥的一家公司，更是一種生活方式。樂高就像是一盞文化引路燈，啟發了信徒的高度忠誠。丹麥人對自己國家最知名的輸出品甚感自豪，現今，穿著襪子踩到樂高積木而頻頻咒罵的父母，遍及了全球一百三十個國家。網路上有個龐大的成年人樂高社群，他們喜歡稱呼自己「AFOL」（Adult Fans Of Lego的縮寫）。我狐疑地問樂高人：「你確定他們不是叫『交不到女朋友的一群怪咖』？」他嚴厲地告訴我：「不是！告訴妳，貝克漢和布萊德・彼特都是AFOL。因此，我其實是在替一間很有聲望的公司工作……」二〇一四年，《樂高玩電影》（The Lego Movie）突破票房紀錄，其傳達的創造力、團隊合作與「玩樂力量大」的概念引起很大的轟動，比任何一部兒童電影都還要賣座，甚至還被指控是在宣傳反資本主義。「托洛斯基主義」（Trotskyite）[3]的樂高主管樂見這個免費公關活動所引起的額外票房與積木銷售量，不少年輕人也受到啟發，試著更「丹麥式生活」。

吃完午餐（誠如樂高人所保證的：裸麥麵包、沙拉和豬肉，完全不帶任何甜味），我用哄騙的方式獲得一趟樂高工廠之旅，想知道那裡到底有什麼稀奇的。一群來自日本的觀光客也前來參觀，他們是特地飛過來朝聖的。我看見迷你人型的製造地點，它們的黃色笑臉、C型小手和扁塌髮型全都在此製造。做錯的人形被無情地丟棄，唯有最完美無瑕的成品才能來到裝箱地帶，由小精靈打包……啊！我是說「員工」啦！

樂高並不是市面上最便宜的玩具，但是他們重視品質勝過一切。創始人奧爾・科克・克里斯蒂安森（Ole Kirk Christiansen）曾斥責兒子古特佛萊德（Godtfred），因為他得意地說，他成功在每個玩具上只塗上薄薄一層顏料，省下塗料的成本。奧爾吩咐他撤回所有的貨物，重塗每一個玩具，並說道：「唯有完美，才稱得上夠好。」這句話自此成為樂高的座右銘。

今天，樂高的身價估計約為一百四十六億丹麥克朗（新台幣六百四十二億元左右），是全世界最大的玩具製造商。全世界共有五千六百億塊的樂高積木，也就是，每個人平均擁有八十六塊。雖然我小時候不是個樂高迷，卻也忍不住好奇是誰得到我的那一份……。樂高每年生產四億個輪胎以供應公司的汽車，因此使它成為全世界最大的輪胎製造商。噢，還有，每秒鐘就有七組樂高被賣出。

奧爾・科克・克里斯蒂安森的孫子克伊爾德（Kjeld）是公司的現任領導人，也是丹麥最富有的人。然而，他不想要躲到熱帶國家避稅或是住在晴朗明亮的哥本哈根，而是選擇住在比隆，樂高的起源。樂高總部仍舊位於日德蘭半島落後封閉的地區，全世界的成功人士都願意來到這個鳥不生蛋的地方和這位玩具製造商會面。科克・克里斯蒂安森家族不只在比隆成立了家園，更掏錢為這座城鎮建造機場（為丹麥第二大的機場，坐落於這個人口僅六千人的城鎮）、教堂、社區中心、學校、青年俱樂部和圖書館。克伊爾德受到日德蘭半島居民的愛戴，由於他神祕地將自己的姓氏科克・克里斯蒂安森的後半部改成K開頭，因此人們現在都喚他為「KKK」（雖然取這個綽號不是很恰當）。

可以說，樂高人還很滿意自己的新工作。這當然很好，否則我們離鄉背井是為了什麼？可別因為我這樣說而感到壓力……。我問他最喜歡這份工作的哪一點？他說，除了食物好吃、唱歌好玩、樂高商店又有員工價之外，最棒的就是這份工作本身真的很有趣。「很多人說，在這裡，人們不會像在英國那樣，總是抱怨自己的工作。他們不是看薪水選工作，而是根據自己的喜好。教育是免費的，所以每個人都能接受自己想要的任何訓練。反正不管怎樣，你都會被課很多稅，因此不如專注做自己喜愛的事，而不是找個能給你豐厚酬勞的工作。」我問：「所以，對丹麥人來說，為了萬能的金錢而犧牲職涯成就感，這種做法的吸引力沒這麼大？」

「一點也沒錯。因為，賺越多、繳的稅也越多。」他回答。他還告訴我一個別人教他的丹麥詞彙，那詞彙總結了丹麥人的工作態度：「arbejdsglæde」，由「工作」（arbejde）和「快樂」（glæde）兩個字組成，字面意義就是「職場幸福」。對北歐人而言，這是美好生活的重要元素。這個詞只存在於北歐語言，沒有在世界上其他地方出現過。反觀，我在樂高工廠遇到的觀光客告訴我，日本人也有自己的一個詞，總結了日本的工作方式：「karoshi」，意味「過勞死」。在丹麥，絕不會有過勞死的風險。

當天稍晚，我和樂高人互相對照彼此接下來一星期的日誌。他告訴我，他會離家兩天。「這是一個團隊放鬆的活動，我們要帶著寬鬆的衣物和一顆開放的心，『透過瑜伽提升參與感』。」

「什麼？」我差點嗆到。樂高人這輩子從未向太陽打過招呼。

「信裡就是這樣寫的啊……」他指著電腦螢幕，對我的反應感到有些不悅。

「什麼叫『透過瑜伽提升參與感』？」我問。

他聳聳肩：「我不知道。不過看樣子，下星期不是只有妳會穿睡衣工作。」樂高人的工作與生活似乎取得了挺不錯的平衡。不過，主旨在讓孩子快樂、發展創造力的玩具家庭企業，當然不可能會讓工作環境激烈殘酷到哪裡去。因此，我忍不住想，樂高人的經歷會不會只是個案。所有的丹麥職場真的可能全都有類似的狀況嗎？我決定把範圍擴大，調查「丹麥式工作」在其他領域的情況。

深入研究一番之後，我發現公營企業的員工過得也不差。美國廣播公司新聞台的主播比爾・韋爾（Bill Weir）曾在數年前參訪哥本哈根，認識了揚・狄翁（Jan Dion），因而使丹麥的垃圾車工人聞名國際。揚告訴比爾，他很喜愛收垃圾這份工作，因為他每天只需要工作五個小時，剩下的時間可以在家陪伴家人，或在孩子的學校當手球教練。文化部的民調顯示，共有百分之五十三的丹麥人從事志工活動。艾希特大學最近的一項研究指出，志工活動也是讓丹麥人更快樂的原因。揚告訴全世界，在丹麥，沒有任何人因為他的職業而給他貼上標籤。他每天都覺得很快樂，因為他在收垃圾的途中結交許多朋友，而且老太太還會送咖啡給他喝。受到啟發的我，也試圖和來我家收垃圾的工人打交道，但他：一、在趕時間；二、不太會講英語；三、對咖啡沒興趣（恐怕是這國家唯一不愛喝咖啡的丹麥人）。我之所以知道這點，是因為我把咖啡壺秀給他看、表示願意幫他泡一杯咖啡時，他露出了噁心的表情。看樣子，我們之間是不可能藉由咖啡因飲品建立感情了。不過，他仍舊露出微笑，因此我們透過一連串複雜的手勢溝通，我也知道他的確喜歡自己的工作。

「快樂嗎？」我站在門口問他，身上裹著一件毫不實用的櫻桃紅繭型大衣，一邊還要阻止我家的狗投奔自由、衝向濱海的史迪克斯維爾的雪地荒野。收垃圾的一副理所當然的表情，好像我是瘋子。接著，他點點頭，準備逃走。

「快樂？滿分十分，打幾分？」我豎起指頭。就在這時，一位郵差小姐騎著機車出現，說她願意幫我翻譯。覺得蠢到家的我向她解釋，我想問收垃圾的先生會給自己的幸福感打幾分。

「好喔……」她同樣帶著一副我是神經病的表情，然後飛快地向收垃圾先生翻譯。他們對看幾秒鐘，接著做出一個丹麥人用來表示「你有病」的動作。

「Otte？」收垃圾先生終於說。

「八！」郵差小姐還沒開始翻譯，我就叫了一聲。「他是說八，沒錯吧？」我望向她，等著她說我答對了，同時對於自己已經會用丹麥文數到十（或是數到八）感到相當得意。郵差小姐點點頭，又露出一副「這女人完全瘋了」的表情，然後騎著機車遠去。

這項「研究」的鼓舞，我開始發現生活周遭到處都是證據。例如，為了撰寫一篇專欄，我來到最近二大城」奧胡斯（Aarhus）與一位瑜伽老師碰面，徵詢她的意見。艾妲（Ida）是一個氣色很好、健康、有著古銅膚色的維京人。我心想：如果瑜伽真有這種效果，我也要開始做。我告訴她我的快樂調查計畫，她說她覺得整體而言，丹麥人在工作和生活之間真的平衡得很好。「如果無法平衡，我們通常會想辦法做點什麼。捫心自問：『你對自己的現狀滿意嗎？』如果答案是肯定的，那就維持現狀；如果是否定的，那就離開。我們體認到，如何選擇度過絕大部分的光陰是很重要的一件事。像我，就喜歡簡單的生活，多花點時間在大自然和家人身上。如果工作過頭，壓力就會變大，然後就會生病，最後完全無法工作。」她告訴我，她以前在哥本哈根擔任政治化妝師，專門為政治人物編造故事、塑造輿論。後來，她因壓力過大，開始掉髮。「我掉了一大撮頭髮，總是覺得疲累。有一天，我從腳踏車上跌下來，摔得很重，於是我開始想：『這實在太瘋狂了，我必須改變。』」

艾妲隔周便提出辭呈，開始進行瑜伽的師資培育訓練。由於福利國家提供了保障措施，因此丹麥人若要轉換職場跑道是相對容易的。辭職之後，一旦經過五個星期的「隔離期」，你就能享有和被裁員的失業者一樣的津貼，領取八成至九成的薪酬，最多長達兩年。丹麥的勞動市場使用所謂的「彈性保障」（flexicurity）模式，既靈活又能保障勞動市場，意味著勞工雖然較容易遭到裁員，可是同時也能受到國家的保障和照顧，直到找到另一份自己喜歡的工作，而這一切都是由稅收支持。

統計數字顯示，百分之二十五的丹麥勞工每年都會換新工作，而百分之四十的待業勞工都在失業三個月內找到工作。此外，丹麥在員工的終身訓練上所花費的金錢，是經濟合作暨發展組織（Organization for Economic Co-operation and Development，OECD）的三十四個已發展國家[4]中最多的。政府、工會和公司會付錢讓員工參加訓練、學習新技能，有助於員工跟進職場上快速的變化。另外，由於換工作對於退休金的領取和假期並無影響，所以在丹麥，更換雇主的阻力很小。你可以不斷更換工作，並繼續累積相同的津貼和休假天數。這套系統似乎運行得不錯，因為目前丹麥的失業率只有百分之五。約有三分之二的丹麥人隸屬於工會，所以如果出了什麼差錯，員工仍有辦法爭取自己的權利和特權。因此，人民掌握的權力很大。

艾妲說：「這表示在丹麥，每一個人都有選擇權。」現在的她，可以照自己想要的方式和時間，在一間點著燭光的瑜伽教室工作。「若以現今的快樂標準來看，我會給自己打八分。其實應該要給滿分，但我還沒遇見人生的真愛。不過，我很有信心！現下這一刻，我對自己所做的改變心懷感恩。我感覺自己是真的活著！」她讓這一切聽起來好簡單。不易做到，但很簡單：生活感覺不對勁時，她就試著改變，而現在，一切都變得很好。我所做過的每個重大抉擇，似乎都曾讓我踢到鐵板，但畢竟過去我從未「丹麥式生活」過。

我心想，丹麥人在做決定時，是不是純粹比較勇敢、有自信呢？馬丁・皮耶奧古（Martin Bjegegaard）是這麼認為的。他是一位生意人、企業家，自從二〇一三年出版《贏家早就下班了》（*Winning Without Losing*）一書後，他就成了丹麥快樂工作學的代言人。有段時間，他曾替一間美商公司工作十五個月，壓力很大，他後來甚至再也無法入眠。「我不知道妳有沒有試過不睡覺，但當長期這麼做，妳的生活會迅速走下坡。當連續三晚完全睡不著時，我心裡只有一個念頭：『我必須改變。』我必須離開會讓健康惡化的工作環境。辭職那天，我睡得像小嬰兒一樣。自那時起，我的心情棒透了。」馬丁還是一個喜歡跑步、熱愛旅行的人，有一個七歲的孩子明特（Mynte）。高大的身材、古銅的膚色，馬丁雖然三十八歲，看起來卻十分年輕。他堅持每一天都要活得精采，總是確保自己挪出時間充電、運動、玩樂。喔，還有，他給自己的快樂指數打了「整整十分」。

「丹麥真的是快樂工作的先驅，」某個下著毛毛雨的星期三午後，馬丁睡了個補充能量的午覺後，這麼告訴我。「我認為，這一切都和丹麥的平等原則以及很棒的保障系統有關。沒有安全感，要快樂真的很難，但丹麥人知道，自己就算丟了工作，也不會流落街頭，國家會照顧他們。因此，他們工作起來更有效率、壓力較小，也更快樂。在美國，沒有人能得到任何支持。大家都得靠自己。是！他們有機會賺大錢，而不必繳納如此龐大的稅金，但同時，他們也必須自己照顧自己才行。若發生什麼事又沒保險，那你就……」他想了一下適合的字眼，然後說：「你就被搞死了。但在丹麥，『工作與生活達到平衡』這整件事，我們做得很好。」

生活與工作的平衡

在丹麥，工作與玩樂這兩件事是相依相存的，而一切的源起似乎純屬意外。二次世界大戰後，工業取代農業，成為聘用勞力的主要產業，同時發展中的城市也需要更多勞工。於是，政府對外宣傳，招聘外國勞工加入丹麥的職場，而來自各種不同背景的女性也頭一次得到機會，可以嘗試朝九晚五的全職工作（在丹麥其實是「朝八晚四」）。我從丹麥的性別、平等與族群中心（Centre for Gender, Equality and Ethnicity，Kvinfo）得到相關數據，發現在一九六〇與一九九〇年間，丹麥的勞動力增加了一百萬人，其中女性便占了八十五萬。這段期間，人們開始接受中產階級的已婚女性就業；在此之前，只有未婚或經濟困難的女性可以獲得支薪的工作。女性進入職場，使得育兒成為政府優先解決的問題。工時、孩童照護、產假都出現一套標準，工作與娛樂的平衡也從這時開始根深柢固。對現今的丹麥人來說，這已經是理所當然的事。人們到了星期五習慣早下班，因為他們想要多花時間陪伴家人；孩子生病時，父母請有薪假在家陪小孩。因此，丹麥在經濟合作暨發展組織的工作與生活平衡名單中，排名第一，緊跟在後的是荷蘭、挪威和比利時，英國和美國落在很後面，分別是第二十二和二十八名。

丹麥的官訂工時為每星期三十七個小時，已經是歐洲國家中工時最少的。可是，丹麥統計局計算出來的結果顯示，丹麥人平均一星期其實只工作三十四個小時。員工每年有五星期的有薪假期，以及十三天的國定假日。也就是說，丹麥人每個月的平均工作天數，其實只有十八點五天。一些剛來丹麥的人對此極為震驚，因此甚至有些短期調任至丹麥的美國新移民，堅持每天要從早上八點工作到晚上六點，這樣他們回國後，才不會有太大的衝擊。

丹麥人的工作時間或許少得誇張，但他們工作時卻樂在其中。一項由朗姆堡管理公司（Ramboll Management）和丹麥分析（Analyse Senmark）所進行的研究指出，百分之五十七的人表示，假如贏得樂透、後半輩子都不需要工作，他們依然會選擇繼續工作；丹麥奧爾堡大學（Aalborg University）的研究也顯示，百分之七十的丹麥人「同意或極為同意」即使不需要錢，他們還是寧可工作領薪水；歐盟執行委員會（European Commission）近日有項調查顯示，丹麥員工是所有歐盟國中最滿足的；根據《世界競爭力年鑑》（*The World Competiveness Yearbook*）的資料，丹麥是員工幹勁排名第一的國家；歐盟舉辦的最新民意調查發現，丹麥擁有歐盟國中最快樂的一群勞工；另一項Randstand.com所進行的研究則顯示，丹麥員工是世界上最快樂的員工。對了，華威大學（University of Warwick）的研究指出，員工的心情如果是正面的，生產力會提升百分之十二。事實上，經濟合作暨發展組織的研究便將丹麥排在員工生產力的第三名。丹麥人的工時或許不長，但是他們絕對會把分內的工作做好。此外，丹麥在聯合國的全球革新最新調查排名第九，世界銀行（World Bank）也說丹麥是全歐洲最容易做生意的地方。幸好，丹麥人不喜歡自吹自擂。

然而，丹麥職場的美好，不只是三明治和歡樂大合唱而已。丹麥員工雖然擁有許多好處，但是艾妲發現，職場壓力變得越來越普遍。

赫寧大學附設醫院（Herning University Hospital）的職業醫學部門進行一項研究，發現每十位丹麥員工中，就有一位認為自己時常感受到壓力。丹麥國家社會研究院（Danish National Institute of Social Research）、國家公共衛生研究院（National Institute of Public Health）和國家工作環境研究中心（National Research Centre for the Working Environment）的相關研究也支持了這項發現。然而，民間工會的調查結果更嚴重：丹麥固定薪制職員和公務人員聯盟（Confederation of Salaried Employees and Civil Servants in Denmark）、丹麥律師與經濟學家協會（Danish Association of Lawyers and Economists）和財務服務工會

（Financial Services Union）發現，為壓力所苦的會員占了百分之三十。

全世界工作與生活平衡得最好的國家，居然也有壓力太大的問題，這使我十分驚訝。不過，就像究竟有多少丹麥人帶著沉重的壓力打卡下班，並沒有一個定論一樣，造成員工壓力的確切原因是什麼，也沒有共識。Woohooinc.com的丹麥職場幸福專家亞歷山大・葉羅夫（Alexander Kjerulf）認為，這一切可能要歸咎於越來越普及的智慧型手機、筆記型電腦以及遠距工作模式。

亞歷山大說：「大家越來越常在晚間查看訊息或信件。這很不好，因為你永遠沒時間放鬆和充電。」一些工會也支持這個論點，丹麥律師與經濟學家協會甚至表示，有百分之五十的會員在假日應該休息時，卻還在工作。

丹麥的大企業也出現了轉變。丹麥移民署的數據顯示，過去二十年來，擁有高度專業技能的外籍員工增加了五倍。由於這些「接受過高等教育的移民」繳納高額稅金，並正處職涯和健康狀況的高峰期，因此對福利國家造成的負擔很小，同時也對丹麥政府的金庫貢獻良多。一些和我聊過的丹麥人告訴我，這增加了本土丹麥人在職場上的競爭感，於是他們的壓力指數也就跟著急遽上升。成為被攻擊的目標，變成當地人眼中「可惡的外國人，跑來這裡搶我們的工作」，感覺滿奇怪的，但我無法否認，我們的確偷走了他們的工作，這讓許多丹麥人焦慮不已。

此外，丹麥人對職場生活的期望很高。一名在某家丹麥大公司擔任中階管理職務的女性偷偷告訴我：「我們知道自己的工作很安穩，政府提供了許多保障。所以，如果我工作得不開心，我會想：『老闆要怎麼改善這個狀況？』我們知道，與歐洲其他國家相比，丹麥的工作環境其實很好，但我們想要『非常好』的工作環境。如果事情不是如此，我們就會覺得這樣不對，我認識不少人就是因為這種壓力決定辭職。」大部分的丹麥人都支持「職場幸福」這個概念，希望能享受自己的工作。對很多人來說，工作不只是領薪水，他們要求更多，而這便可能使他們成為要求很高的員工。曾有眼線告訴我，最近樂高只不過是替換了公司的咖啡供應商，就引起強烈的反彈。我的密探說：「公司內部的留言板整個大亂，負責咖啡的那個傢伙被抨擊得很慘。大家都氣瘋了！在職場上，我們相信自己有理爭取特權，因為我們長久以來很習慣擁有好的工作環境，若在工作上得不到想要的一切，人們就有可能因此感到憂鬱——或至少自認憂鬱。」

另一個理論是，因為最近這幾年大家都在談職場壓力，所以丹麥人發現自己越來越常被問到這個問題，於是傾向認為：「其實好像沒錯耶！我的壓力很大。」丹麥國家工作環境研究中心的研究員近日表示，他們很擔心這種先入為主的心理，可能導致接受民調者即使壓力不大，仍會回答壓力很大，並因此使得部分丹麥人向公司請所謂的壓力假，以「防患未然」。

職場幸福天王亞歷山大提出另一個假說：「我不認為丹麥人的壓力比其他國家還大，因為我們比較會照顧員工。」他說。當地政府可以資助離開工作崗位的員工長達一年，若仍行不通，便會建議減少工時，為那些被診斷出壓力過大的員工提供工作諮詢。「在美國或英國，你必須挺住，但在丹麥，如果壓力太大，雇主和醫生都會願意傾聽，並做任何可以幫上忙的事。」

「所以你是說，丹麥人有點缺少抗壓力？」我問。亞歷山大糾正我：「我們只是很關心員工，幫助員工恢復良好的狀態，然後他們的確也會變得很有生產力。」聽起來很有道理。在快樂、員工幹勁、工作與生活平衡以及生產力方面，丹麥仍然名列前茅。沒錯，這一切並非完美無瑕，但我十分肯定，丹麥式的工作與生活平衡依然值得學習。

深入研究快樂這個議題、辛苦了一整天後，晚上六點，我為自己倒了一杯藥用葡萄酒，開始思考我是不是可以把丹麥式的工作生活平衡原則運用在自己的筆電人生。我放棄了一份不錯的工作，來到這裡當個自由工作者。大部分的日德蘭半島居民都無法理解「自由工作者」這個概念，所以很多人都問我，打算什麼時候找個「真正的工作」。在這裡，大家都叫我「樂高人的老婆」，不知道我真正的名字。我的工作是唯一能定義「真正的我」的事物，而不是他人眼中那個裝上馬尾髮型的黃色迷你人型。我的工作一向是我的身分認同。因此，「少做一點工作」這種概念，對我來說實在很可怕。

我明白「金錢不能買到快樂」這種說法。選擇走記者這條路的我，十分清楚挑選一個聽起來十分有趣的職業，沒辦法帶來財富／遊艇／香檳的（除了出差的時候）。我知道，成功和快樂應該用金錢以外的事物衡量。我知道，一個人可能拚命工作、銀行戶頭存了一大筆錢，最後卻只是把錢拿來將生活整個外包給他人處理、買回自己的理智、賄賂自己繼續這樣過下去。只要達到某個基本門檻，人生的數學其實很簡單：「少買一點奢侈品」等同於「少一點超時工作的時間」等同於「更快樂的人生」。

那麼，跟工作說掰掰為什麼這麼難？為什麼即使忙到沒時間吃東西／呼吸／尿尿，也很難停止工作？當記者的時候，我就是這樣了，但現在更糟。自由工作者的詛咒就是，你永遠不曉得下一張薪資單在哪裡，或者薪資來源會何時中斷。因此，要我停下腳步、別在晚上或周末工作，或是不要在孤寂的夜半著沉重的壓力、帶著鋼鐵的意志趕稿，似乎是很愚蠢的做法。可是，這正是我們為什麼要來丹醫生曾經警告我們，工作與生活失衡很有可能就是我一直無法懷孕的原因之一。花了兩年時間服用荷爾蒙、活像個人體針墊般接受各式各樣的受孕治療之後，我答應醫生來到丹麥會試著放鬆。如果可以，不再繼續擔心生小孩這件事，也不要再這麼努力工作。

「如果工作過頭，壓力就會變大，然後就會生病，最後完全無法工作。」我喝了一大口葡萄酒，想起維京女神艾妲的話（我應該有提到現在是休息時間吧？所以別批評我一邊工作、一邊喝酒）。兩杯黃湯下肚後，我變得樂觀許多。受到無畏的勇氣和薄酒萊加持，我把筆電的游標移向螢幕左上角的蘋果圖案，心想：我要仿效丹麥人，再也不要一整晚被信箱綁得死死的。現在是丹麥時間晚上六點二十五分，也就是英國的五點二十五分。還要過三十五分鐘，那些新聞雜誌辦公室的責任編輯才會開始想著登出下班。也就是說，我將錯過整整兩千一百秒收信件的時間——當天最後一刻的增刪、截稿或委派，都得要到隔天早上才會看見。這還是假定我那些在倫敦的同事都準時打卡下班，而那是極不可能的狀況。我的體內湧入一股衝勁，參雜了腎上腺素和膽汁。我把游標移到「關機」，點了下去。一片沉默。原以為是北歐新家的某個設備所發出的呼呼聲，漸漸消失了。ＬＥＤ燈暗了下來，陷入黑暗，而世界，並未因此終結。

沒人打我的手機，因為我沒回覆某封緊急信件而對我大吼大叫；沒人從倫敦發射信號槍，好讓遠在日德蘭半島的我知道有人需要我的服務；北海上空沒出現蝙蝠俠燈號，召喚我的專業。我驚訝地發現，原來我並不是自以為的那樣不可或缺。我的直覺反應是驚慌，覺得我的職業生涯一定是完蛋了，於是我再也不能工作。但，我試著深呼吸，別繼續白癡下去。這招有效多了。

我的晚間自由了，雖然還是比一般丹麥人多工作兩小時。我到森林裡遛狗，覺得自己彷彿身在《謀殺拼圖》的劇情裡，隨時都會發現墳墓。我還看了電視，和老公聊天。人生照常過下去。除了一堆提振男性雄風的廣告以及幾封公關信件外，我的收件匣空空如也。第二堂「丹麥式生活」課程，學習完畢。

本月學習重點：

- 世界上有某個人擁有我那一份的樂高積木。
- 奇妙的是，洋特定律具有某種解放的效果。
- 如果能在任何地方承受壓力，我選擇丹麥。
- 我不重要。如果我休息，不會有人因此死翹翹。而休息，是件很好的事。

注釋

1 英國知名時裝設計師。

2 洋特是小說中虛構的丹麥小城。在這座城裡，沒有人是無名氏。

3 馬克思主義的一個流派。

4 二〇一六年，拉脫維亞加入該組織，使成員國數目增加至三十五個。

三月　融入

自從我們適應了這整個全新的「工作生活平衡」概念後，
樂高人就變得十分茫然。
他就像贏了樂透一樣，面對一輩子的閒暇與奢華，卻不知道如何運用。
由於丹麥人一星期只工作三十四個小時，
我們便多了一百三十四個小時如此驚人的空閒時間，得想辦法填滿。

休閒和語言的學習

現在，我和樂高人既然多了這些空閒時間，就得好好想想如何打發。在故鄉，這不是什麼大問題。我們有社交生活，也有一票親朋好友，雖然都希望撥空聚聚、卻總是忙到沒時間。但是現在有時間了，卻少了可以相聚的親朋好友。我們周末回了趟英國，一次見了很多人，就像某位名人在你家附近的美食酒吧現身，快閃一晚就走人。然後，我們回到史迪克斯維爾，發現一切必須從頭開始。故鄉的一些朋友計畫前來拜訪我們，有些還捎來了吉百利的巧克力奶油彩蛋和英國雜誌。我由衷感謝他們的好意，可是，我們還要「丹麥式生活」九個月，絕不可能隔周就回一次英國、橫跨北海，維持我們的社交生活。如果我們想要好好在這裡生活，就得走出門，結交一些丹麥朋友、找事來做。這讓我覺得有點可怕。

某個星期四晚上，樂高人問：「現在怎麼著？」他整個人靜不下來。我看得出來這點，因為他才剛自動自發清空洗碗機，現在又開始把昂貴的丹麥設計燭台從餐桌的一頭移到另一頭，然後又移回去，看看要放哪邊比較好看。

「『現在怎麼著』，這話是什麼意思？」我從書頁抬起頭來，手指捏著剛讀完的那句話，這樣才不會找不到我讀到哪，同時希望樂高人不會打斷我太久。

「就是，我們打掃了房子、遛了狗、看了電視，可是現在才七點鐘……」

「所以……？」

「所以，我們現在要幹嘛？」

「喔，我懂了。你可以看看書呀。」我朝書櫃的方向點了點頭。

「看過了。」他說，敲敲自己的腦袋瓜，彷彿我們擁有的每一本書都已被他牢記在頭殼裡。

「好……」我開始尋找書籤，知道這件事會花上好一陣子。

自從我們適應了這整個全新的「工作生活平衡」概念後，樂高人就變得十分茫然。他就像贏了樂透一樣，面對一輩子的閒暇與奢華，卻不知道如何運用。由於丹麥人一星期只工作三十四個小時，我們便多了一百三十四個小時如此驚人的空閒時間，得想辦法填滿。我個人是相當樂意用這多餘的時間看電視、閱讀、吃東西，但樂高人並不喜歡。他也覺得，我成天關在室內很「不健康」。

「怎麼樣？」樂高人耐心等待，「妳覺得他們都做些什麼？」

「他們是指？」

「丹麥人啊！我是說，晚上的時候他們都做些什麼？」

我說：「不知道。」我從沙發上起身，發現自己留下一塊很深的凹陷。這就表示，我真的在沙發上坐了好一段時間。可惡，或許樂高人是對的……我不情願地說：「或許，我們可以問問別人？」我看得出來，我即將被強迫做別的事情，不能繼續懶洋洋地看書。「或許我們可以找出正常人都做些什麼……」

「我們是正常人啊！」

我趕緊糾正過來：「其他人。我是說，其他人都做些什麼。」

「好，對，好主意，我們兩個都開始調查。」

於是，隔天我便著手開始調查：在我們剛認識的這塊土地上，人們每周都做些什麼來填補空閒的時間，而休閒娛樂是否會影響快樂的程度。我查到丹麥的休閒娛樂權威——社會學家拜恩・易卜生（Bjarne Ibsen），請他帶我了解一下丹麥的休閒生活，以及休閒活動在這裡為什麼這麼重要。

拜恩說：「丹麥人和所有的北歐人一樣，非常喜歡參加各種俱樂部、協會或社團，培養某種嗜好，這一切都源自體操運動。」

「體操運動？」這我倒沒想過。

「沒錯，丹麥的體操傳統歷史悠久。十九世紀後半葉，農夫階級變成現今的樣貌，體操被認為是對社會大眾的健康很有益的一種活動。」

我用門外漢的語言詮釋：「所以，人們鼓勵農夫翻筋斗、前翻滾之類的？」

「小姐，那叫『前滾翻』。」樂高人喃喃地說，在桌上一片凌亂的物品之中翻找他的眼鏡。

「抱歉，前滾翻。那麼，為什麼是體操呢？」

拜恩繼續說下去：「這個嘛，體操這種運動，你可以在室內、也可以在室外進行，而且不用任何特殊裝備。在那時候，體操比較接近健美，而非互相較勁、炫耀的活動。因此，『每個人都能做的運動』變成戰後北歐社團的宗旨。」他告訴我。這聽起來很不錯呢！研究顯示，適量運動可以降低憂鬱的風險，促進長期的心理健康。所以，運動、走出戶外是否也是丹麥人如此快樂的原因之一呢？

拜恩是這麼認為的。他說：「我們喜歡做體操，是因為我們知道這件事對人體有正面的影響。一開始，我們只有運動性社團，但是現在什麼種類的社團都有。」丹麥政府支持休閒性社團很久了，不僅提供免費場地和設備，對於二十五歲以下想要創立或參加社團的年輕人也有提供補助。個別的自治市（相當於縣或州）也常免費提供設施給二十五歲以上的人。

全國共有約八萬個協會和社團，加入社團的丹麥人高達九成，也就是說，每個丹麥人平均加入二點八個社團。拜恩告訴我，丹麥人有這麼一句話：「兩個丹麥人碰在一塊兒，就會組個社團。就連根本沒必要組社團的事物，我們也會替它們組一個。另外，因為我們喜歡達成共識，但是又不愛起衝突，所以只要出現一點小分歧，就會分裂成更小的社團。」拜恩表示。

「休閒社團的派系之分？」

「沒錯。」他告訴我，西蘭島外海的博恩霍姆島（Bornholm）上，有一個名叫倫訥（Rønne）的城鎮。有人在此創了一個溜冰社，但社團幹部對於其中一條規章無法達成共識，「所以他們就分裂了。」拜恩說，「因此，現在那個城鎮便有兩個溜冰社。」

我問：「為什麼丹麥人這麼熱衷於社團？」

「社團和北歐國家的團結、和諧與平等的觀念相符。成為社團的一分子，會讓你積極參與某件事、融入團體生活，對公共事務產生責任感，這對形成一個信任感很高的社會十分重要。許多研究顯示，成為社團的有益形成對人的信任，因為社團幫助我們與他人連結往來。這對我們很有益處，也使我們快樂。」此外，丹麥的社團超越階級隔閡——正如快樂經濟學家克里斯欽在我展開這趟旅程之前告訴我的，在丹麥的社團或協會中，人人皆平等，所以你有可能看見某間公司的執行長和清潔工一起踢足球。

興趣嗜好可以提高幸福感，這一點在很久以前就已獲得證實。澳洲快樂協會（Australian Happiness Institute）的研究發現，工作之餘培養休閒娛樂也能改善生活品質、提高生產力和在職場上獲得成功。所以，聰明的丹麥人參加社團或協會，將個人的興趣嗜好與團體意識結合。歸屬感和現成的社交圈也讓丹麥人更快樂。我問拜恩，他認不認為自己算是丹麥這群快快樂樂追求嗜好的人之一？他說「是。」給自己打幾分呢？「九分。」

下定決心也要來實行這項快樂行動的我，開始尋找史迪克斯維爾在嗜好方面提供的選項。自從上次的回收桶事件後，我就再也沒見過鬍子先生們。不過，住在隔壁的女子現在只要和我們同時出門，就會對我揮揮手。她酷似《謀殺拼圖》的莎拉・隆德，但目前為止，我只看過她穿著一件像毛毛蟲的羽絨大衣，因此還不曉得她是不是也喜歡法羅毛衣。上星期，我試著用丹麥語跟她打聲招呼，她同樣回以一聲「嗨」，讓我高興得不得了。然後，我們用英語隨便聊了一下，聊到彼此的故鄉、跑來史迪克斯維爾做什麼等等。於是我發現，這位友善鄰居是來自日德蘭半島的大城奧胡斯，單身、四十歲、喜歡設計師椅款（就跟所有的丹麥人一樣）。今天，我試著聊更深入的話題。

「所以，呃，這裡的人有空的時候都做些什麼事？」我開啟這個話題，但聽起來卻很像在搭訕。但我當然不是要搭訕她，所以趕緊換了一個說法：「妳有沒有參加，呃，什麼社團？」我一副隨口問問的樣子。

她告訴我：「有啊，我會打太極、手球、打獵。當然，還有一些正常的瘦身課程，像是間歇訓練和Zumba。」當然。「妳呢？妳都做些什麼？」

「這……個……嘛……」我故意拖長語調，好在坦承之前多爭取一些時間：「我們還沒真的參加什麼社團……」

「喔。」她的表情好像我告訴她，我從不剔牙一樣（告訴你們：我會剔牙！）「那，妳在倫敦的時候都做些什麼？」

「呃……」我回想過去這十年的光陰。過去十二年來，卡在疲憊累人的工作與滿檔的社交行程中，我唯一記得的閒暇活動，就是我和樂高人在二〇〇九年報名的寫生課。那年，我們的新年新希望樂觀得令人搖頭——「期許自己變得更好」，寫生課就是在這樣的背景下報名完成的。然而，結果卻糟透了。寫生課事件的高潮發生於一個畫展：我們辦了一個畫展，展覽的風格讓人聯想到知名的畫家兼兒童節目主持人東尼・哈特（Tony Hart）。我呢，居然把一位年紀較大的模特兒弄哭了，因為我把她畫得酷似電視主持人諾爾・艾德蒙（Noel Edmonds，我當時跟她說：「我真的不知道為什麼會畫成這樣。真要畫諾爾・艾德蒙，我還畫不出來！妳看。」我試著畫諾爾給她看，結果失敗了，但這招對當時的情勢竟然毫無幫助。）樂高人則發展了獨特的畫風，刻劃陰部極為鮮明，但是描繪臉或手的時候，卻總是畫得像園藝用的小鏟子。於是，我們上完第五周就沒再去了。

我告訴鄰居：「我們在倫敦時，花了很多時間在工作，超多時間。」

「好吧！那你們報名丹麥語課了沒？」

可惡！我就知道好像有什麼事該做，而不是每天晚上都在看伊恩・麥克伊旺（Ian McEwan）的小說！我們已經遞交官方文件好幾周了，但還沒去報名政府好心資助所有移民的晚間丹麥語課。補助長達三年，我和樂高人收到自動寄來的報名表時，還笑著說：「報名個課程肯定不會需要這麼久的時間！」真蠢！

「這件事已列在我的待辦清單上。事實上，我今天下午就要打給他們了！」我趕緊逃離現場，通知樂高人第一樣休閒娛樂的功課已經出現了。愛丁堡大學的一項研究顯示，學習第二外語對大腦有著正面影響。雖然沒有直接的證據指出，學習外語會讓我們比較快樂，但我們覺得還是應該要去學一下，才能更加融入、了解「丹麥式生活」的祕密。於是，我幫我們兩個報了名，決定要試試看。

難以克服的發音問題

當地的市立語言中心每周開兩堂晚間的丹麥語課，於是，在某個又冷又黑（不意外！）的星期二，我們出發去上第一堂課。這堂課開始得很不順利。

「Hvad hedder du?」一個頭髮極長的瘦巴巴女子對我們大喊。

「嗨！不好意思，這裡是上丹麥語的基礎課程嗎？」

「Hvad hedder du!?」她很堅持。

「不好意思，我們還沒學任何丹麥語。我只是想確認，是這間教室對嗎？」

「HVAD HEDDER DU!?」這名奇怪的女子開始用吼的了。我可憐兮兮地小聲說：「抱歉，我不知道那是什麼意思……妳在說……丹麥話嗎？」說得好啊，天才！

奇怪的瘦巴巴女子接著又吼出一長串別的句子，讓我直冒冷汗，我彷彿回到了一九九四年，在女校長的辦公室被訓斥了一頓。終於，一名烏克蘭女子看我們可憐，向我們解釋，老師是在問我們的名字、來自哪裡、在哪裡工作、幾歲、結婚了沒、有沒有小孩。

我很想對這老師吼回去，說：「這和妳一點關係也沒有！」但我沒這麼做，而是盡力維持理智：「就像我剛剛說的，我們還沒上過任何一堂課，所以我們不知道那是什麼意思，也不知道怎麼用丹麥語回答……」可是，壞老師女士根本不理我。她轉過身，開始在白板上書寫一些大吼大叫的紅色大寫字句，要讓我們選擇對的答案。

烏克蘭女子悄聲說：「我猜她是在篩選我們。」

「什麼？」

「我猜，她是在測試我們的天分，好知道我們該上哪一級的課程。」烏克蘭女子顯然比我們懂得還多。最後，和我們同班的有：幾位波蘭人、友善的烏克蘭女子，還有六名菲律賓女生。友善的烏克蘭人在「fiskefabrik」工作，聽起來很厲害，但實際上就只是一間魚類加工廠，那幾位波蘭人全是飯店的清潔工或雜工，菲律賓人則是保母。這讓我滿驚訝的！

休息時間，我小聲跟樂高人說：「這裡不是應該人人平等才對嗎？丹麥人不是應該自己做清潔和養育小孩的工作？」

他坦承：「我也這麼想。」原來，丹麥誘人的生活品質對我們的波蘭和烏克蘭同學來說，也同樣深具吸引力，遠大過搬遷、轉換工作和遠離親朋好友所帶來的各種煩擾。其中一位菲律賓女孩告訴我們，她和朋友在丹麥當保母的薪資，比她們在家鄉當護士、物理治療師和精神科醫師的時候還多。能和一群平常可能根本不會遇到或相處的人一起上課，是件很有趣的事。我發現，移民讓人學會謙卑。同學們除了自己的母語，還都說著一口流利的英語，並略懂其他語言。這讓我很慚愧，因為若要問最近的火車站在哪裡，我們只會法語。後來我才發現，對於三十幾歲、只懂一種語言的人來說，學習新語言絕非易事。細心是一切的關鍵。

老師問我們閒暇之餘有沒有勤練丹麥語，我告訴她，我一直都有在收看《謀殺拼圖》，好為丹麥語課做準備。她露出困惑的表情。

「我的發音不正確嗎？《謀殺拼圖》？」我放慢速度再講一次。

「妳『收看』killing？」她聽起來倍感困惑，於是我又嘗試另一種發音方式。

英語母語者的語言學習方針，第三課：如果有疑問，試著用不同的口音唸出同一個字（第一課：講大聲一點，第二課：講慢一點）。

我又試了一次：「koolling?」她一臉疑惑。我又再試了一次：「kelling!」

老師的眉毛倏地挑高，像一頂尖帽子，在髮際附近游走。「好吧，大概不是這樣說……」我喃喃說道。同一時間，樂高人忙著使用谷歌翻譯，好心的烏克蘭人也在查閱丹麥字典。烏克蘭人說：「我想，妳應該講錯了。妳看。」她熱心地指著字典的條目，大聲唸出來：「killing是『小貓』的意思，kylling，發音近似kooling，是『雞』，而kælling，發音近似kelling，意思是……」她的聲音慢慢變小不見。

「是？」我睜大眼睛想看清楚字典上的小小印刷字，卻被坐在她隔壁的波蘭男子搶先一步。「是『母狗』的意思！」他大聲唸出來，似乎覺得很逗趣。我感覺自己臉紅了。好極了！語言學校才開始第一周，我就叫我的老師「母狗」。接下來，我安靜地坐完這堂課，但也學了幾個讓我大感詫異的單字。例如，「slut」（英語「蕩婦」的意思）在丹麥語的意思是「結束」。所以，我新買的洗衣機停止的時候閃著寫有「slut」的紅燈，原來不是在罵我啊！

語言可以讓你認識一個國家。我們學到丹麥語擁有大量關於天氣的字彙，以描述丹麥多變的氣象，卻沒有「請」這個字。我才剛笑完「限速」（fart kontrol，音似英語的「放屁控制」）和「清倉大拍賣」（slut spurt，英語的「蕩婦噴射」）這兩個詞，又學到丹麥語的「乳頭」（brystvorte）是由「胸部」和「疣」這兩個字所組成，而「gift」（英語的「禮物」）可以是「已婚」之意，也可以是「毒藥」。另外一位正在經歷棘手離婚過程的波蘭人說：「已婚和毒藥同一個字，這是巧合嗎？我可不認為。」

我很擔心自己永遠也學不好這個語言，畢竟，根據聯合國教科文組織的調查，丹麥語在全世界最困難的語言中，排名第九。為了讓自己安心一些，我前去會見日德蘭半島科靈語言中心（Jutland's Kolding Language

Centre）的代理主任蘇絲・尼森（Søs Nissen）。她戴著一副北歐風的方框眼鏡、穿著一件亮銀色的蝙蝠袖毛衣、留著一頭光滑的短髮，像極了一隻充滿魅力的貓頭鷹。我解釋了自己在丹麥課上面臨的處境，努力忍住不向她分享我的「貓頭鷹想法」。

我說：「我覺得我學不太會丹麥語，妳認為我有可能克服這個語言嗎？」

蘇絲請我坐下，告訴我，要學會丹麥語並不容易。「英語母語者面臨的最大問題就是，丹麥語有九個母音，而外人通常無法聽出或發出這幾個不同的音。」

「我經歷了慘痛的教訓才學會這點。」我一五一十地告訴她關於母狗、雞、小貓的糗事事件。

「英國人和美國人必須練習動嘴，覺察嘴巴發音時所呈現的形狀，特別是丹麥語的「g」和「r」這兩個音。這跟學踢足球或彈鋼琴一樣，必須實際反覆做很多遍，不可能單靠閱讀這方面的知識或是觀察他人就學得會。」

我得知一項令人沮喪的數據：搬到丹麥的英語母語者中，最後只有百分之二十精通了這個語言。蘇絲仍堅持地說：「但要學好丹麥語是有可能的，只是需要多多練習。英語母語者學不好丹麥語的其中一個原因是，所有的丹麥人都跟他們講英語。我們不習慣聽見帶有外國口音的丹麥語，那讓我們覺得很怪。遇到外國人，我們習慣自動切換成德語、英語或西班牙語。」

「丹麥人為什麼說外語說得這麼好？」

她的回答很簡單：「我們就是有個很悠久的外語學習傳統。」學校從三年級（約八或九歲）就開始教英語，外國電影和電視節目會上字幕，而非以丹麥語配音。以上種種都使丹麥人的日常生活充滿外語，尤其是英語。蘇絲說：「假設妳是丹麥人，走出這個人口才五百五十萬的小國，世界上其他地方就沒有任何人聽得懂妳說的話，那妳當然必須學別種語言。就連我高齡九十歲的老爸，都能說一口流利的英語和德語。」我心想：好極了，我的語言能力竟然輸給一個人生邁向第十個十年的人……

「學外語會讓大腦持續運轉，並不斷挑戰我們，終身學習會帶來成就感。」研究顯示，這或許也是丹麥得以爬上快樂指數第一位的其中一個原因。根據國家統計局的說法，終身持續地學習有助改善心理健康、提升自信、讓人生有目標，並與他人產生更多連結。

蘇絲告訴我，丹麥人熱愛學習，許多領退休俸的人都喜歡在冬天參加西班牙語或義大利語的晚間課程，好在隔年夏天前往這些國家度假時，知道怎麼點一杯啤酒或在當地四處移動。「我們喜歡學習，也喜歡旅行，因此學外語是一個完美的結合。反之，我覺得英語母語者對語言學習這回事似乎懂得不多。你們好像沒有這種晚間課程的文化？」我告訴她，她說得沒錯，但我沒提到寫生課的諾爾・艾德蒙事件。蘇絲說：「妳也應該試著享受學習丹麥語，這會讓妳有動力繼續去上課。多和丹麥人社交互動也會有幫助。去參加社團吧！這是使妳的丹麥語進步的好方法。」

我心想：她是有和我的鄰居聊過嗎？日德蘭半島的偏遠地區難道有個遊說團專門遊說他人培養嗜好？為了逆轉情勢，我問蘇絲，這些終身學習和休閒娛樂的活動究竟讓她多快樂滿足。

「我有多快樂？滿分十分的話？我會打八分。」知道她還有進步的空間，使我鬆了一口氣。我才不相信晚間課程可以讓任何人「那麼」快樂。但她旋即更正答案：「其實，應該是十分才對。」

「十分？」怎麼可能？

她告訴我：「仔細想想，我其實找不到讓自己更快樂的方法。」我心想，這會不會是因為她早已經精通這個我開始懷疑其實是全世界最困難的語言。「不過，繼續練習妳的丹麥語，就可以成功的！」她給了我這項充滿貓頭鷹智慧的建議之後，我快速逃離她的辦公室，穿過走廊離去。

回家的路上，我告訴樂高人：「看樣子，如果我們真的想要『生活得很丹麥』，就非得加入社團。」他點點頭，思索了一下我們可以培養的各種興趣。他說：「單車社如何？我們已經有腳踏車了。我知道妳不常騎妳的那輛……」我正想反駁，才想起來我上一次戴上單車安全帽時，美國總統是小布希、喇叭褲正流行。他接著興奮地說：「……不過，妳很快就會重新上手的。大家都說，這種事是不可能會忘記的。」

「因為，騎腳踏車這種事，是學了就不會忘的？」

「而且，丹麥的腳踏車也很有名。」他說得沒錯。在丹麥，無論什麼年齡或職業的人，都把自行車奉為宗教。丹麥境內共有超過一萬兩千公里的自行車路線，不管遇到颳風還是下雨，丹麥人都會出門騎車。近日，丹麥政府施行「全國單車政策」，吸引更多丹麥人騎單車上路。他們對單車之熱愛，就連在臨終時，都可以選擇三輪車形式的靈車。在哥本哈根，有一半的人騎自行車通勤上下班。《富比士》（*Forbes*）雜誌近日報導，單車族因為減少了空氣汙染、車禍和交通壅塞，每年為哥本哈根省下了三千四百萬丹麥克朗（新台幣一億五千元左右）。另外，丹麥也有安全車道的設計，讓你即使喝了杯酒，也能騎車回家；如果喝了兩杯——或，一整瓶的酒，計程車有義務加裝腳踏車架，把你和你的車載回家。我認為這是非常文明的做法。由於丹麥人到哪裡都騎車，汽車便不再被視為地位高人一等的象徵。因此，負責管人的會和洗碗工各自坐在腳踏車上，在上班途中一起等紅燈。騎腳踏車不是什麼奇恥大辱，反而還被看作是促進丹麥平等理念的另一項因素。此外，根據《環境健康視角》（*Environmental Health Perspectives*）期刊的一項報告，每天騎三十分鐘自行車，壽命平均可增加十四個月。哈佛醫學院亦有一項研究發現，騎自行車可以提升認知方面的健康。難怪哥本哈根人看起來全都又帥又神氣。

據我所知，丹麥的單車族平日騎車的時候，會把穿了一整天的衣物穿出門，但是到了周末，則會換上全身的萊卡、準備幾包能量液，以免發生低血糖狀況。我向樂高人保證，我會試試看，但我比較喜歡隨興一點的周末。「我才不要像藍斯・阿姆斯壯（Lance Armstrong）[1]那樣。」

「哪樣？服用紅血球生成激素，然後上歐普拉的節目？」

「我是指『穿上屁股部位塞了矽膠墊的褲子』那樣。如果能穿正常的衣服，讓我看起來、感覺起來不會好像我把自己弄得髒兮兮的，我才要去。」

「好啦、好啦……」樂高人舉起雙手，露出一副「這可是妳的損失」的表情。幾分鐘後，我發現他在網購某件他自己要穿的萊卡連身裝，看起來十分嚇人。

隔周周末，「藍斯」和我出發了。我搖搖晃晃地騎著一輛混合型的自行車——它看起來比我上次騎它時還要漂亮多了；樂高人則騎著一輛馬力加大許多的登山自行車，我完全不知車庫裡竟然藏了這輛。

我們的首次丹麥鄉村自行車之旅一開始還不錯，但是後來有個開著耕耘機的農夫叫我們停下來，說我們裝的車燈是錯的。他一開始是講丹麥語，但隨即嘆了口氣、翻個白眼，發現自己原來是在和兩個愚蠢的英國佬打交道，拿納稅人的錢密集上課，卻還學不會這個偉大的語言。好吧，至少我覺得他心裡的OS是這樣。

我不可置信地問：「錯的頭燈？現在是正中午耶！太陽——」我本想說「大得很」，但這和實際情況不太相符，只好改口：「還要好幾個小時才會下山耶！」他搖搖頭說：「與那無關，規定就是這樣。」

我一直都認為，只要加裝「任何」一種頭燈，你就是個負責任的騎車者。小時候，我們的腳踏車只裝了加油站的免費反光條以及輪輻上的塑膠片，好發出「啪啪」聲，告知路人即將有腳踏車通過。我們還不是活得好好的。好吧，我承認是曾割傷、擦傷幾次，有一次手臂還骨折，痛得很。不過，我似乎離題了。

「頭燈和尾燈必須永久裝在車上，並向前方和後方直射。」這位多管閒事的農夫比手畫腳地說，最後還維妙維肖地模仿了手鐲合唱團（The Bangles）的經典歌曲〈像埃及人那樣走路〉（Walk Like An Egyptian）。他接著說下去：「頭燈應稍稍傾斜，光線才不會刺到前方的來車。還有，車燈絕對不可——」他做了個手腕疲軟的動作，接著指我的車：「——像那樣垂著。」我為我的腳踏車感到忿忿不平。

樂高人向他保證，只要一有機會，必定會處理妥當。但是多管閒事農夫還沒完。他把注意力轉向我老公的腳踏車。「還有，車燈應該每分鐘閃一百二十次！」

「不好意思，你說什麼？」車燈會閃、裝得正確、位置放對，而且通過丹麥標準，這些不夠，連閃爍的頻率也要規定？幹嘛，是擔心我們碰到一隻癲癇發作的獾？多管閒事農夫兼熱情的業餘自行車手（我猜的）聳聳肩說：「這是丹麥的規定。」他特別強調「丹麥」兩個字，彷彿是說，他不曉得我們國家都使用什麼樣隨便的自行車標準，但在這裡，他們喜歡把事情做好。

「好的，沒問題，我們會處理好。謝謝你喔！」我們繼續前進，但是就連樂高人也覺得，這場遠征已經抹煞了不少騎單車的樂趣。一個小時後，我身體覺得冷、瑜伽褲沾到腳踏車鍊的油漬，屁股也很痛。我蹣跚地往前走去，樂高人說：「下次給妳穿專用的褲子。現在市面上也有一些不錯的矽膠墊褲，我可以買給妳，當作生日禮物。」

我一句話也沒說。因為，拿一件專業的戶外服飾當作合格的禮物送給愛人，這種想法簡直嚇壞我了。然而，樂高人把我的沉默誤認為肯定：「我有看到一些防磨抗菌的新款式，妳可以穿。這種褲子還能預防念珠菌陰道炎……」我瞪了他一眼。樂高人露出困惑的表情，接著發現我其實根本一點也不想聽，決定再試最後一次：「他們還有賣矽膠的絲襪防滑環喔！」我告訴他：「聽起來真的很誘人，但我想，騎單車這回事還是你做就好了，我覺得我沒加入單車社的天賦。而且，我想要個正常的生日禮物，謝謝。」

我用約翰・韋恩（John Wayne）的走路方式大步走開。樂高人看著我，沒有打算爭論，開始搜尋其他可行的嗜好（我希望他也順便找找適合當禮物的閃亮物品）。過了一個小時左右，他拿著iPad在我面前晃了晃，大聲宣布：「游泳！」他雙手捧著螢幕，好像是要發表什麼重要的演講。「妳知不知道，只要游二十分鐘，身體就會釋出能讓人心情愉悅的腦內啡？人體力學的研究指出，游泳可以增進幸福感、讓人快快樂樂地回到家。」樂高人知道，健康相關的資訊最容易引我上鉤。

「真的？」我回答。

「沒錯！妳覺得怎麼樣？離這裡不遠的地方有一間游泳池。」他指向濱海的史迪克斯維爾外面的世界。「他們有游泳隊和晚間俱樂部，或者妳也可以上一堂入門課，看看自己喜不喜歡。今天晚上其實就有一堂沒有小孩的夜間游泳課。」樂高人整個充滿熱情——又來了，真叫人疲憊。

我說：「我今天已經很累，沒辦法再去游泳。」他滑動螢幕，給我看市立泳池的網站。「但是呢，游泳可以消除疲勞。除了溫暖的水池，還有蒸氣室可以放鬆妳的肌肉！」我聽得出來，我們是去定了。

數小時後，我們踏入一座充滿氯氣味道的大型休閒中心。我們買了兩張泳池通行證，櫃檯人員對我們露出笑容，用一種會意的口吻說：「祝你們有一個『非常』愉快的夜晚！」

「那是什麼意思？」轉身離開時，我悄聲問道。

「她只是在表示友善而已。」樂高人說，但聽起來也不完全肯定。我們推開防火門，進入公共淋浴區，腳下開始感覺到震動。我心裡覺得奇怪，但還是繼續走。走近更衣間時，我開始聽出某種旋律。

「那裡面……傳來音樂聲。」我指著。

「泳池裡面？」

「肯定是。」

「噢。」

我們默不作聲地又走了幾步，接著樂高人說：「那是……巴瑞・懷特（Barry White）的歌嗎？」我們停下來仔細聽。

「好像是喔。」

我們分道揚鑣去換衣服。這塊公共更衣與淋浴區的牆上掛有示意圖，告訴你在進入泳池之前，有哪些重點部位一定要在不穿泳衣的情況下好好清洗乾淨。為免諸位讀者納悶，這些部位分別是：頭、腋下、鼠蹊和腳。我甚至覺得會有某個泳池監護人員跑來站在我旁邊，檢查我做得對不對。但是最後我成功地在沒有人監視的情況下，完成了淨身儀式。我安慰自己：至少，其他人會是乾淨的。

洗掉一層表皮後，我推開彈簧門，來到泳池邊。眼前是一幅令人大吃一驚的畫面：燭光映照著水面，水中的人們隨著巴瑞・懷特的〈愛的小夜曲〉（Love Serenade）緩緩擺動著身軀。

「我的天……」我喃喃說道。

「靠……」樂高人輕聲說道，出現在我身旁，一臉慘白。

我把聲音壓低，用很刻意的口吻說：「你說這是『沒有小孩的夜間課』，但是網站上確切的用詞究竟是什麼？」我聽見一個明顯的吞嚥聲。

「是什麼？」

「好像是……」

「是？」

「仔細想想，其實好像是『成人之夜』。」

「很好。」

「抱歉。」

「所以，你其實帶我來到了一個一九七〇年代的色情泳池派對？」

「是有點像，沒錯。」

「非常好。」

「既然我們都來了……」

欒高人是個很實際的傢伙。他說，既然我們已經來了，不如游游看。於是，我們試著游幾圈，但卻必須一直變換泳道，閃避卿卿我我的愛侶。

「整個來回系統都被搞亂了。」我對欒高人嘶聲說，滿嘴都是氯水。

「『來回系統』？真的有這種東西？」

「沒有嗎？」我不常游泳（你看得出來嗎？）。「還是叫做『圈數系統』？」

「如果妳指的是反時針方向，那麼沒錯，就是那個『系統』。不過，」沒戴眼鏡的他，瞇著眼看向泳池遙遠的一端。「較淺的那端好像有人正在激烈地互相愛撫，所以我目前還是留在這邊就好。」

我又試著游了幾圈，卻又再次被一對親熱的情侶擋住。他們的臉整個吸在一起，隨著馬文・蓋伊（Marvin Gaye）的〈性療癒〉（Sexual Healing）起舞。

我們打算改試按摩浴池，但是涉水過去時，卻看見一群年輕人坐直身子，好幾隻手出現在水面上——天曉得這些手原先放在哪裡。

「我的老天……今天就到這裡好了？」我滿懷希望地問樂高人。

「好，另一頭見囉。」他躍出泳池的速度比雜耍海豹還快。我還在想辦法繞過一對花甲之年的夫婦（他們正在互相蹭來蹭去），樂高人就已經在前往更衣室的半路上了。

「妳要離開啦？這麼快？」我全身濕答答地出現時，櫃檯人員這麼問我。我經過她旁邊，喃喃地說：「是的，我們今天已經受了不少刺激。」樂高人站在一堆水中有氧的傳單旁等我，櫃檯人員對他說：「下星期一晚上有一堂男性健康課程，包含啤酒試喝、手撕豬肉、三溫暖和蒸氣室，整晚只要一百九十九丹麥克朗（新台幣一千元左右），需要幫你報名嗎？」她變出一個木夾板，上面綁著一枝筆。

「呃……抱歉，我沒有空。」他結巴地說，迅速從休閒中心的旋轉門撤離。

「星期天呢？」她在我們離開時，從櫃檯大喊。「星期天是家庭裸體之夜！」

「呃，我們很忙……但還是謝謝妳了！」我禮貌地回應，樂高人則已經在發動引擎了。我嬌媚地半走半跑向他，接著一起疾駛出停車場。

由於不知接下來該嘗試什麼，我決定實施「興趣周」，每天晚上試一個不同的俱樂部，並在當周接近尾聲時，選好要加入哪些。我也希望這是個遇見他人、結交現實生活朋友的好機會。

樂高人說他也要玩，並列了許多海上活動，打算充分利用我們住海邊的優勢。我發現，我們移居的新家園由四百零六座島嶼組成——比希臘還多——快把這項數據記在酒吧小知識競賽的資料夾中。此外，丹麥海岸線總長七千三百一十四公里，所以海邊永遠不會離你超過五十公里。丹麥人不僅在奧運的帆船項目中表現出色，也很喜歡海上輕艇、風帆、帆船、滑水與海泳。「在三月的時候？」我不確定地問，把毛衣的袖子拉到手掌心取暖。

他說：「整年都是。俱樂部的人告訴我，約有兩萬名丹麥人會在海裡冬泳，即使海水都結冰了。」

「那怎麼可能辦得到？」

「我也不清楚，」他坦言，語帶焦慮。「希望我不需要自行發掘。」

我開始打電話，又是拐騙、又是拜託地詢問新結識的朋友，願不願意讓我當跟屁蟲，和他們一起去參加各種社團。於是，我也成功累積了一星期的活動。該星期結束之時，我的日誌長這樣：

星期一：和一名移居丹麥的美國媽媽打排球與手球（結識緣由：我在超市聽見她講英語，之後一路尾隨），展開了一段使我腎上腺素激升的歷程，兩種有氧運動最後都以災難收尾。我的手眼協調自十一歲開始就沒進步過。那年，我停止參加運動性隊伍，因為團練都在放學後，和我想看的節目衝到。打排球時手腕瘀青，打手球時，把手掌打爛了。教練毫無讓我加入的意思（就連「打好玩的」那種也一樣）。睡前服用了山金車藥錠。明天，手臂恐怕要綁吊帶了。

星期二：丹麥語晚間課程，接著和樂高人的同事一起到大鎮參加當地的合唱團。歌詞全都是丹麥語，完全不知道自己在唱什麼。女團長試著用英語幫我，但翻譯顯然不夠到位。精華語錄包括：「像魚一樣思考！」「記住，嘴裡有馬鈴薯！」還有「假裝妳有個大屁股！」不過，整體而言還滿有趣的。發現唱歌會釋放腦內啡、大大降低壓力。根據哈佛和耶魯的研究，和別人一起唱歌還能促進心理健康。於是，我報名了，正式加入第一個丹麥社團！

星期三：當地的瑜伽課以丹麥語進行。雖然很想參加維京女神艾妲的課，但是為了達到禪的境界，要我花三個小時往返「大城市」，恐怕只會有反效果。瑜伽雖然可提升幸福感，讓血清素上升，但是當你還不會說授課語言，而老師只會說一句英語：「感受你的彩虹！」時，冥想真的無法讓你放鬆到哪裡去。她在這九十分鐘內，不斷大喊上面那句話，可是課堂結束時，我還是不曉得自己的彩虹究竟在哪裡。失敗！

星期四：又是丹麥課。我還是很弱。友善的烏克蘭人被換到高段班了，離婚的波蘭人和菲律賓女孩們還是跟我們一起待在放牛班。

星期五：和友善鄰居一起去烹飪俱樂部。我發現連一頓尋常的晚餐也被當成大事一件，餐巾摺得像是要參賽，主菜有三道。此外，人們都知道一條潛規則：如果待不到六個小時就回家，就表示你吃得很不愉快，對主人來說，是個嚴重的污辱。以某位會員上周在「打獵社」射殺的一頭鹿為食材，做了一道野味漢堡。對許多日德蘭半島的居民而言，打獵、聚會和娛樂就是讓人心情大好的消遣。

星期六：報名參加大鎮的「縫紉與女人的悄悄話」課程，希望變成巧手。舊金山州立大學（San Francisco State University）的研究員指出，學習新技能會讓人更快樂。警告：但是如果你途中迷路、遲到，接著又發現自己忘了帶任何布料，最後只好花三個小時在一旁捲線筒，那是快樂不起來的。若有八卦的部分，也都是以丹麥語進行，所以我完全無法融入。但我倒是發現，敵對的縫紉社團十分憎惡彼此。

星期日：照理說是個休息天，但卻在早上八點鐘被轟隆巨響以及隨之而來的橡膠燒焦味吵醒，原來是摩托車季節開始了。友善鄰居告訴我們，冬天的天氣變幻莫測，只要氣象趨緩，保險費用就會下降，所以只要機會一來，摩托車社就會上路。我也和樂高人聊聊他的一周。在零下一度的水中海泳後，他沒那麼熱衷海上活動了。重返單車和跑步。

筋疲力竭的我們，慵懶地消磨星期日剩下的時間。我對加入合唱團這件事感到興奮不已，同時決定繼續上丹麥課，堅持不懈。不過，我覺得自己還是沒有完全適應丹麥的休閒娛樂與社團文化。我把想法說給樂高人聽：「隨興一點不是比較好？想打網球，就去打一場；心情好、想跑步，就去跑步，為什麼非得要這麼正式？」

他把新買的黑色單車矽膠墊連身裝（他穿這件活像一隻拉長的海豹）放下，思考了一下這個問題。「不知道。我和一些同事聊過，他們全都說，他們真的很喜歡數周前就知道自己要做什麼的感覺，他們認為這種方式讓人感覺比較好。」他重述了一遍上星期吃早點時，他與其他樂高同僚之間的對話。「這種型態讓人較安心，因為你知道自己會在什麼時候做什麼事。社交生活好幾個星期前就已敲定，所以什麼都不必想、不用煩惱。而且，空閒時間這麼多，知道自己會做一些有意義的事情，這種感覺很好。」

我和任何人一樣喜歡照表操課，但我還是忍不住覺得，規則會破壞空閒時間的樂趣。不過，我明白身為團體的一分子、具有歸屬感，能夠帶來快樂，這讓你在工作、婚姻、國籍之外，還有別的身分。光是參與某項活動，就已讓丹麥更有家的感覺。我再也不只是「樂高人的老婆」或「那個搬來這裡的奇怪英國女」。現在，我還是大鎮第一合唱團（好啦，是「唯一」的合唱團）的女低音；我是那個在丹麥課上叫老師「母狗」的怪女生。我存在於工作和人妻的身分之外，這種感覺很棒。

本月學習重點：

- 搬到一個新地方，才會知道誰是真朋友。
- 丹麥人超喜歡規定。
- 我不是學語言的料。
- 也不是騎單車的料。
- 更不是游泳的料。
- 在水中也是可以蹭來蹭去的。
- 把一整周填滿休閒活動，會讓你十分感激星期日有可以睡懶覺的機會（也會讓你在沒辦法睡懶覺時，感到非常生氣）。

注釋

1 美國職業自行車手，在一次接受歐普拉專訪時，坦承使用禁藥紅血球生成激素。

四月　動物

在陰冷的寒冬降臨丹麥時，
我看見一些貴氣的老婦人穿著長至腳踝的皮草，使我感到十分驚訝。
後來我發現，丹麥是全世界最大的貂皮輸出國。
哥本哈根是皮草貿易的重鎮，中國和俄羅斯則為兩大主顧。
但是，這應該和丹麥的動物福利原則有所衝突吧？

不同的道德觀念

「你們明天有什麼事？」正式成為我新姐妹的友善鄰居一邊問，一邊用手背擦掉臉上的一塊泥土，又順帶往額上抹去。

星期六下午，我和樂高人正在遛狗。所謂的遛狗，就是要確保牠不在別人家的花園排便，跟著牠走來走去，並在手上套著黑色塑膠袋，隨時準備衝上前去。春天來了，必須出動冰鏟才能發車的早晨漸次減少。這座睡眼惺忪的濱海小鎮再度恢復生機。突然間，當地的商店有人出沒了。碼頭邊，開始可以看見小船從拖車上被卸下；大樹看起來就像在思索，是否到了該發出新綠的時候。

鄰居們開始對我們微笑，隨著春天的到來，他們褪去不友善的冬季外殼，慢慢展開笑顏，如同環繞我家四周的山毛櫸漸漸展開綠葉一般。大地冒出幼苗，花兒考慮露面，日德蘭半島的園丁也紛紛現身。在史迪克斯維爾，可以看見一堆人穿著整身丹寧服飾。我那友善鄰居正在外頭挖東西，她跪在草地上，手裡拿著鏟子，戴著厚實的園藝手套。看到我們走過來，她把手套脫下。

「明天？」我打量她那修剪得完美無缺的草坪以及剛種下去的球莖，祈禱我家的狗沒有想上廁所的感覺。「沒計畫，我不認為……」那是騙人的：我心知肚明，我們明天沒有任何事，就跟下個周末目前沒任何計畫一樣，再下一周也是如此。雖然培養了一些新興趣，但是自從抵達丹麥，我們的社交生活就一直停滯不

前。於是，我們採取一個新策略，只要有人邀請，我們一律點頭答應。這是個很有趣的練習，可以讓我們嘗試不熟悉的事物。本月至今，我已經參加過特百惠派對（Tupperware party，是的，現在還有這種派對）[1]、鼓與貝斯之夜、賽螃蟹（日德蘭半島濱海地區廣受歡迎的一項活動）和排舞[2]，結局不一。

「所以你們有空囉？太好了！」友善鄰居把鏟子像木樁一樣插在土裡，撐起自己的身體。「你們想不想看『舞牛』？」

「不好意思，妳說什麼？」樂高人以猜疑的眼神看著友善鄰居花園桌子上的空酒瓶和半乾的酒杯。我給他使了個眼色，好似在說：「這是一個自由的國度，一個女人想要一邊喝酒、一邊種花，沒什麼不行的……」

「星期天是舞牛節！」

聽到「舞牛」兩個字，我就已經被擄獲。可是，樂高人沒這麼容易被打動。因此，友善鄰居繼續說下去：「這是丹麥的傳統，農夫的特殊節日。每年春天，農夫會把待在室內一整個冬天的牛隻放出來。然後，牠們就會跳起舞來。我是說那些牛，不是農夫。」她趕緊澄清。

我想起已故的奶奶，她每次看見安佳奶油的電視廣告出現一群跳著快步舞的荷蘭牛時，總是摸不著頭緒。她會驚奇地說：「他們是怎麼讓牛做那些動作的？」全然不知電腦動畫為何。《侏羅紀公園》肯定會令她大開眼界。

「牛不會跳舞。」樂高人直截了當地說，把我拉回現實。他皺著眉，彷彿有人故意要騙他似的。友善鄰居耐心地笑了笑，好像父母在對小小孩解釋一個簡單到不行的道理：「牠們當然會囉！我們用『跳舞』這個詞，但是牠們的動作比較類似『跳』，另外還會跑來跑去，因為牠們很開心，懂了嗎？很開心回到草原。」她指著自己的草坪，好像這需要多做解釋。然而，我家的狗以為這是「去吧，把這裡當自己家」的意思，開始做出熟悉的弓背姿勢：解放前，膝蓋抖呀抖的。我還來不及把牠拉開，牠就解放了，害我手腳著地，拿著塑膠袋不停道歉。

「別擔心，沒關係。」友善鄰居說。可是，她皺著鼻子，顯然「很有關係」。「那麼，我明天帶你們一起去看狂歡的牛？」

「好，謝謝。不好意思……」我默默把聲音變小，甩了甩黑色塑膠袋和裡面仍然熱呼呼的內容物，這樣就不必大聲說出：「不好意思。我的狗拉屎在妳的草坪上。」友善鄰居點點頭，接著補充一句：「有考慮訓犬師嗎？」我跟她說有，只要一找到願意收牠的狗狗觀護所，我們就會送牠過去。

面對生命的不同

隔天的狂牛派對確實很瘋，丹麥有機牛的戶外生活就由這場儀式揭開了序幕。我們得知，凡是獲得有機認證的動物，在每年四月到十一月這段期間，一天至少要在戶外吃草六個小時。我們來到當地的一間農場，現場有一群小朋友，臉上全都畫了「牛妝」（雖然有些畫得非常不專業）。手機有照相功能的家長全都排排站，準備捕捉重要的瞬間，以及跑來跑去、發出哞哞聲的小孩。這天天氣很冷，強風狠襲任何一塊裸露在外的肌膚。因此，大家都在外面套上一層專業服飾，把自己裹得緊緊的，抵禦大自然的力量。春天或許已經來到日德蘭半島，但這並不表示太陽已經準備好出來露臉。有些小孩甚至穿著防雪裝，搭配臉上的娟珊（Jersey-cow）[3]牛塗繪，像極了《巧克力冒險工廠》（Charlie and the Chocolate Factory）裡面的侏儒。

大家用丹麥語倒數完畢（我很開心地向你們報告：我現在的丹麥語能力已經可以跟著倒數），牛舍的門打開，數十隻牛被放出來。友善鄰居說得沒錯，牛隻興奮地又跑又蹦又跳，直往草地奔去。接著，牛隻開始發出困惑的哞哞聲，突然停下來，有幾隻開始推擠衝撞。牛群變得驚恐，然後一隻接著一隻掉頭跑回室內。

「噢！」大夥兒一齊發出失望的喊叫聲，氣憤的農夫則想盡辦法把牛群噓回戶外卻徒勞無功。看樣子，在室內待了五個半月之後，這些牛全忘了丹麥的氣候，牠們也發現天氣有點冷。一名穿著長筒雨鞋的女子手拿大把大把的青草，努力將牠們引出溫暖舒適的牛舍，卻無法引起牠們的興趣。農夫又吼又跺腳，我們則在一旁哈哈大笑。最後，大家決定今天就到此為止，回家去。友善鄰居的語氣有些失望，告訴我們：「真是太奇怪了，通常會有相當精采的表演才對。牛兒這麼快樂！」

沒真正看到什麼舞的我們，倒是用友善鄰居的手機看了十分鐘的YouTube，觀賞往年的舞牛影片。我們看見一群牛跳來跳去、興高采烈地奔跑，周遭人不斷發出「喔！」「啊！」等讚嘆。雖然心存懷疑，樂高人也必須承認這真的滿厲害的。

在這之前，我一直以為牛是一種沒什麼情感的動物。到目前為止，撇開YouTube不算，我對牛的認識就僅限反芻、躺下來時表示即將要下雨，以及法式餐廳裡的牛排佐薯條與一杯紅酒。而這些全都看不出任何喜悅或其他強烈情感的表現。然而，「丹麥式生活」會不會也能讓牛快樂？總是關在室內的那些非有機牛呢？戶外牛被放到草地上時，或許心情會很高昂，但這不也表示牠們必須回到牛舍時，心情會很不好受？而那些一整年都待在牛棚裡的牛，並不知道任何差別。少了青青草原的歡樂，渾然不知錯過了什麼，牠們會不會也比較滿足於現況？

我心想：那些說丹麥人是全世界最快樂民族的研究，測量的會不會其實是乳牛的滿足感。就像室內牛之所以會感到知足，是因為牠們從未想過走出戶外吃草（或跳舞），住在日德蘭半島的丹麥人之所以滿足於現況，是因為他們從未想過離鄉背井、到巴西成為森巴舞老師。假如阿佛烈・丁尼生男爵（Alfred Lord Tennyson）[4]來到今日的丹麥鄉間，他或許會說：「曾經跳過舞、然後不再跳，比從未跳過好。」丹麥人會這麼快樂，會不會並非他們擁有很多很棒的經歷，而是因為他們住在一個可預測的安穩環境中？我現在會不會是和一整國的「非有機乳牛」住在一起？

我把這個理論告訴樂高人，但他忙著看手機，覺得自己被一點也不刺激的表演和一點也不瘋狂的牛群騙了，於是開始尋找其他和動物有關的精采行程，便提出到當地動物園參觀的點子。我們在那裡意外目擊獅子的餵食秀：飢腸轆轆的獅群在校外教學的兒童眼前，把一頭剛遭到宰殺的馬撕成碎片。

我語帶驚恐地小聲說：「好像《納尼亞傳奇》（The Chronicles of Narnia）裡的亞斯藍在攻擊吐納思先生……」樂高人一臉青綠，好像快吐了，建議我們打道回府。我不禁心想：是不是我們太容易反胃了？還是，維京人面對殘酷的生死現實時，態度就是比一般人還要實際？

星期一，我和在烹飪俱樂部認識的一位當地的維京男子一起吃午飯，他就快變成我另一位「真正」的朋友了。萬歲！獅子王和同伴大啖彩虹小馬後腿的那一幕，仍在我腦海中揮之不去，所以我重述了這個故事，很想知道他對這個奇觀會產生什麼反應。然而，我的這位「準」朋友絲毫不為所動。「所以呢？」他啜飲一口咖啡，接著擋下服務生，問她手撕豬肉和牛肉漢堡哪一個比較推薦。

「可是，現場有小孩子在看耶！」我努力想讓他明白，那一幕就像昆汀・塔倫提諾（Quentin Tarantino）的電影[5]，可怕極了，但他依然沒有反應。

「然後呢？」是他的回答。「丹麥小孩很習慣這種東西。」嗯，斷骨和血水這種「東西」。「我七歲的時候去了一次戶外教學，觀看狼的解剖。」

「你說什麼？」我把卡布奇諾的泡沫噴到毛衣上，趕緊四處尋找紙巾。

他聳聳肩說：「這是很有教育意義的。」他說，丹麥博物館的公開解剖活動已舉辦多年，從蛇到老虎都有。我猜，這會不會只發生在一九七〇和八〇年代，也就是衛生、安全和政治正確等都還沒被發明之前。但他告訴我，這種活動至今仍存在，而且十分活躍。「我九歲的姪女就很喜歡看解剖。今年生日，她還要求去看蛇被剖開。」他的姪女並不是特例。

動物解剖在丹麥很受歡迎，博物館常常必須在學校放假時，一天舉辦兩場，才能應付眾多需求。小朋友會圍在手術台邊，動物學家則會一邊解剖，一邊解釋所使用的刀具、解剖刀和動物體內的東西（維京男子說「裡面其實就跟香腸差不多」）。

「你看到這些東西不會崩潰？」

維京男子想了想：「我記得那味道不太好聞，可是其他部分都挺有趣的，而且小孩了解這些也很好，他們必須知道大自然也有殘酷的一面，並學習生與死。」

「九歲的時候就要？」

「有何不可？」

我告訴他，他們介紹生命殘酷現實的方式，比起我成長的那個年代「生動」太多了。我們班的倉鼠意外死於梅莉莎・文森的貓咪手中時，老師只用「離開」這個委婉的詞。牠的屍骨被裝在鞋盒裡，帶到國中部的花園用土埋起來——我們看見的遺容最多就是如此。至於我那年代的戶外教學，大概都脫不了雅芬河畔史特拉福（Stratford-upon-Avon）的安海瑟薇小屋（Anne Hathaways Cottage）[6]，或是貝肯斯科特模範村（Bekonscot Model Village）[7]之類的地方。我們跳上充滿三明治和廁所清潔劑臭味的遊覽車，從來沒有一次是為了去觀看野狗的內臟。

維京男子的回答是：「那妳錯過很多。」他告訴我，大學時期的另一次校外參訪是全班一起前往屠宰場：「我們當時在學習設計應用，而那間屠宰場有一些很酷的雷射刀，可以切穿豬隻，將牠們切成大塊……」當他憶起那些被乾淨俐落大卸八塊的動物屍體時，看起來似乎十分懷念，接著咬了一大口手撕豬肉三明治。顯然，丹麥人對動物沒什麼過分放大的情感。然而，世界上其他地方不一定認同這套哲學——馬利烏斯（Marius）便是一例。

馬利烏斯是一隻住在哥本哈根動物園十八個月大的長頸鹿。牠的健康狀況良好，卻因為基因太過常見，被認為不適合繁殖，園方便決定將牠安樂死。此舉引發國際撻伐，共有兩萬七千人在網路上連署，呼籲園方改變決定。世界各地也有數間動物園表示願意安置馬利烏斯，可是哥本哈根動物園宣稱，這些機構的倫理標準與他們的不同，若將牠送到其他地方，牠可能會被賣到馬戲團，或在某間「次等標準」的動物園痛苦地度過餘生。他們說，安樂死是比較仁慈的做法。哥本哈根動物園當時的科學負責人告訴CNN，他的職責是保存物種，而非個體。

於是，二〇一四年二月九日，這隻年輕的長頸鹿被餵了最後一餐（典型的丹麥裸麥麵包），接著被致昏槍射擊頭部，這些都是在遊客面前進行的。之後，園方開始公開解剖，圍觀的丹麥孩童和家長十分興奮熱情，好奇地想看看長頸鹿體內的構造。大卸八塊後，馬利烏斯被拿去餵食獅子，而這一切同樣是在觀眾的面前完成，一覽無遺。世界各地的媒體都對他們眼中「丹麥人可怕的冷血做法」感到不解。英國《衛報》（*Guardian*）刊登的一封信件，內容寫到：「公開處決馬利烏斯，並同樣地將牠公開地送入獅口」，這些做法讓人「比較容易從心理層次上理解，為何丹麥會出品這麼多的黑色犯罪影劇……」

我訪問了哥本哈根大學生物倫理學教授、同時也是丹麥動物倫理委員會（Danish Ethical Council for Animals）的前主席彼得・桑德（Peter Sandøe），希望了解他的想法。彼得對馬利烏斯事件發表了關鍵的評論，他和維京男子人以及我在丹麥認識的其他人一樣，不明白為何這會引起軒然大波。

「在兩個世代以前，丹麥還屬於農業社會。所以，我們把動物視為『動物』看待。」他告訴我。「擁有農業背景的人，大多對於馬利烏斯事件抱持同樣的態度：牠是一隻用來繁殖的公長頸鹿，卻無法拿來繁殖，所以只好宰殺牠。羊也是一樣的道理：羊群之中絕對只能有一頭公羊，超過就會打架，這是很實際的做法。」彼得說。

國際媒體的公憤讓他感到十分驚訝。「我在接受ＢＢＣ訪問後，甚至還收到一封信把我比喻為希特勒，這實在有點太誇張！」他懷疑，讓外國人覺得特別震驚的，應該是那些太過寫實的後續做法。「長頸鹿在一群包含孩童的觀眾面前被宰割，接著又被拿去餵食其他動物，這讓外國人感到噁心。可是，大家應該要能夠面對這種事才對。如果他們不喜歡看見動物被宰割，卻又喜歡到馬莎百貨（Marks & Sparks）購買用塑膠袋包裝的肉品，那他們就是偽君子。」

我告訴他，我就是他口中的那種人（雖然我也很開心聽他提到我祖國最受歡迎的高級超市兼內衣褲供應商）。丹麥人在吃肉前，似乎很愛看牠們被屠宰。至於素食主義，更是連聽都沒聽過。彼得說：「這裡的人大部分都吃肉。丹麥的素食主義者約為百分之三到五，比英國的百分之十還要少得多。」

丹麥人吃肉沒有罪惡感，而且這種肉食主義或許也是他們如此快樂的原因。根據奧地利的格拉茲醫藥大學（Medical University of Graz）的研究，素食主義可能導致憂鬱和焦慮。

彼得說：「說到動物，我們並不像——比方說英國人，那樣感性。」我猜，在情感上拉開與動物的距離，是否也讓丹麥人不至於因為動物無可避免的受傷或死亡時，感到心情低落。我心想：如果斑比的母親被射殺、辛巴的老爸在《獅子王》（The Lion King）裡死翹翹，都不會讓你覺得痛苦，那麼人生當然比較不那麼難受，要快樂也比較容易。如果吃牛肉漢堡時，不過度煩惱那隻牛的一生快不快樂，那你就少了一件需要煩心的事。

然而，並非所有吃肉的丹麥人都開心快樂。二〇一四年，丹麥的農業糧食局長丹・約恩森（Dan Jørgensen）頒布了一項法令，規定所有的食用動物在被宰殺之前，都必須先致昏。這就等於禁止了猶太教和回教律法中規定的屠宰儀式：宰殺動物時，動物須完整無損且意識清楚。實際上，這項法令沒有帶來太大的改變。最後一間實行「在未事先致昏的情況下宰殺動物」的屠宰場，早在二〇〇四年就已關閉。自那時起，丹麥的七千名猶太徒便從海外進口符合教規的肉品。至於丹麥境內多達二十一萬人的回教徒大多認為，宰殺前先致昏的肉品依然符合教法，因為腦震盪並不是動物的死因。以上的人口數據來自美國國務院，因為丹麥政府並沒有宗教方面的官方紀錄。然而，這項法令的原則惹惱了猶太教徒和回教徒，雙方聯合起來抗議政府。他們說，該法令根本與動物福利無關，而是針對移民和族群融合帶有政治色彩。

對許多丹麥人而言，事情十分清楚明瞭：宰殺動物應越快且越少痛苦越好。他們相信，動物若是在有意識的情況下被屠宰，上述這些是不可能做到的。世界各地的猶太教與回教媒體控訴丹麥政府的恐伊斯蘭與反猶太主義，不過，在丹麥境內，兩教的上層人士都避免使用這些字眼。丹麥當局的回應則比較審慎，或許是因為他們明白，這只不過是丹麥式的世俗偏見。

彼得說：「這項法令很輕易就通過了，因為在丹麥，未事先致昏的屠宰方式早在十年前就已經消失，所以也沒有差。因此，頒布這項法令並不會真的和宗教人士起衝突，這是很聰明的政治手段。就像東尼・布萊爾（Tony Blair）[8]禁止英國境內生產貂皮一樣——反正英國本來就已經沒什麼在生產貂皮了，所以這項禁令只是在幫他塑造好的形象。」

啊，對了！貂皮。丹麥人和皮草之間的關係，也是我一直很好奇的。在陰冷的寒冬降臨丹麥時，我看見一些貴氣的老婦人穿著長至腳踝的皮草，使我感到十分驚訝。後來我發現，丹麥是全世界最大的貂皮輸出國。哥本哈根是皮草貿易的重鎮，中國和俄羅斯則為兩大主顧。但是，這應該和丹麥的動物福利原則有所衝突吧？

彼得說：「事實上，皮草製造是很符合永續發展的。貂的繁殖循環和在野外時一模一樣；牠們不會被運送到任何地方（運送過程可能造成動物焦慮）；飼料是魚的殘骸和老母雞的肉泥。移除貂皮後，貂肉會被用來製造生質柴油。」大鎮的公車就是使用此燃料。彼得告訴我：「貂的任何一個部位都不會被浪費。此外，皮草產業創造了許多工作機會，所以政府並不打算讓皮草廠關門大吉。」丹麥約有一千五百位貂皮養殖商，因為丹麥貂皮極負盛名，所以這裡生產的貂皮可以比其他地方的貂皮貴百分之二十。丹麥的貂皮之所以如此有名，得歸功於讓毛皮更有光澤的飲食控管，以及丹麥設計師用貂皮所設計的作品。不像歐洲的其他國家，在丹麥，沒有人會為了動物權抗議，呼籲禁止貂皮製造，大部分的丹麥人也不在意擁有幾件貂皮大衣。

我身為一個思想自由的英國人，生長在善待動物組織（People for the Ethical Treatment of Animals，PETA）當道的時代，還曾被告誡訪問斯特拉・麥卡尼前，最好把皮鞋給丟了、不要吃鮪魚（這是真實故事）。因此，我對丹麥人的動物觀有些震驚。

打獵也是完全被人們所接受的一種消遣，相當受到各行各業丹麥人的歡迎。彼得告訴我：「不像其他地方，在丹麥，打獵不是上流社會會做的活動。人們接受打獵這件事，只要動物被帶回家食用之前，迅速地被射殺、快速死亡，一點也不殘忍。我想，在丹麥從未出現過帶獵犬或馬匹前去獵狐的活動，而這在英國之所以成為爭議，是因為獵狐被視為上流社會的活動，而且狐狸死亡的方式十分殘忍。」

彼得告訴我，他覺得在英國和美國，動物好像被「放入不同的箱子」一樣，「所以，人們會很關心失蹤的小狗或動物園裡的動物，但回到家卻又在吃豬肉。對於小貓、長頸鹿之類的動物，人們有點太過情緒化、感受過於強烈。在丹麥，這種區分動物的狀況沒有這麼嚴重。大部分的人認為，注重動物福利很重要。我們不喜歡讓動物無緣無故死亡，但我們也不會將牠們人性化。」

在丹麥，對動物殘忍是非法的行為，但有趣的是，人獸交並不違法。「和動物性交，進而傷害該動物的生理或心理，這種人是可以被懲罰的。」彼得解釋。至今，丹麥的政治人物始終不覺得有必要寫條新法，徹底禁止人獸交。

彼得告訴我：「然而，民意調查顯示，大部分的丹麥人希望人獸交被禁止，所以最終可能還是會立法。」

（事實上，本書出版之時，農業糧食局長丹•約恩森宣布，隔年的動物福利法將會禁止與動物性交。）

在一個小時內聊了打獵、貂皮和公牛，能聊的所剩無幾。我打算轉移到比較平凡的話題，於是便問了他對於丹麥的狗主人有什麼想法。

「我不是問狗主人和寵物狗會不會性交，」我匆忙補上一句，覺得在目前的處境下，就連這種問題也要澄清。「我是指訓練之類的事……」

身為飼主，家裡的狗兒行為舉止欠佳，因此我很想要知道丹麥人對狗的想法，也想知道狗狗是不是唯一會讓我的新同胞「太過情緒化」的動物。丹麥報紙《基督日報》（*Kristeligt Dagblad*）日前報導，現今丹麥家庭飼養的毛小孩數量比過去還要多，共有六十萬隻狗，而每年新登記的數量為七萬隻。根據丹麥統計局的調查，丹麥人花在寵物身上的費用增加約三億丹麥克朗（新台幣十三億兩千兩百萬左右）。貝爾法斯特（Belfast）皇后大學（Queen's University）的研究指出，養狗有益心理健康。比起養別種寵物的飼主以及不養寵物的人，狗飼主的血壓較低、膽固醇較低，而且較不常出現醫療問題。我心想：這肯定讓丹麥人比較快樂。我住的地方常常可以看見很多狗，整個日德蘭半島似乎也是為牠們量身打造，許多商家和餐廳外面都有可以拴狗鍊的鉤鉤和定期換水的水碗。此外，這裡還有專門的遛狗海灘，以及兩百座所謂的「狗狗森林」，在裡面可以解開狗鍊，讓狗兒盡情奔跑。

彼得告訴我：「很多丹麥人都有養狗，他們當然也很在乎牠們，把牠們視為家裡的一分子。我想，他們對狗狗是有可能『過度感情』的，不過和英國與北美不同的是，這裡不流行到收容所領養狗。大部分的丹麥人還是會去買純種狗，甚至是有血統證明的犬隻。人們喜歡知道自己養的狗的出身。」另外，購買擁有血統證明的狗時，丹麥人也喜歡事先確保這隻狗具有良好的教養。顯然，把我們家的狗訓練好，不僅對牠來說很重要，對我們在丹麥社會的聲譽也是。

我問彼得，他覺得自己算不算我正在研究的快樂丹麥人之一？他告訴我，他的確很快樂：「我覺得丹麥人基本上都很快樂，雖然我們很愛抱怨——因為我們被寵壞了！私生活方面，我會給自己打九分，但在工作方面應該可以打十分。」答案揭曉。在丹麥，就算每天為長頸鹿之死爭辯、收到把自己被比做希特勒的抹黑信件，這樣的人也可以很快樂。這，才稱得上是滿意自己的工作。

雖然過去這幾天的所見所聞仍使我困惑，但我已經下定決心，要讓我家那隻動物學習丹麥禮儀。回到家，我熱切地尋找犬隻訓練營，決定教牠一些規矩。

我跟牠說：「你要去上學了。」

「咿……嗚……。」牠出聲抗議。我斥責道：「不是只有我必須嘗試『丹麥式生活』這回事，你也要！都來四個月了，我都沒任何融入丹麥的感覺，你也該開始上夜間課了。」我幫牠報了名，隔周就會開始訓練。

第一堂課，一名穿著訓犬背心、很愛大聲咆哮的女子很努力地教我們的狗撿東西、坐下、拯救叢林裡的小孩、站在倒放的洗碗盆上，卻統統失敗了，大家都不知道為什麼。隔天早上下床後，我發現樂高人把洗碗盆拿給那條狗，但牠依舊沒打算站在上面，反而開始啃了起來。

我說：「牠好像在吃我們的洗碗盆耶。」

樂高人看著牠，接著指向一堆剛送來的信件：「沒錯，但牠至少沒吃掉郵差小姐，慢慢來……」

本月學習重點：

- 丹麥人不容易作嘔。
- 在丹麥，動物就是動物，狗（而且要有規矩的那種）除外。
- 「丹麥的方式」就是「唯一的方式」。
- ……外來者想用別種方式說服丹麥人，要花費很大的功夫。
- 牛不會跳舞。

注釋

1 「特百惠」為美國的一個塑膠保鮮容器品牌，所謂的特百惠派對，是指派對的舉辦人在家中陳列各種特百惠產品，以直銷的方式銷售產品。特百惠派對盛行於一九六〇年代左右。
2 眾人排成一排、按照特定舞步跳舞，而非兩人共舞的一種跳舞型態。
3 產於英國澤西島的一種乳牛。
4 十九世紀英國詩人。曾說過一句名言：It is better to have loved and lost than never to have loved at all.（曾經愛過、然後失去，比從未愛過好。）
5 美國導演，其所執導的電影常有暴力、血腥和死亡的元素。
6 雅芬河畔史特拉福是英國偉大劇作家莎士比亞的故鄉，安海瑟薇則為其妻。
7 世界上歷史最悠久的模範村，位於英國白金漢郡。
8 一九九七到二〇〇七年的英國首相。

五月 摩擦

轎車女孩和她的朋友發出尖叫，我也發出尖叫。
女孩的父母超乎常人地冷靜，
拍拍粉紅色洋裝，評估損害的程度。
大家原先搞不清楚狗是從哪裡冒出來，
接著才終於看見一對穿著雨鞋、拎著糕餅袋的英國瘋子夫妻抵達現場，
一邊喘氣、一邊飆汗，不停說著「Undskyld」！

難以理解的傳統和習慣

天空下著毛毛雨，色調似刷白的石板。前往麵包店的路上，幾名魁梧的男子沿街忙碌工作，每隔一段距離便豎起一根白色的旗杆。我家的狗聞了幾根，開始做記號，能撒幾泡是幾泡。所以，這次遛狗遛得特別久、特別濕。

買完星期天的餡餅早點（沒錯，現在我們的老饕人生充滿了蝸牛捲）、把狗鍊從店外的便利鉤鉤取下後，我們發現每根旗杆都升起了丹麥國旗。映在血紅色長方形上頭的白色十字隨風飄揚擺盪，把整條路變成壯觀的旗幟大道，讓這個地方看起來極為宏偉，是我們完全不曾想像過的。

樂高人滿懷希望地問：「妳覺得這是怎麼回事？是不是丹麥皇室要來了？」

我忍不住想，雖然聽說丹麥女皇瑪格麗特十分平易近人，可是再怎麼親民，恐怕也不會在周日早晨來到濱海的史迪克斯維爾微服出巡。「說不定……」我在想該怎麼婉轉地表達，才不會讓他太失望。

我們開始向前走，狗狗忙著騷擾我小心翼翼保護的一袋糕點。五月的日德蘭半島開滿了油菜花，將四周的田野變成一片充滿活力的鮮黃。轉個彎，越來越靠近家時，眼前迎來的是熟悉的教堂：這座美麗、肅穆的北歐典型建築，就像一艘直沖天際的耀眼白色火箭，映在灰濛濛的天空與檸檬黃的田野下。不過早上十點，教堂內部卻燈火通明，隔壁的空地還停了十幾輛車。真奇怪，這座教堂平常就只是「在那裡」，很漂亮，但

摩擦

不會出現任何活動跡象，就像一個設計優良的北歐風裝飾品，但現在裡面出現生氣了。狗狗停下來，抬起一隻前腳、耳朵往後貼、尾巴立得直直的，警覺起來。

樂高人說：「搬來後，我從來沒看過任何人走進那裡面。」狗狗扯著鍊條，想更靠近事發地點。我們還在思索為什麼會有人類出現在我們的村莊時，卻聽見一個低吼聲，起初很小聲，但是越來越大。終於有那麼一次，不是我家的狗在發出低吼。我聽得出那是引擎的聲音，伴隨轟隆的音樂聲和砰砰的樂器聲。聲音慢慢變得震耳欲聾，最後映入眼簾的，是一輛巨大堅固的黑色悍馬越野車。車窗上了色，很有幫派的格調；它那加長型豪華轎車的狹長光滑車身隨後出現，穿梭在鄉村的小巷子中。

對我們來說，耕耘機或牽著拖車和船的家庭汽車出沒在這附近是件司空見慣的事。樂高人有一次看見金龜車，就足以讓我們興奮不已。但自從來到丹麥，我們從未看過現在這種場面：幾輛美國製的「肌肉車」、一輛灰姑娘童話中才會出現的馬車，以及數輛豪華轎車一一抵達，和如此鄉下的環境一點也不搭。突然，教堂停車場看起來像是周六晚間的里茲市中心或告別單身派對的現場，穿著舞會服裝的少女外加幾名西裝筆挺的男孩走了出來，盡量不讓漂漂亮亮的衣服沾到泥巴或雜草。

我家的狗完全失控了。「沒看過的人！可以跟我玩！說不定還有食物！實在是太棒啦！」這是我們搬來以後，牠、還有我們所遇過最令人興奮的事件。牠叫了一聲、尾巴搖了一下，接著往前衝，力氣之大，把牽繩從我堆滿餡餅的手中扯掉。「該死的訓犬計畫就這樣破功了……」話都還沒說完，牠就不見了。

像電影的慢動作般，我們看著牠開心地蹦蹦跳跳，朝那群年輕人奔去。這幅畫面好似《黑神駒》（Black

Beauty）的縮小版開場，可是結局當然一點也不優雅。樂高人馬上跳起來，像個神乎其技的超級英雄狗飼主，丟下糕餅袋，以酷似牙買加短跑運動員尤塞恩・博爾特（Usain Bolt）的跑姿跑上前。我則使出從另一個訓犬課程學來的招數，撥下一小塊餡餅，手伸出去大喊：「乖狗狗！來這邊！」希望可以引牠回來。

可是，狗狗完全沒在注意。牠把牽繩拖在身後，搖著尾巴、垂著舌頭，跑向剛從轎車走出的一位金髮小姐。她鑄下了大錯、迎接家犬，讓牠覺得受到鼓舞，也做出歡迎的動作——撲上前，把牠兩隻沾滿泥濘的腳掌印在女孩淡粉紅色的「絲綢」洋裝正面。

「不！」樂高人驚恐地叫出聲。為時已晚。

轎車女孩和她的朋友發出尖叫，我也尖叫。女孩的父母倒是超乎常人地冷靜，拍拍粉紅色洋裝，評估損害的程度。大家原先搞不清楚狗是從哪裡冒出來，接著才終於看見一對穿著雨鞋、拎著糕餅袋的英國瘋子夫妻抵達現場，一邊喘氣、一邊飆汗，不停說著「對不起」（Undskyld）！我們把牽繩繫回去，還在想該怎麼用丹麥語說：「我們快嚇死了！讓我們臣服在美好的丹麥土地上、買件新洋裝作為賠償，或至少讓我們出錢把這件送去乾洗……」的時候，轎車女孩的母親竟然神奇地從後車廂拿出一個套裝袋。女孩點點頭，拉開拉鍊，露出袋子裡一件款式一模一樣的淡藍色洋裝。我們牢牢抓住狗狗的項圈，驚奇地看著女孩回到裝有反透視車窗的車內。不久，迅速換好衣服之後，她再次現身，一襲淡藍色的服裝耀眼奪目。

樂高人問：「我沒看錯吧？」

我不太確定地說：「應該沒錯。」

「她竟然帶了備用的洋裝在身邊？以免緊急情況發生？」我困惑地搖搖頭，看著那女孩友好地對我們揮揮手，轉過身、與朋友和家人一前一後走進教堂。這群人就這樣放過我們，寬宏大量的程度叫人吃驚。大家都走了，沒剩半個人讓我們道歉，於是我們也慢慢走回路上。

我完全無法解釋剛剛目睹的事。太瘋狂了。回家路上，我們發現許多鄰居的花園都搭起了亭子和大型天幕。外燴貨車成群結隊出現，穿著白色廚師袍的人們從車上卸下摺疊木桌和一箱一箱的食物。我說出心裡所想的：「是不是在舉行什麼大型派對，而我們沒受邀？」此時，一輛行動ＤＪ貨車開過，彷彿要證實我的臆測。樂高人點點頭：「我覺得妳猜得沒錯。」

快到家時，我們看到友善鄰居。我說了聲「哈囉」，問她今天是不是有什麼特殊活動。「對呀！堅振禮季[1]！英國沒有嗎？」我說，我們雖然也有堅振禮的儀式，但沒有特別給它辦個「季」，弄得像上流階級的少女初次在社交場所露面一樣。

「噢，這樣啊。」她用同情的口吻說，頭歪向一邊，露出我已經可以認得的「沒能生在丹麥真遺憾」表情。樂高人補充道：「我們也不會坐車、打扮得漂漂亮亮的。」

「坐車？喔，那是傳統啊！」友善鄰居告訴我們。「特別的日子一定要有一輛好車！」向我們說明清楚堅振禮「在這裡是多重要的一件事」之後，友善鄰居便告辭了。她有兩個約要赴，必須把禮物包好、為今天受邀參加的兩場（不是一場而已喔！）堅振禮結束後的派對做準備：「要做的事情可多了！」

結束後的派對？禮物？轎車？聽起來和我的堅振禮差了十萬八千哩！當年我十二歲，在當地的天主教堂進行堅振禮時，只是快快抹了一下油和灰，然後到奶奶家吃火腿三明治。我穿了一件愚蠢的小碎花褲裙、配上一個很搭的髮圈。沒有什麼外燴、行動DJ或天幕。我媽開著她的藍色雷諾五號（還是渦輪引擎那款）接送我們三個。

不同的意義

回家後，我們利用早上剩餘的時間一邊洗狗、一邊鬼鬼祟祟偷看周遭的各種堅振禮活動：送貨員送來花飾、氣球也來了，樂高人甚至說他看到有人把一座巧克力噴泉推入年長鄰居的亭子裡，要給某個幸運的孫子享用。我被好奇心淹沒，同時深知自己是不可能受邀參加堅振禮了（至少這一「季」不可能），於是再次聯繫一月份時幫助我們認識「hygge」的文化專家佩妮樂，希望了解更多。

她告訴我：「堅振禮是大事，是傳統啊！」又來了。在丹麥，什麼事都有儀式（和它們專屬的蛋糕）：二月狂歡節（Fastelavn）會變裝打扮、吃一種特殊的蛋糕；復活節會DIY紙製的蕾絲墊巾、吃一種特殊的蛋糕；聖誕節時則會出現編織愛心、醜怪的小精靈、杏仁膏小豬，以及一種特殊的蛋糕。這些傳統以及每年都會乖乖執行的習俗與行為，似乎讓丹麥人感到安全、穩定，甚至有歸屬感。我最近剛好讀到明尼蘇達大學（University of Minnesota）的一項研究提到，儀式讓事物變得更加美好。我忍不住覺得，丹麥人的做法說不定有其道理。我心想：就和那些興趣社團是一樣的道理。只是這裡事先規劃的不只有晚上和周末，而是每件事都規劃好！把這些事做好，讓丹麥人覺得安心，而無數的傳統則表示，每件事的執行方式年年都相同，因此令人感到寬心——未知變成已知。佩妮樂說：「傳統就像我們的信仰，對大部分的丹麥人來說是非常重要的事物。」所以，堅振禮也不例外，有自己的一套規範和儀式。

佩妮樂說：「大部分的丹麥人會在十四歲左右接受堅振禮。典禮是在很大的教堂中舉行，參加的青少年可達四十名之多。對小孩子來說，這天很好玩，大家都能穿新衣、到處都有旗子，親朋好友在教堂裡通常只有站立的空間。儀式結束後，大家會拍很多照片、吃一頓三道菜的大餐、唱歌和演講，接著還有派對，派對會有各種餘興節目和一大堆的禮物。近年來，丹麥人碰到堅振禮時，變得很重視物質——二十年前我的堅振禮完全不是這麼一回事！」

我跟她說：「我也是！」我告訴她我的堅振禮往事，彼此都覺得我們當年真是物質匱乏，現在的小朋友根本不知道自己有多幸福。然後，我又回到正題：「現在的丹麥人過堅振禮會花費多少錢？」

她回答：「非常多。現今雙薪家庭變多、很多夫妻最後走上離婚，所以父母常常會因罪惡感，在孩子身上花很多錢。『我們不能常常陪你，但可以幫你辦盛大的派對！』而且，很多丹麥父母都不太會拒絕小孩。所以，小孩會收到非常多的禮物，弄得好像是結婚之類的大事。」

她告訴我，傳統會把錢當作禮物，金額至少會是能娛樂對方（包含食物和飲料）。跟這個家庭的關係越親，人家就會期望你掏越多。如果你想贈送禮物而非金錢，還是得花上一大筆。在丹麥，即將接受堅振禮的孩子最想收到的禮物品項包括iPhone、筆電、手錶、珠寶和假期。北歐銀行（Nordea Bank）的調查指出，丹麥青少年所收到的堅振禮禮物，平均價值兩萬丹麥克朗（約新台幣九萬元）。我心想：原來這就是丹麥的平等。堅振禮季是大街上的商店趁機撈油水的時機。許多商家都會張貼海報，上面寫著：「別忘了，六月一日前都還能買到堅振禮的禮物！」廣告上全都是堅振禮卡、西裝、洋裝、鞋子，當然還有專屬的蛋糕。至於禮金或現金，青少年馬上就會在「藍色星期一」花光光。這裡的藍色星期一指的不是新秩序樂團（New Order）的那首歌，而是堅振禮的隔天。這天，剛完成堅振禮的孩子可以放一天假，跑去瘋狂購物。根據可靠的消息來源，他們通常會買衣服和電子產品，接著和朋友炫耀戰利品、喝一大堆蘋果酒。

我放膽問了一個問題：「那，『上帝』這部分呢？他（或她）也會參一腳嗎？」

「這個嘛……」佩妮樂的語氣似乎在暗示，上帝參與的部分「沒有很多」。我得知，丹麥的堅振禮是象徵上帝堅定自己對信徒的承諾；上帝在信徒受洗時，首次許下承諾將好好看顧他們。換言之，丹麥的堅振禮儀式是上帝對你說：「沒問題。」而不是你向上帝堅定自己的承諾。因此，你要不要勤上教堂或甚至願不願意信神，並不那麼重要。

佩妮樂解釋：「在丹麥的新教信仰中，並沒有敬畏神的這種概念。堅振禮不是福音路德會的一種聖禮，而是從孩童變成青少年的儀式，所以大家都能參加。」我彷彿可以聽見奶奶在墳墓裡發出嘖嘖聲。「大多數的丹麥家庭都將堅振禮視為成年禮。我們不是個非常虔誠信教的國家，父母不會給小孩子太多壓力（要他們參加堅振禮）。有些家庭會對小孩說：『如果你沒參加堅振禮，我們還是會為你辦一場盛大的派對，你還是會收到禮物。』這樣一來，就能確保小孩只在真正想要的情況下接受堅振禮。」這有個名稱就叫「不堅禮」，和傳統的堅振禮一樣，儀式盛大、禮物很多。儘管如此，許多青少年仍選擇參加教會儀式。佩妮樂說：「我覺得這是因為他們可以展現自主權。參加堅振禮是丹麥青少年最早能夠自行做出的決定之一，而且在丹麥，鼓勵孩子自己做決定是非常重要的一件事。」似乎比宗教信仰還重要——至少對大多數的丹麥人而言。

寫下這段文字時，我和丹麥的教會部長馬努・薩林（Manu Sareen）碰面，想知道他介不介意這個現象，但他似乎也對「信仰」這回事抱持著相當隨興的態度。馬努說：「丹麥人對待宗教的方式十分有趣。很少有國家像丹麥一樣，國教成員的人口比例如此之高，在五百五十萬的人口當中，教會成員占了四百四十萬。可是，大部分的人只是把信教視為理所當然的事，不會在意太多。」大部分的丹麥人一出生就加入教會，除非特別要求透過世俗的管道登記新生兒，否則父母都是在當地的教會登記。很多人都覺得，繳教會稅是身為公民的義務，彷彿這只是另一個為了讓丹麥這個國家繼續偉大而必須繳納的稅金。各行政區的稅額不盡相同，最高為收入的百分之一點五。因此，丹麥有個收入來自稅收的路德國教。可是，根據丹麥安寧資訊中心（Palliative Knowledge Centre）進行的調查，僅有百分之二十八的丹麥人相信，人在死後仍以某種形式存在（美國為百分之八十一）；只有百分之十六的人相信天堂存在（美國高達百分之八十八）。二〇一四年《博林報》（*Berlingske*）的一項調查發現，將近五分之一的丹麥人自認是無神論者。

我告訴馬努，這實在太有趣了。許多研究都認為宗教與快樂有關，哥倫比亞大學的研究員也指出，信仰可以化憂解鬱。然而，雖然丹麥位居快樂指數第一名、教會成員比例也很高，實際上卻是全世界最不虔誠的國家之一，人們很少上教堂，學校和公共機關都屬世俗機構，全國性的民調還定期重申丹麥人口的無神論主義（或至少是不可知論者）。

馬努說：「除了受洗、婚禮、喪禮和聖誕節之外，大部分的丹麥人不常使用教堂。」和其他基督教國家相反，復活節在丹麥不是什麼重大節日。丹麥的官網指出，百分之四十八的丹麥人認為「與家人相處」比過復活節還重要，只有一成的人會提到「教會」或「基督信息」。根據丹麥統計局二〇一三年的調查發現，只有百分之三的人定期上教堂。由於全國上下普遍對宗教事務不感興趣，宗教團體難以維持成員數量，全國各地的教堂紛紛關起門。少數幾間教堂與時俱進，故勢力依然強大，也有些城市教堂開始提供「義大利麵星期」——彌撒後可以吃到一碗義大利麵，而且彌撒過程前後只要一小時。馬努說：「在丹麥，教會是守護在一旁的，就像我們的福利制度，你有困難時就會接住你。」丹麥的安全網也延伸到信仰上，只不過，讓這個國家如此快樂的，是丹麥的一貫作風，而不是定期上教堂做禮拜。馬努跟我說，這是使他心情快活的原因：「我會給自己打九點五分。我擁有需要的一切，別無所求了。」

加拿大溫哥華的英屬哥倫比亞大學（University of British Columbia）有一群心理學家發現，若一個國家的教育與富裕程度越高，人民就越不可能相信神靈的存在。全球宗教與無神論指數（Global Index of Religion and Atheism）也指出，貧窮是一個社會傾向信教的關鍵指標，所以較貧困的國家通常信仰較虔誠，唯一的例外是美國。信仰強烈的美國雖然富有，但卻缺乏全民健保、工作保障低、社會福利安全網薄弱。也就是說，美國與發展中國家的共通點比它自以為的還要多。英屬哥倫比亞大學的研究員認為，人們若住在穩定、安全、繁榮的地方，就比較不需要神的慰藉。這就說明了為什麼丹麥及其北歐兄弟瑞典和挪威，常常被列為全世界最不信宗教的國家。北歐人根本不必向上帝祈禱一切都會沒事，因為國家已經處理好一切。換言之，丹麥人沒什麼好祈求的。此外，因為沒有上教堂做禮拜的文化，下一代就更不可能穿著禮拜服出席彌撒。英國聖瑪麗大學的研究發現，如果雙親都不信教，孩子信教的機率只有百分之三。

然而，因為我們天性不喜歡心靈空虛，人類仍有一種與生俱來的需求，渴望尋找某些重大人生問題的解答。宗教的存在，就是要為信徒釐清這些問題。但是對丹麥人而言，這種需求似乎被共同價值感所滿足了：一個親密、同質性高的社會，以及半宗教、理所當然的丹麥式信仰。

寫這本書時，馬努還是丹麥性別平等部的部長，所以對於教會事務總是採取比較激進的觀點。「性別平等和教會的確是很好笑的組合。」他一邊承認，一邊啃著眼前這盤沙拉裡的紅蘿蔔。早茶配蔬菜沙拉，可真不尋常。「性別平等是為促進人權，但有時，宗教卻是反人權的，例如墮胎的議題。遇到衝突，我必須視個別情況採取不同的處理方式。」馬努推動廢除丹麥褻瀆法時，便測試了這種做法。他在丹麥的《政策報》（*Politiken*）上撰寫了一篇專文，他認為：「比起宗教遭受嘲弄、進而冒犯信徒的危險，自由言論與人權更重要。」

由於大部分的丹麥人對待宗教的態度都不會很嚴肅，所以別人太過認真時，會使他們很驚訝。丹麥自一八四九年立憲之後，便開始實施宗教自由。從那時起，每個人都能實踐自己的信仰，歧視屬於違法。所有的丹麥居民都能在公共場合、議會和學校，自由地將宗教符號與服飾穿戴在身上，像是十字架和穆斯林婦女的頭巾。根據美國國務院的數據，回教是這裡最大的「少數宗教」，占總人口的百分之三點七。丹麥共有二十二個經過核准的回教社區，居民有權把自己貢獻給宗教社區的部分從課稅所得中扣除。大家向來都相處得還不錯，直到二〇〇五年，丹麥報紙《日德蘭郵報》（*Jyllands-Posten*）刊載十二幅回教先知穆罕默德的漫畫，引發國際爭議和強烈抗議，丹麥商品在好幾個國家遭到抵制、大馬士革的大使館和貝魯特的領事館也被縱火。許多丹麥人對這場風波感到費解不已，不懂為什麼有人要這麼激動，他們認為：「不過就是幾幅報紙上的漫畫，大家看完就丟了啊……」

但一心一意想要壓制移民的保守份子，利用此次事件發動了「保衛丹麥價值」的活動。政治傾向極右的丹麥人民黨（**Danske Folkeparti**）因此獲得許多支持者，從那時起便大聲疾呼，要求停止移民的移入。該黨從那時起穩定成長，在二〇一四年的歐洲議會選舉贏得將近百分之二十七的選票，在二〇一五年的丹麥大選中也獲得百分之二十一的選民支持。

然而，這並不是大多數人的立場。二〇一五年大選，赫勒・托寧—施密特（Helle Thorning-Schmidt）雖然輸掉了首相的職位，但他隸屬的社會民主黨（Social Democratic Party）仍贏得最高票。大多數丹麥人依然支持傳統的北歐自由思想。

丹麥的寬容是出了名的，快樂經濟學家克里斯欽從一開始就這麼告訴我。二〇一三年，納粹占領期間拯救七千名猶太人的壯舉滿七十周年，丹麥舉國慶祝。該次救援行動十分成功，有九成的丹麥猶太人經救援被偷渡到安全的瑞典（反觀他國，荷蘭的十四萬名猶太人僅有三成獲救、挪威的猶太人口也只有六成存活下來）。對丹麥人而言，擁護民主、對抗納粹是非常重要的，跟反猶太主義的概念完全不相容。

明顯可察的寬容，是對自己國家感到驕傲的一大來源。我發現我所遇到的丹麥人，無論什麼事都能讓他們產生強大的愛國心。生在丹麥被認為是一件很幸運的事，沒有人會質疑這點，和這個國家的連結再薄弱，也會被視為好事一樁。許多公司會把名號加上「丹」這個字，因為在這裡，身為丹麥的公司就等於很棒、品質很好。我加入一個專門收錄尋找所有「丹牌」的臉書社團。最近一次計算，總共有三百五十七個丹牌，包括「丹航空」、「丹魚」、「丹蛋糕」、「丹門」等，還有我最喜歡的「丹潤滑油」。

我開始好奇：丹麥人的愛國主義是否也影響了他們的幸福？愛自己的國家、不斷提醒自己來自一個多麼棒的地方，是否會提高人生滿意度？我搜尋了一下，發現一項刊登在《心理科學》（*Psychological Science*）的研究證實，對自己的國家感覺良好，的確會讓人更快樂。歐洲價值研究（European Values Study）所進行的一項研究也發現，一個人對自己的國家越自豪、聲稱自己幸福感偏高的可能就越大。我告訴樂高人：「難怪丹麥人會快樂，近九成的人都說他們對自己的國家感到『驕傲』或是『非常驕傲』。」我看著筆電唸給他聽。國際社會調查項目（International Social Survey Programme）也進行了一項研究，訪問有多少丹麥人同意以下論述：「我的國家比其他國家還要好」。回答「是，我的國家比較好」的比率高達百分之四十二。反觀其他福利體制強大的自由國家，數字就少多了：僅百分之七的荷蘭人認為自己的國家比較優秀，百分之十二的瑞典人喜歡誇耀祖國。

愛國的表現

揮舞國旗、展現愛國情操，在這裡幾乎是義務。無論你的信念或立場為何——社會民主黨、丹麥人民黨、路德教徒、無神論者，揮舞那面紅底白十字架的旗子能將所有人團結在一起。在丹麥，任何可以長久靜止不動的地方，最後都會被插上丹麥國旗：電視節目現場的背景、家門外，都可見到國旗飛揚；人們拿國旗裝飾辦公桌和食物；慶生會升起國旗；就連賣東西，國旗也會派上用場。

丹麥國旗是世上最古老的國旗之一，傳說在十三世紀首次出現，從天而降。根據傳說，一二一九年六月，丹麥士兵在瓦爾德馬之役（Battle of Valdemar）中就快要戰敗了。他們喊停一下下，好窩在一塊兒想法子，祈求上帝保佑。瞧呀！上帝給他們送來一樣東西，不是武器、兵力，也不是世界和平，而是……丹麥國旗。這面紅白相間的三角旗幟從天而降，還沒碰到濕漉漉的大地，就被丹麥國王一把接住。聽說，這份上帝的贈禮讓皇家軍隊打了勝仗。不過，今天的丹麥人不拜送旗子來的上帝，反而是對旗子本身比較忠誠。

了解更多這件從天而降的護符之後，我們興奮地在屋後發現，布滿蜘蛛網的地方竟藏有某根旗杆的各部位零件（感謝之前的房客）。我們把它拿出來重新組裝，接著將之高舉在風中，彷彿是在演《證人》（Witness）那部電影中，艾美許人撐起穀倉的那幕，只是演技不太專業（樂高人說：「我是哈里遜・福特！」我說：「呃，好喔……」）。我們直直舉著四點五公尺高的旗杆，小心翼翼把它移到遠離車子、窗戶和狗狗的地方，驚喜地發現它竟然剛好插得進一個現成的洞——我們之前還以為那是個沒用的排水孔。因為從來沒用過旗杆，撐起來後，我們才發現滑輪的部分需要上點油，於是又把它放下來。受到新家園的愛國主義所激勵，我上網訂了一面丹麥國旗（之前的房客也沒想到要留給我們，真沒禮貌）。

我興奮地對樂高人說：「這只是個起頭。我們可以依來訪的客人掛上不同的旗幟！或是掛面骷髏頭旗，舉辦海盜主題的派對！也可以創造我們自己的家族盾徽！」他露出一副我早上喝太多咖啡的表情，不過最後還是同意讓我多買幾面「存起來放」。

下個周末，一位大學朋友將會來住幾天。每當故鄉的朋友專程來訪，我總是很窩心，他們恐怕永遠不會明白，這對我們來說意義有多麼大。飛到這裡的機票並不貴，搭廉航從倫敦出發，來回大約三十英鎊（新台幣一千二百元左右）就可以搞定。但我知道，要離開舒適圈，而且還是選擇比隆作為放鬆休假的地點，並不是每個人出遊度假的首選。對於那些夠有冒險精神的客人，我希望做點特別的事，讓無畏的他們能在停留期間玩得盡興。本周貴賓將在生日前夕住上幾晚。有人特別吩咐我們，要把這次生日稱作「大日子」；聽說他一直不願意承認這天的到來。他的家鄉在瑞士，為人彬彬有禮、長相英俊，每次見面，他總會送很大一盒巧克力給我們，所以我們「永遠」歡迎他來拜訪。我覺得應該做些特別的事，慶祝他人生的重大里程碑，但又不能太過針對今年的歲數，以免他到了聖誕節還打算堅持自己「只有三十九歲」，把我們從贈禮名單上給刪掉。我烤了一塊蛋糕，樂高人則買了酒。接著，我突然靈機一動。

「我們可以買一面旗桿給他！」隔周的星期六，我喝下兩杯咖啡之後，開心地說。

「什麼？」

「瑞士的國旗！就像丹麥人過生日一樣！我們可以把它掛在旗桿上，這樣他抵達的時候，第一個看到的東西就是它！」

「掛丹麥國旗不行嗎？長得差不多。」

「不行！」我打斷他，滿嘴的木斯里（muesli）[2]。為了避免說話時噴出食物，我只好指著BBC新聞網站的一篇文章，講到烏克蘭總理迎接瑞士總統時，揮舞著丹麥國旗。「兩種國旗完全不一樣！」我鼓著滿嘴的木斯里說。「不行！」我不讓他提出下一個建議，「也不准用立可白塗，要弄個像樣的。」我把旗子店的地址輸入衛星導航，拿走樂高人喝到一半的杯子，一隻手穿入外套的袖子，樂高人這才明白他已別無選擇，只能答應。

兩個小時後，我們打開旗子，在客人抵達之前把它掛上去。瑞士國旗和丹麥國旗有些微不同，前者的白色十字架比較胖，位於亮紅色長方形的正中央；可惜烏克蘭總理阿爾謝尼・亞采尼克（Arseniy Yatsenyuk）發現得有點晚。我們撐起國旗，欣賞自己的傑作在風中飄揚。

「看起來真像一把巨大的瑞士刀。」樂高人喃喃地說，語帶愁思，憶起當年參加童子軍那段打獵採集的歲月。他正開始回想童子軍大會的種種，眼光泛淚之時，我提醒他時間快到了，真的該出發了。樂高人對著國旗行了一個嚴肅的童子軍舉手禮後拿了車鑰匙，我們一起開到機場接瑞士朋友。

回到史迪克斯維爾時，我還在興致高昂地忙著邊交際、邊吃甜食（因為我們前往接機，瑞士朋友送了一盒巧克力，我馬上就打開了）。離開大路、開近房子時所看見的第一個東西，就是那面國旗，在藍天的襯托下飄動。

可是，我還來不及舉起沾滿巧克力的手指跟他說：「快看、快看，我們掛了你的國旗！」就發現有一群留著鬍子的老紳士站在旗杆四周。

瑞士朋友問：「那是我的歡迎委員會嗎？」

「說不定是在欣賞我們的新旗子。」樂高人說，朝我們的新裝置點了點頭。「有看到嗎？」

瑞士朋友看著這份大禮，一隻手放在胸前，說他深受感動。「那群老人是和旗子一起的嗎？這也是丹麥某種迎接客人的習俗嗎？」

「呃，不是。」

我們下車時，鬍子先生和他們毛囊發達的朋友一起走上前，好像殭屍片一樣，只是腳步慢上許多。

「哈囉？」樂高人努力裝出快活的口吻，對他們說。

其中一位鬍子佬皺了一下眉頭，發出某種我聽不太懂的喉音。我正準備施展全套的「不好意思，我聽不懂」話術時，他又講了一句話，我聽得出「瑞士」（Schweiziske）、「禁止」（forbudt）和「丹麥國旗」（Dansk flag）幾個詞。然後，帶頭的鬍子先生指向上方，表情很臭。

瑞士朋友問：「你覺得他是不是要你把旗子拿下來？」我做出在鍵盤上打字、接著兩隻手垂直相疊的收繩動作，表示「我去查一下我們有沒有打破什麼規定，如果違反了任何東西，保證會把旗子收下來」。模仿得還不錯，對吧？我最沒用的天賦之一，就是比手畫腳。於是，我們請瑞士朋友進屋。

安全來到室內後，樂高人說出心中的疑惑，不曉得怎會有人對瑞士國旗提出抗議。「瑞士是中立國耶！」他一邊說，一邊按下熱水壺、把馬克杯放在廚房的檯面，發出哐啷聲。「瑞士唯一做過的事，就是出產很棒的手錶和巧克力！」

「還有羅傑・費德勒（Roger Federer）[3]，」我插嘴道，「誰會討厭他？拜託，他讓男毛衫變得超有型。」

「男毛衫？」瑞士朋友一臉茫然。

「就是男性的羊毛衫。」

「噢。」

「還有烏蘇拉・安德絲（Ursula Andress）[4]。」樂高人繼續說，把滾水倒入茶壺的同時，還把整個工作檯潑得到處都是，然後扔進幾包約克夏茶包。」

「什麼烏蘇拉？」瑞士朋友問。樂高人放下茶壺，驚愕地盯著他。

「白色比基尼？《第七號情報員》（Dr No）？」我老公看起來似乎正要重新考慮一下他和瑞士朋友的友誼，這時卻傳來了敲門聲。鬍子先生回來了，而且還帶了援兵，是第三個年值古稀之年的鬍子老人。

我無助地說：「嗨，抱歉，我們才正要開始研究這個，呃，國旗問題。」他舉起手，手掌朝向我，閉上雙眼。要跟一個眼睛閉著的人講話，實在不可能，令人挫敗。彷彿他們已經分神，不管你說什麼，他們都沒興趣。我忍住不說話，靜靜等待。

終於，原先的那位鬍子先生說：「因為你們的丹麥語還不夠好，我們便自作主張地把丹麥有關旗子的規定翻譯好，印了出來。」

鬍子先生三號遞來一張A4的白紙，我接了過來，驚訝地發現這張紙又硬又亮。

「你還把它護貝？」

鬍子先生三號揮揮手，好似在說：「這也沒什麼。」

鬍子先生一號解釋：「他有護貝機。」

「你剛剛才弄的？」

鬍子先生三號粗聲粗氣地說：「沒錯，一定要把這件事處理好。」

鬍子先生一號換上一副比較安撫的語氣說：「妳不知道正確的規則並不能怪妳，但妳現在知道了，以後絕不能再發生這種事。」

「是的。」我跟著同意，就像一個羞愧的小學生，或是被喬安娜・拉姆利（Joanna Lumley）以廓爾喀議題逼入絕境的英國首相[5]。

鬍子先生一號繼續說：「妳會發現，丹麥國旗在這裡很受重視。如果還有別的問題，問我就好。」

「好，我懂了，謝謝。您是？」但他再一次沒說名字就轉身走掉了。

樂高人和瑞士朋友笑完後，我大聲把護貝紙的內容唸出來：

法務部國旗公約

確實遵守國旗公約，是很重要的☺（我發現丹麥人超愛使用表情符號，特別是在說了某些可能被認為會引起衝突、批評或無禮的話之後，作為緩和之用。）

在這個國家豎立丹麥國旗以外的國旗，基本上是全面禁止的，除非你是外國大使、領事或副領事。若欲豎立他國國旗，必須事先取得警方的授權，但北歐國家、聯合國與歐盟的旗幟例外。丹麥慶祝特殊的全國節日（如堅振禮）時，將無法授權豎立他國國旗。其他時候，獲得許可狀的國旗必須要和丹麥國旗「共同豎立」，且丹麥國旗「至少」要大小相同、排列方式不致使其相形失色，否則將被視為一國支配另一國的行為，可能導致戰事……

我停下來。「聽起來也太誇張！」

「想像一下妳到目前為止，不知不覺施加了多少力量呀！」瑞士朋友喝了一大口茶，顯然樂在其中。許可狀是有條件的，隨時可以被收回。無法遵守規定將屬違法，應該處以罰金。

附註：在丹麥，毀壞他國國旗也是違法的，但焚燒丹麥國旗是被允許的……

「什麼？」樂高人打斷我的話。

「——這護貝紙上面就是這麼寫啊……」我繼續唸下去：

……焚燒丹麥國旗是被允許的。這是因為焚燒他國國旗，可能被解讀為對該國的威嚇。焚燒丹麥國旗則與外交事務無關，因此仍屬合法。其實，根據丹麥傳統，國旗經久磨損之後，焚燒是最適當的處理方式。

瑞士朋友問：「國旗怎麼會磨損？太常揮嗎？」我們難以理解。

丹麥國旗不可在日出前或早上八點前（端視何種情況先發生）升起，且務必在日落前降下。國旗必須俐落地升起，合乎禮數地降下。國旗永遠不可以碰到地面，因為這表示丹麥即將爆發戰爭。

樂高人再次插嘴：「我的老天，這些國旗也太容易引發戰爭……」我嚴厲地告訴他，因為丹麥的國防預算只占國內生產總值的百分之一點三，而且兵役又是出了名的好躲，戰爭是我們最不希望發生的事。我唸完剩下的部分：

希望你們升丹麥國旗升得開心（☺）

「太棒了！」樂高人從冰箱拿出三瓶啤酒，認定今天下午的事件需要比茶更有力的飲品才配得上。「誰想得到，我們竟然在一天之內差點違反法律，而且引發國際上的軍事動盪？」

瑞士朋友牛飲一大口啤酒說：「不管怎樣，你們這麼做還是讓我很感動。我想若不是如此，我們也不會知道丹麥人士如此嚴肅地看待自己的國旗。」

在英國，聖喬治十字旗[6]已經變成笑話一樁，只有英格蘭護衛聯盟（English Defence League）[7]或看足球的小混混才會使用；蘇格蘭的代表旗幟聖儒利安十字，則是用來宣告自己與蘇格蘭民族黨的關係匪淺（或是你的SM傾向……）；愛爾蘭三色旗表示聖派翠克節、健力士啤酒以及主題酒吧；威爾斯的紅龍旗則會讓我聯想到橄欖球或某種男聲樂合唱團。二〇一二年的倫敦奧運，英國國旗曾短暫變成驕傲的象徵，而不是某種政治表態。突然間，我們的國旗等於史蒂芬・佛萊（Stephen Fry）[8]、法蘭契與頌德絲（French and Saunders）[9]、薑餅與邱吉爾。一夕之間，對我們的國家感到驕傲是沒問題的——至少，那兩個星期是如此。那種感覺很棒。因此，我忍不住想，丹麥人這麼愛揮國旗，可能也有什麼道理。

我和樂高人小心地把瑞士國旗摺好，讓我們年屆四十的單身漢朋友帶回家，外加一個裝了各種丹麥事物的禮盒，好讓他記住這個周末。我們短時間不會升起英國國旗。（樂高人告訴我：「妳也別想海盜旗了。」）但我在考慮住在這裡時，可以把丹麥國旗當作我的國旗。這個實驗已經進行了五個月，我開始覺得比較安頓，甚至更加放鬆。我告訴自己：這一定是表示我離滿意的人生更近一步。假如說，對國家感到驕傲、擁有傳統，真的可以讓人更快樂，那我也要參一腳。我或許不是土生土長的丹麥人，但是我要盡力在這「丹麥式生活」的一年當中，學習當地人的做法。所以，住在這裡的這段期間，我或許可以學習當地的一些習俗、傳統和值得炫耀的事情，說不定可以獲得愛國丹麥人的榮譽頭銜。我下定決心執行一九七〇年代的民謠搖滾歌手史蒂芬・斯蒂爾斯（Stephen Stills）流傳下來的至理名言：「愛你所選」。至少，這一年來試試看。

本月學習重點：

- 焚燒丹麥國旗沒關係，升國旗升得太慢卻是犯罪。
- 宗教不會讓你快樂，但是傳統和特殊的蛋糕可以。
- 丹麥父母非常善解人意又超大方。
- 愛國主義有益身心健康。
- 我家的狗需要更多訓練。

注釋

1 基督教的禮儀，象徵人通過洗禮與上帝建立的關係獲得鞏固。

2 源自瑞士、現成為英國人常吃的一種早餐食物。混合了燕麥、穀類、果乾、堅果和種籽等，泡牛奶或加優格一起食用。

3 瑞士著名的男子網球選手，是耐吉的廣告代言人。二〇〇八和二〇〇九年的溫布頓網球賽，耐吉還幫他設計了個人化的羊毛衫。

4 瑞士女演員，演過最有名的角色是〇〇七第一部電影裡的龐德女郎。

5 廓爾喀人（Gurkhas）是尼泊爾的主要組成民族之一，在英國殖民期間，成為帝國的常備軍來源，十分驍勇善戰。喬安娜・拉姆利為英國女演員，父親是廓爾喀軍隊的英籍軍官，因此她對戰後的廓爾喀軍人福利十分重視，致力為他們發聲。

6 英格蘭（不是指英國）的代表旗幟為白底紅十字。

7 英國的極右街頭抗議運動，反回教在英國的勢力擴張。

8 英國的喜劇演員與節目主持人。

9 英國的喜劇小品系列，由董恩・法蘭契（Dawn French）和珍妮佛・頌德絲（Jennifer Saunders）這二人組主演。

六月　歧視

在丹麥，被視為強壯的女人是種盛譽。
就連在哥本哈根這個重時尚的首都，
我也從沒看過在倫敦會覺得習以為常的那種病態身材，
或是如紐約女子骨瘦如柴、皮拉提斯做過頭的體態。
在這裡，過瘦沒有特別討喜，女人是會進食的。

只是個女孩

大海散發出動人的閃亮光澤，鈷藍色的天空萬里無雲。樂高人已經換上粉色系的短褲，就像一九八三年左右「轟！合唱團」（Wham!）[1] MV裡頭的臨演。這只表示一件事：夏天終於來到濱海的史迪克斯維爾，但出人意料的是，我的快樂調查計畫也在這個月遭逢打擊。

剛開始，一切似乎充滿希望。我倆在竹籐躺椅上愜意放鬆，喝著冰涼的氣泡酒，看著帆船蜿蜒離港，白色三角帆晃啊晃的，彷彿置身蔚藍海岸（當然是淡季的蔚藍海岸，別得意忘形……）。我驚奇地發現，這裡開始暖和起來了。真的很暖，好像少了空氣汙染（或其他不得了的原因），太陽就能照射得更加強而有力。大地散發熱氣，整個日德蘭半島看起來就像使用Instagram的濾鏡修過一般。我們不得不買一把陽傘放在花園，以免被太陽燙傷，但卻發現周遭這群渴望陽光的丹麥人比較喜歡抹防曬油、做日光浴，把皮膚曬得跟皮革一樣。

突然之間，住海邊不再令人感到沉悶，而有了快活的假期氛圍。每天早上起床，我們就會趕快計算還有幾個小時才能到海邊玩。由於我們住在很北邊，晚上十一點過後天才會黑，因此一天工作結束之後，還有整整七個小時的陽光。我們這座安靜的濱海村莊現在處處可見烤肉、游泳、划獨木舟和駕駛帆船的人，在辦公室過了不怎麼辛苦的一天後，為自己安排休閒娛樂的「夜班」。某年夏天，我在克拉珀姆公園（Clapham

Common）[2]用拋棄式的鋁盤和炭火想要煎漢堡卻被慎重警告，讓我羞愧不已。所以，我還不太習慣這裡想在哪裡點火、就可以在哪裡點火的狀況。不僅如此，當地政府還會幫你架好野餐桌和亭子，並定期補充砍好的木柴。樂高人簡直不敢相信有這麼棒的事情，都沒有人告訴過他。「免費的木柴？難怪丹麥人這麼快樂嘛！」我也不禁點頭同意，只要是說到享受美好的生活，聰明的日德蘭半島居民似乎總是做得很好。

五個學生時期的朋友來拜訪我，使我沉浸在她們帶來的熟悉感和女性荷爾蒙中。我們講話講得很快，和我在這裡為了讓別人聽懂，而一字一句咬字清晰的速度不同。我們聊了彼此的近況、吃蝸牛捲、和大鎮的色情小馬噴泉合影，超好玩的。她們當中有幾位有小朋友，所以每天在小寶寶睡前都有視訊時間，讓我想起自己有多想要那種生活。我很喜歡當家鄉兩位可愛小朋友的教母，也很開心成為另外幾位小孩的「特別阿姨」（完全沒有血緣關係），但那還是不同的感覺。有時候想起這件事，還是會覺得有點難過。不過，我真的很高興老朋友來看我一陣子。她們離開時，我覺得心情振奮不少並充滿活力，準備好迎接另一個月——或說另外六個月——的「丹麥式生活」。

仲夏夜（Midsummer Night）是六月份最盛大的節日，雖然丹麥人不是在二十一日慶祝，而是把它挪到二十三日，因為那天同時也是聖約翰夜（Sankt Hans Eve），也就是施洗者約翰的生日前夕。丹麥人在一個月前就會開始蓋篝火堆，因此到了六月的第三個星期，丹麥鄉間便四處可見巨大的樹枝山。

樂高人、狗狗和我沿著海岸漫步，前往我們的第一個聖約翰慶典。空氣中瀰漫著燃燒木柴的煙味和香腸的香氣，我家那隻生來為了氣味和零嘴而活的狗，簡直像是來到了天堂。許多當地人都走出家門，我看見了鬍子先生一號到三號。經過時，我怯生生跟他們說聲「嗨」，結果他們竟然奇蹟似地點頭回應。然後，還開口跟我們說話。

鬍子先生一號說：「我看你們已經知道怎麼回收了，但你們的狗好像還是很不受控制。」鬍子先生二號如此告誡，點起光滑的黑色卜派菸斗，抽了一口。

謝過他們的教誨後，我們繼續往前走，但卻沒有這麼容易，因為狗狗就像原始人一樣，被火所深深吸引。我們和友善鄰居、維京男子以及另一位丹麥新朋友碰面；丹麥新朋友長得很像金髮的海倫娜・克莉史汀森[3]（Helena Christensen，從現在開始我們就稱她為「丹麥海倫娜」），人又好——我知道，人生很不公平。他們每個人各自帶了一些東西，我盯上了其中的野餐食物和大量的啤酒，這是要讓我們撐過一整天的補給品。

維京男子的野餐籃十分齊全，裡面有一個用盒子盛裝著的麵團。他告訴我們，這是為了「扭轉麵包」（snobrød）準備的。為了慶祝施洗者約翰的節日，丹麥人會拿一條一條的麵團繞著一根棍子轉，再用篝火烤熟；棍子會事先準備好，並泡在水中。樂高人愚蠢地問為什麼，得到了現在早已耳熟能詳的答案：「這是傳統啊！」他們齊聲回答，就像滿心歡喜的「希臘合聲」（Greek chorus）[4]。

一個長得酷似勞勃・普蘭特（Robert Plant）[5]的男人正透過廣播講話，卻得到震耳欲聾的回應，不得不中斷。他輕敲麥克風幾下，卻只是在吵雜聲之上多添一種敲擊聲。最後，他只好放棄，開始用吼的。

我悄聲問維京男子：「他是誰？」

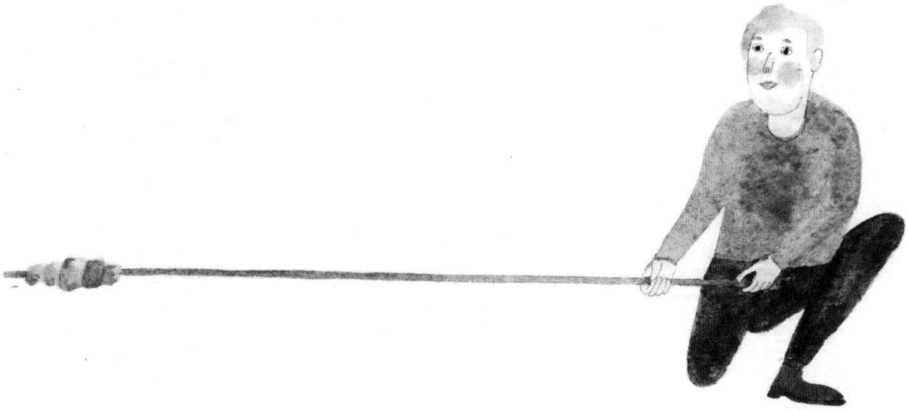

「噢，他是當地的議員。在哥本哈根之類的地方，會由名人上台講話。但在這裡，通常只有政治人物或當地的電台DJ。」

「還真是娛樂……」我喃喃地說，維京男子轉過頭去，認真聽「勞勃・普蘭特」說話。「那，呃，他在說什麼？」我的丹麥語仍有很大的進步空間，帶有日德蘭半島的偏遠口音超出了我的能力範圍。

「他在告訴大家現在要做什麼——接下來要唱歌。」

「好極了。」樂高人說。一位高齡老婦慢慢走過來發歌曲單給我們。「我們要唱什麼？」維京男子輕輕嘆了口氣，我猜想，他是不是很後悔和一對愚蠢的英國夫婦當朋友。他指著手中的歌曲單：「這首叫做『吾愛祖國』。」

我心想：當然囉，那還用說！

一名過去顯然太陽曬太多、現在長得像隻赤褐色猴子的女子，用一隻手在電子琴上彈奏幾個音，另一隻手則抽著菸。群眾開始唱起歌來，「猴女」也加入，並在翻頁時小心不讓樂譜飛走。

雖然以前沒聽過這曲調也不知道歌詞，我還是努力專注在這首歌上，但卻被一個小男孩分散了注意力。他爬上人造柴堆，身後拖著一個很像佛朗明哥舞者的稻草人。把可憐的祭品擺在柴堆最上方後，他還給了它一拳。小男孩爬下來，一名女子在篝火底部塞了一些稻草，接著用火把點火。火焰劈啪作響，開始往上吞噬，照亮了柴堆頂端的身影。我看得出一頂帽子蓋在蓬亂的羊毛頭髮上，還有某種斗篷套著一件多褶邊的華麗紅色洋裝。某個天才還在紙糊的圓形頭顱上畫了個苦瓜臉。

我悄聲對樂高人說：「我好幾年沒讀以前教會學校發的欽定版《聖經》了，但我很確定施洗者約翰是被砍頭，而非活活燒死，而且他也不會跳佛朗明哥舞……」

維京男子聽到我的話，也插進來：「噢，上面那個不是聖約翰。今天只是慶祝的前一晚。」

「好的……所以，他是誰？」我指著那個用簽字筆畫成的苦瓜臉。大火吞噬了它，群眾發出歡呼。

他糾正我：「『她』，是女巫。」

此時，可憐人偶的紅色合成纖維褶邊著火了，陣陣黑煙吹向海面。大家驚呼鼓掌，我們這群人當中還有幾位用手機捕捉這一幕。

我驚駭地問：「你們到現在還會焚燒女巫？」

他努力解釋：「只有今晚。這就是篝火的用途。這是傳──」

「別告訴我『這是傳統』？」

「妳怎麼知道？」
「直覺。」
樂高人問：「在臉上打一拳這點，也是傳統的一部分嗎？」
維京男子回答：「不是，那小孩只是個小混球。」
「好。那佛朗明哥舞的裝扮呢？」
「隨便找來的吧！我猜。」
一陣風吹來，助長了火勢。很快地，這個隨便扮成的「女巫」就成了木棍上的一坨焦黑鐵絲。大家拍拍手，混球男孩和他的朋友開始哄堂大笑。另一首歌的音樂開始響起，大家窩在漸漸熄滅的火堆旁開始烤麵包串，可是我已經沒了胃口。
友善鄰居發現我很驚愕，試著安撫我。
「我們必須焚燒女巫，才能驅趕惡靈。」她說，彷彿這是世上最自然的事。
「好的……」
「女巫在仲夏夜的前後特別活躍，所以我們要燒幾個，把其他的趕到德國……」
「什麼？」真是越來越詭異了。
「趕到布羅肯峰（Bloksbjerg）的山區。那裡是女巫聚集之地。」
「為什麼？為什麼她們要去德國？」因為啤酒和乳酪比較便宜？

大家聳聳肩，維京男子有點醉醺醺地說：「不知道，那裡是德國啊！就是會發生不好的事！」看樣子，他們對於自己為什麼會對強大的南方鄰國抱持輕微的敵意，所能做出的最佳解釋就是這個了。

就是在這時候，大學主修歷史的維京男子決定要給我上一堂半醉半醒的海邊歷史課（友善鄰居和丹麥海倫娜偶爾糾正他），不希望我們對丹麥的印象有所曲解。

我學到，丹麥的燒女巫現象始於十六世紀。當時的教會非常喜歡宣布女性有罪，並判她們火刑。一六九三年，一位名叫安妮・佩絲（Anne Palles）的七十四歲女子被當成女巫燒死，罪名是對一名法警施法、害死與她丈夫共舞的一名女子，以及導致她小便過的一塊農地收成不佳。在這之後，就再也沒發生過燒女巫的情事。

「真的假的？最後那個罪名是真的嗎？」我很懷疑地問，只換來眾人點頭如搗蒜。聽到這個小便故事，狗狗發出小小聲的哀鳴，好像意識到自己在附近的許多農地做過更糟糕的行為。牠退離餘火殘燼，躲到樂高人的腳後面。

維京男子開朗地結束他的歷史課：「所以囉，我們已經好幾百年沒焚燒真正的女人了！焚燒稻草女巫是從一九〇〇年代以來才開始流行的。」

友善鄰居極力向我保證：「這沒有什麼意思的，只是傳——」

「『傳統』？」

「沒錯！」合聲醉醺醺地齊聲回應。

我還不夠醉，不打算輕易放過這個話題：「可是，我以為丹麥是性別平等的好地方，不是嗎？推動婦女權利的歷史既悠久又輝煌？」

維京人聳聳肩：「當然，但不是女巫的權利！」

「你知道女巫不是真的吧？」

大家笑了起來。樂高人開啟和事佬模式：「別擔心，我們講的是好幾百年前的事情。從那時起，事情就變好了，對吧？」

「怎麼？」

「這個嘛……」友善鄰居露出了一個神似《酷狗寶貝》（Wallace & Gromit）黏土角色的表情。

「妳知道那邊那些大型的紅色建築物嗎？」

「那些舊醫院建築？」我問，覺得她指的是一九二〇年代興建、組成村子一大部分的紅磚建築。現在，那些建築住著長鬍子的退休老人。

她語氣有些不確定地說：「對，但那其實不太算是醫院……」

「不是嗎？仲介是這麼告訴我們的。」

「不是，那些是收留心智不全者的機構。」我正想是否要禮貌地告訴她一個比較政治正確的用詞，但她繼續說下去：「那些是收留男性的，」她朝海灘再過去一點的宏偉建築揮了揮。「由著名的丹麥醫生克里斯蒂安・凱勒（Christian Keller）建造。就是山丘上那個男人的雕像，妳知道嗎？」

「留了鬍子的那個？」

「就是那個。但是女性……」她深吸一口氣，「從菲因島到西蘭島的途中有一座島，妳有注意過嗎？」

菲因島位於日德蘭半島的東邊，西蘭島則在更東邊，是哥本哈根的所在地。我告訴家鄉的朋友，「所有好玩的事物」都在那裡。我的方向感雖然很差，但也知道友善鄰居在說哪裡。

「對！我知道！我們開車經過幾次。為什麼問？」

「那座島叫司普洛峨（Sprogø），心智不全的女人會被送去那裡。只是，她們不一定犯了什麼錯……」

原來，司普洛峨過去是用來關禁被認為「患有淫亂病」、「道德淪喪」、「性方面隨便」或被控「行為淫蕩」的女子。一九二三年由克里斯蒂安・凱勒創立的這個機構，本質上就是一座監獄，用來關那些犯了婚前性行為、婚前戀愛或擁有非婚生子的女性。然而，把她們關在一座全女性的島上，並無法避免其他不正當的行為。司普洛峨時常擠滿了前來參觀的男人，希望遇見「輕浮的女子」，但似乎沒有人認為飄洋過海尋找性愛的男人有什麼毛病。

「那麼，這個地方什麼時候關閉的？」

「喔，一九六〇年代。」

我非常震驚。我知道，這種事不只發生在丹麥。倫敦的妓女收容所活躍至一九六六年；愛爾蘭最後一間妓女洗衣院[6]也是一九九〇年代才被關閉。可是丹麥耶？我一直以為丹麥人比較早進步，以為這裡比較平等。現在我才發現，對於丹麥的女性，我其實沒有認識這麼多。

派對一直持續到晚上十一點太陽終於下山為止。月亮探出頭來，把大地照亮得就像正午時分。不久後，我們走上山丘，準備回家。我俯瞰篝火的餘燼，紅紅的火光和海岸線的其他幾十座篝火連接在一起，像一串珍珠。

那天晚上，我夢到半焦黑的女子被綁在著火的乾柴上，迂迴地往德國前進。凌晨三點，一束陽光穿過遮光捲簾的外緣，灼傷我的視網膜，將我吵醒。丹麥的仲夏一天只有四個小時的黑夜，雖然我很歡迎漫長的白晝，卻不喜歡這麼早就被晨間合唱團叫醒。

我一邊瞇著眼睛咒罵、一邊在床邊的桌子摸索，尋找我的免費飛機眼罩。現在，我已經習慣在凌晨時分將它戴上。戴上眼罩，我倒回枕頭上，試著再度進入夢鄉，但這時我的腦袋已經開始運轉。我沒睡著，反倒是躺著煩心各種事。這是我的強項。

為什麼小鳥天亮就要起床，這樣丹麥夏天到了日落時，牠們不就累壞了嗎？這裡買內衣最好的地方在哪呢？當初是誰想到除毛這個點子？丹麥女性什麼時候有投票權？然後，最重要的一個問題：在這個以先進聞名的北歐國家當女人，會不會並沒有比在其他地方好？想不透這些問題的解答，我決定擬訂計畫尋找答案。

女性的福利與權利

丹麥的第二大城奧胡斯擁有世界上少數的幾座婦女史博物館之一。雖然不能和史密森尼的博物館[7]相比，但也擁有各式各樣有趣的文物和文件，描繪從古至今的女性生活。在某個悶熱的星期一早上，我開著我那沒有空調的番茄紅電動機車前往大鎮，希望得知更多丹麥女性的命運。一位戴著犀牛角框眼鏡的女士熱心帶我參觀博物館布滿灰塵的展品，為我講解了一段簡短的北歐女性口述史。我得知，一八七五年，丹麥的大學開始允許女性入學。另外，北歐國家的女性很早就有投票權：芬蘭最先，為一九〇六年；挪威一九一三年；丹麥和冰島一九一五年；瑞典一九一九年。一九七〇年代，丹麥、瑞典和挪威的政黨引進性別配額，鼓勵女性參政，人數之多，丹麥不再實施配額，因為已經不再需要這類刺激因素。寫書之時，女性占了丹麥議會百分之四十的比率，兩個執政聯盟的黨派也都是由女性領導。我還得知，丹麥人在婦女權利方面一直都很先進，一九七三年便將墮胎合法化，並在一九七六年通過薪資平等的法律。如同我二月時所發現的，丹麥的員工政策十分強調讓每一個人都能有工作，並且育嬰假的福利很好。

在丹麥，有新生兒的家庭，全員總共可以得到五十二周的育嬰假。母親在產前必須請其中四周的假、產後則至少必須請十四周。這個做法似乎相當明理，因為根據美國全國經濟研究所（National Bureau of Economic Research）的研究，大量的育嬰假與較健康的孩子和較低機率的產後憂鬱有關。父親也會在頭兩周請假，剩下的周數則由父母親雙方自行分配。在丹麥，由於大部分的父親都會請育嬰假，他們和孩子便能快速建立感情，並且學習傳統上由母親負責的養育工作。

接著，還有義務性的父親育嬰假。挪威在一九九三年成為第一個為父親建立育嬰假配額的國家。在此之前，僅有百分之二到三的挪威父親會請育嬰假。今天，挪威父親擁有十四周的假，且有百分之九十的爸爸會用。另有百分之十五的爸爸在那之後，會選擇縮短工作時間，多花一點時間在家人身上。研究顯示，挪威的父親育嬰假增加，人們對性別角色的態度確實因此出現很大的轉變。一九九三年後出生的男性，比在此之前出生的男性做更多家事。在瑞典，父親有兩個月的育嬰假，仍能獲得平常薪資的八成。我不禁想：如果我們哪天真的能成家，北歐會是個超棒的地點……

此外，政府還有一種家庭津貼，無論收入多少，有十八歲以下孩子的母親都能領到。單親父母、鰥夫寡婦之子，也能獲得育兒救濟金。

生完小孩後，百分之七十八的丹麥母親會重返職場，比經濟合作暨發展組織的平均數字百分之六十六高出許多。這是因為有政府補助育兒基金，而且丹麥職場著名的工作與生活平衡，使這裡比其他地方更容易平衡職涯與家庭生活。在這裡，傳統上被定義為「女性職責」的工作，與傳統上被定義為「男性職責」的工作一樣受到重視——兩性兩種都會做一點。

白天出門在外是自由工作者的好處，而且向來是一項有趣的人類學活動。在丹麥，我在外頭看見的男人比英國還多。你們要知道，我可不是特地要找男人，只是他們就出現在那裡，通常還有個小人黏在身邊。爸爸大白天時推著娃娃車、輕推盪鞦韆上的小朋友、下午三點半到托育中心等著接孩子，或一手拿著高麗菜、一手牽著小小孩，在超級市場跑來跑去。在英國，大部分由女人和好欺負的祖父母所做的育兒工作，這裡的男人也做。而且，這似乎是很棒的事。經濟合作暨發展組織的研究證實，北歐男人比從前更參與育兒的大小事，會做家事的比例也比英國男人高。因此，我很高興發現一項密蘇里大學（University of Missouri）的研究，顯示那些共同分擔家務和育兒責任的男人和女人是比較快樂的。我在心裡默默記住，要把這項發現寄給我所有的媽媽朋友看，並建議她們印出來貼在冰箱門上。

除了觀察寵愛孩子的父親，我還逛了奧胡斯的商店。當然是為了研究目的。女性時裝大同小異，配色嚴格遵守北歐流行的風格，而且看起來好像都很易燃。但我注意到一件很有趣的事：這些服裝都不會性感過頭，也沒有「零號」這種紙片人的尺寸。周遭所看見的女人都不會過瘦，反而看起來很強壯。不久前，有個難得一見的美國觀光客經過我家附近的麵包店（也就是我的第二個家），告訴櫃檯的女生：「妳長得好像維京女人！」沒錯，是有點令人不舒服，但若是在英國有人這麼對我說，我會以為他們是指我很結實，甚至很有男子氣概，而那會被當成一種批評。但在這裡，那個女孩看起來是真的很開心，還謝謝他的「讚美」。在丹麥，被視為強壯的女人是種盛譽。就連在哥本哈根這個重時尚的首都，我也從沒看過在倫敦會覺得習以為常的那種病態身材，或是如紐約女子骨瘦如柴、皮拉提斯做過頭的體態。在這裡，過瘦沒有特別討喜。女人是會進食的。

有些小孩經過我身邊時，很難看出他們是男是女，因為他們的衣服不會以顏色區分性別。我想起來，丹麥最大的玩具連鎖店BR在最新一期的商品目錄上，製作了一個打破傳統的封面：男孩玩芭比、女孩玩火車。這裡的孩子可以選擇自己想要的，不管性別。

雖然比較確定丹麥是個當女人還行的地方了，我仍想要知道更多，於是隔天找了丹麥海倫娜和美國媽媽一起喝杯咖啡（當然，還有吃蝸牛捲），想聽聽她們的看法。我準備好沐浴在姊妹淘贊同的觀點之中，共同分享對這塊性靈新家園的想法。一切開始得很順利。美國媽媽大讚那些想要小孩、也想要工作的丹麥女性所擁有的機會，說她在美國生第一胎時，能有三個月的無薪假就被視為「極度幸運」。她說：「相較之下，在丹麥生第二胎簡直就像夢一樣美好。我有一年的假，同時還獲得升遷。」

丹麥海倫娜告訴我，在學校，男孩、女孩受到平等對待，擁有相同的機會。美國媽媽十分同意，說：「這裡不常看到那種很女孩子家的女生。在丹麥，從會說話的年紀開始，她們就什麼事都自己來。」我對這些事激賞不已。然而，談話的內容開始變得不太美好了。

美國媽媽說：「所以，沒錯，丹麥對母親和小孩來說是個很好的地方，但妳也該聽一下那些拿女性開玩笑的笑話——至少在我的公司是這樣。」

「比方說？」

「從哪裡講起呢？」是她的回答。「像昨天，我們部門有個男的在一場大型的對外發表上，說了個關於女性駕駛的『笑話』。在美國職場，這種話題是絕對不被允許的。在美國，和男性相同職位的女性確實仍無法得到跟男性一樣的薪水。在這裡，職稱和異性一樣，幾乎可以確定你們得到的薪水也會一樣，但丹麥人好像覺得：『嗯，大問題搞定了，開個小玩笑沒關係吧？』」

丹麥海倫娜十分同意別人對她同胞的評價。她告訴我，一個相當於丹麥BBC的頻道播出一個電視節目，一群女人全身赤裸、安靜地站在穿著衣服的男人面前，讓他們口頭解剖自己的身體。她說：「他們會聊這些女人的陰毛和剖腹產的疤痕等。」

該節目的主持人湯瑪斯・布拉克曼（Thomas Blachman，同時也是丹麥版《X因素》（The X Factor）[8]

的評審之一）告訴丹麥媒體，他的「裸體女士秀」是一種文化服務，讓「男性討論女性身體的美學，但不至於讓談話內容變得情色或政治正確」。或許是這樣吧，畢竟大部分的女性沒這麼「幸運」，能被陌生男子品評自己的外表……噢不，等等，是我錯了……

講到「物化女性」這個話題，美國媽媽告訴我，她上周末在大鎮時，被穿著內褲跳鋼管舞的少女攔下。她們正在為一場全國比賽做準備，「一邊發傳單，一邊說：『不管是有小朋友的家庭、男女老少、情侶或單身，都歡迎來看！』還一邊像脫衣舞孃那樣扭腰擺臀！」

他們還聽說，丹麥雇主在面試時，仍會歧視母親或即將成為母親的應徵者。在這裡，許多面試者會詢問應徵者的年齡、婚姻狀態，以及有沒有小孩或是打算生小孩。平等待遇法聲明，不得有性別歧視，特別是針對懷孕和家庭狀況方面，而應徵者或員工若覺得自己受到不公平的待遇，雇主有義務提出證據，證實沒有歧視的事情發生。

為了撰寫英國報紙的專欄，我打電話給一些工會，他們告訴我，丹麥雇主經常解雇懷孕或請育嬰假的女性，有些甚至拒絕提供工作給女性，只因為她們將來「可能」成為媽媽。根據丹麥的護士工會（Dansk Sygeplejeråd），二〇一二年，每八位剛獲護理資格的護士，就有一位在面試時被問到是否有小孩，或是否計畫要生小孩。面試者對其中一位這麼說：「如果妳很快就要請產假，那我們不能雇用妳。」零售與辦公室職員工會報導，百分之十七的會員曾在面試時被問到有關生養小孩的計畫；律師更慘，共有百分之二十的女性說，自己的職涯曾因為孩子而遇到挫折。有些工會甚至報導，雇主解雇進行試管受孕的女性。

我開始體認到，在我的斯堪地那維亞理想中，並非所有的一切都是美好的。我決定找一些專家，幫我認識丹麥的平等情況。首先登場的是丹麥最著名的喜劇演員，同時也是自豪的女性主義者——珊妮・素納葛（Sanne Søndergaard）。

我和珊妮見面喝咖啡、談論世界大事。珊妮說：「大部分的丹麥人都很慶幸自己生於此，丹麥的女性也不像世界上其他地方——例如美國和英國——的女性那樣，必須妥協這麼多。可是丹麥並不完美，我們雖然不太常講性別歧視，但仍有性別歧視的文化。我們必須承認這點、記住這點，否則只會重蹈覆轍——男人和女人都一樣。」

我提到了鋼管舞事件，而她也告訴我，她常在哥本哈根的公車上看到整形手術的廣告：「這些東西成天開來開去，在兩公尺高的地方秀出全裸的胸部，鼓勵丹麥女性『換一對新胸部』！那天我九歲的鄰居才跟我說，她希望她是男的，就不用『老是需要換胸部』。這就是她和朋友在那些四處可見的廣告上接受到的訊息——身為女人，妳就是要有大又堅挺的假巨乳，真是可悲！」珊妮告訴我，過去幾年來，類似這樣的事情已經悄悄滲入丹麥的自由文化裡。「這裡的人好像認定我們很平等，所以要多性別歧視都行。因為丹麥在很多平等議題上都是率先做到，像是同志平權和墮胎法，所以我覺得我們也是第一個受到反衝的。」

「日常生活的性別歧視企劃」（The Everyday Sexism Project）在二〇一三年成立丹麥分部，在網路上記錄每天由丹麥女性所分享的性別歧視經驗，包括不當行為、性別刻板印象和性別歧視廣告。我問珊妮，這裡會不會像英國一樣，對於女性站出來談論不平等的事情時，常出現冷嘲熱諷或具攻擊性的推特？她聽了之後笑了笑。「推特在丹麥沒這麼普遍，所以上面還沒有這麼多神經病，只有那些聰明、懂科技的媒體類型。這樣也好。通常，在推特上冒犯到我的，比較多是可憐我、而非威脅我的言論。雖然我不知道自己比較喜歡哪一種……」

「妳說什麼？」

「每個人都看得出來威脅要強暴妳的言論是不可接受的，可以提出控告，但用一百四十個字來可憐妳的那種人，妳無計可施。」這點倒是沒錯！

我聯絡上丹麥「日常生活的性別歧視企劃」的莎拉・費雷拉（Sara Ferreira），詢問她目前為止收到的回應狀況。莎拉說：「即使是在丹麥，性別平等的程度在外界看來好像很令人稱羨，但性別歧視依然存在。我們的會員說，承認這一點讓他們感到鬆了一口氣。我們沒有瞎。我們知道，其他地方的女性比這裡更受到歧視。不過，丹麥的女性也是在一百年前才開始有投票權。不久前，我們還被列為二等公民。我們必須保持警覺，小心不要落入過往的模式。年輕女性，還有男性也是，他們沒有歷史觀念，誤以為自己『很自由』，可以做自己想做的事，卻看不見結構與文化的力量依舊發揮著作用，這是很大的問題。」

其中一個重要的結構性問題，就是悄悄發生的性別分化現象。雖然我對丹麥男孩和女孩的調查一點也不科學，但學童確實因為其性別，而被給予不同的職涯方針。現在，男孩較容易被鼓勵朝工程領域發展（根據丹麥的工程師學會，目前丹麥工程師有百分之七十九為男性），女孩則被鼓勵朝向人文學科發展。

我和身兼性別平等和教會兩部的部長馬努（之前曾請教過有關宗教議題的那位）聊這件事，想問他的看法。沒想到，他的態度十分公正，承認這是個問題，告訴我他也打算處理這點。

馬努說：「我女兒的學校辦了職涯面談，事後我問她，她有沒有說到工程師這個選項，因為我覺得這有可能是她會喜歡的工作。她說沒有，而且她根本不知道那是什麼！學校的職涯諮商師真的應該好好教育女孩和男孩，讓他們知道自己有哪些出路可以選。身為父母的我們也是，這樣才能打破性別的刻板印象。」

馬努告訴我，女性就任丹麥政治的上位，幫忙解決了這個問題。赫勒・托寧—施密特（Helle Thorning-Schmidt）在二〇一一年掌權，壓倒了那些詆毀她的人以及尖酸刻薄的媒體。《政策報》說她「打扮太漂亮，不像個社會民主黨人；太稚嫩，不適合領導國家；太沉靜，無法贏得人心。」這種批評很難想像會瞄準在男性政治人物身上。很快地，她便獲得「Gucci赫勒」的封號，因為她很喜愛設計師服裝，而她漂亮的臉蛋也使她被自己的黨員抨擊。好一段時間赫勒都保持沉著，不做任何回應，直到某次內閣會議，她成功嗆了一個特別可惡的搗亂分子：「總不能大家都長得像一坨屎。」我愛死了這位丹麥前首相。

馬努說：「有赫勒做為榜樣具有很重要的影響力。就像我，是第一個黃皮膚的部長（馬努的父母來自印度），希望可以藉此讓其他移民明白，他們在丹麥是有可能從政的；赫勒位居上位，也會讓年輕女孩有個值得欽佩學習的對象。我們當然可以告訴女孩子，她們也能在政壇爬上高位，但必須要有人做到，才會有真實感。身為丹麥女孩，知道自己也能爬到最頂尖，是非常有力量的訊息。」

這番話引起我內心的共鳴。身為獨生女的我，小時候由單親媽媽獨力撫養，當時在位的是女皇伊莉莎白二世、首相則是柴契爾夫人，所以我以前理所當然地認為世界是由女人統治。還記得十歲時，我在圖書館讀到一本書，裡面提到了男性首相。我簡直不敢置信，因為當時我十分確信首相是女性才能當的角色，根本不開放給男性。在這樣一個以女性為中心的虛幻泡泡中成長，有個顯著的優勢：我從來不覺得有什麼事是自己做不到的。赫勒領導這個國家，直到最近才下台，再加上瑪格麗特女皇在位，相信數千名的丹麥小女孩也會覺得，所有的機會都向她們敞開。光是想到這點，我就覺得非常的興奮。

「在這裡，男女平等幾乎被認為理所當然。」馬努邊說，邊塗上薄薄一層護唇膏，看起來就像個都會型男。「這是我們基因的一部分。在丹麥當女人，就等於擁有很好的機會，也不用在家庭和事業之間取捨。」這很令人寬心。然而，「被視為理所當然」的這部分，可能已經開始造成一些問題，因為這個體制並不適用於每個人。

令人吃驚的數據

歐盟的基本權利署（EU Agency for Fundamental Rights）在二〇一四年出版一項研究，發現丹麥位居婦女暴力的第一名。受訪的丹麥婦女中，有百分之五十二說自己曾經是肢體暴力或性暴力的受害者，比歐盟的平均值百分之三十三（還是相當可怕）高出許多。

「這份報告的數據確實很驚人。」我提起這點時，馬努承認。但他也急著點出，其他因性別平等而備受讚譽的北歐鄰國也是如此。在芬蘭，百分之四十七的女性說自己曾遭受暴力，瑞典則是百分之四十六。反之，波蘭最少，僅百分之十九，英國則是百分之四十四。馬努說：「這可能有其結構和文化方面的因素。丹麥女性在勞動力市場上很活躍。這是一件好事，但也讓女性更容易遭受攻擊。此外，在丹麥，婦女遭到暴力後不吭聲的現象，也比從前要少得多。暴力不再是私事。丹麥婦女不再保持緘默，但在某些國家，女性仍選擇隱藏暴力行為、認為那是羞恥的事，因此可能造成數據的差異。」

雖然馬努宣稱，張揚家暴在丹麥已不是禁忌，但這份報告出來時，丹麥媒體卻異常沉默。唯一針對此事持續記錄、公開發表言論的人，是丹麥國家婦女暴力觀測所（National Observatory on Violence Against Women）的卡琳・黑爾伊域—拉森（Karin Helweg-Larsen）。丹麥大部分的主要媒體都引用了她的話，認為這份報告不準確。她說，將自由的丹麥女性與克羅埃西亞、保加利亞、南歐等將暴力視為正常現象的國家相提並論，並無助益。

我打電話給卡琳，想請她多談一些。她說：「比較各國暴力相關數據的作法很不尋常，因為各國對暴力的定義都不同。在這裡，婦女暴力是『完全』不被容忍的。從二〇〇〇年代起，就有許多反暴力運動，要讓女性知道家暴再也不只是家務事。我們努力改變人們的想法和認知，好讓大家明白暴力在任何情況都不可以被容忍。這些反暴力運動獲得很好的成效——犯罪數據顯示，暴力行為已漸漸減少。」丹麥政府的數據顯示，有兩萬六千名年齡介於十六歲到七十四歲的女性表示，自己曾被以前或目前的伴侶暴力相向。這比上一次在二〇〇〇年所記錄的四萬兩千名還要少。可是，竭力否認歐盟的報告真的能夠幫助丹麥的女性嗎？不會反而讓丹麥人因此沾沾自喜，覺得：「喔，好的，所以這裡其實沒有家暴的問題？」

卡琳堅持：「不，我一定要對這些數字提出質疑，因為如果我們接受了，歐洲其他國家，比方克羅埃西亞，就可以輕易地說：『根本沒必要為性別平等擬定全國行動方針或是降低家暴現象，因為這些做法在丹麥或斯堪地那維亞也都沒有用。』」雖然卡琳近期可能也不會到克羅埃西亞度假，但她說的或許沒錯。

卡琳繼續說：「把歐盟的這些數據用在政治上，是相當危險的。例如，這樣可能因此減少受虐婦女收容所的預算。我們必須扛起責任，成為改善暴力行為的提倡者。」

我在丹麥訪問過的所有女性，全都同意這一點。但是對於丹麥為何暴力數據這麼高，還有另一個理論。如珊妮所說：「在丹麥，有很多婦女暴力之外的普遍暴力行為。」我感到很驚訝，因為搬來這裡之後，還沒親眼目睹任何暴力行為。但珊妮解釋，這是因為我不是會在星期六晚上狂歡作樂的丹麥少年。

珊妮說：「男生晚上出門有可能會被揍。常常有人打架，而且如果你要勸架，也會跟著被打。我們很常互毆，也喝很多酒。因為有性別平等的觀念，有些男人會想：『喔，那打女人大概也不是什麼壞事。』在丹麥，沒有什麼女性比較柔弱的概念，不管誰都揍。我從小在日德蘭半島打架打到大。女人也會互毆。」

我問維京男子，他在日德蘭半島的成長過程，是否也用了不少拳頭。他給我肯定的回答：「一天到晚都在打架，通常和酒精有關。」那麼，為什麼會這麼衝動呢？珊妮告訴我：「沒人有確切的答案。二十年前，法律開始禁止打小孩，但是我們的確有個蠻暴力的文化。」她坦承。「我們可是維京人啊！我很好奇有沒有研究證實丹麥人就是比較暴力。否則，我覺得很難和別的國家比較婦女暴力的議題。對女性施暴很可怕，但對男性施暴也一樣。所以，倘若在丹麥，對男性施暴的情況也比其他國家嚴重，那我們應該改變的是這種好鬥的男子氣維京文化。」

尚未有任何特別針對北歐人是否比歐洲其他地方更暴力的研究，但根據丹麥政府的數據指出，對男性施暴的現象也不少見。最近一份報告顯示，有八千名年齡介於十六歲到七十四歲的男性，曾是肢體暴力的受害者，比二〇〇五年增加了百分之二十五。

珊妮說：「無論如何，暴力都是一種性別問題，因為成因源自這種男子氣的文化，好鬥被深植於男子氣概的形象當中。這個概念一旦和『男人做的都是對的』的性別歧視概念相結合，某些女性就會開始仿效。」

一窺丹麥生活的黑暗面後，我覺得有點迷惘。原來我不是住在「丹麥——擁有平等、完美田園景致、令人稱羨的工作與生活平衡以及慷慨福利制度的國度」，而是住在「丹麥——和世界上其他地方一樣混亂，可能還住了一堆比一般的暴力更殘暴的人類」。

我見過的世面也不少，所以知道就連天堂也有缺陷。但這缺陷似乎相當大，我不知道該怎麼忘懷。就好像發現人超好的阿姨，原來是個超級種族主義者——優點永遠沒辦法彌補可惡糟糕的部分。我問莎拉，她如何面對這個的「不完美」的部分。她點出「日常生活的性別歧視企劃」所做出的重大進展：「參與團體以及握有權力的感覺，可以讓妳感覺更強壯、不孤單。丹麥在結構與文化方面仍然很不平等，只是可能不像其他國家那麼明顯。幸運的是，如我們目前為止所經歷的那樣，很多人，不管男女老少，都希望挑戰這點。」

珊妮也對丹麥女性的未來充滿樂觀的態度：「我們可能終於要出現新一波的女性主義浪潮了，這是很久以前就該發生的。丹麥只是需要帶種一點——或說，帶『卵巢』一點，做出改變、繼續在性別平等這方面領先。」她發現，她的「獨角喜劇」出現越來越多支持女性的男性觀眾。「我在哥本哈根、奧胡斯的節目，以及奧登斯和海寧的表演現場，也遇到很多男性的女權主義者。」那麼，就算還有很多性別平等的工作需要努力，珊妮算是快樂的丹麥人嗎？她告訴我：「我會給自己打八分。」那莎拉呢？她說：「我應該也是八分。」好吧！

我無法原諒種族主義者的「好阿姨」，也無法忘記這個月發現的事情。但是如果莎拉和珊妮有辦法保持樂觀，那我想我應該也可以。我加入「日常生活的性別歧視企劃」，決心做任何可以幫上忙的事，寫下我遭遇到的不公平對待，若聽到有人對女性駕駛無禮，就要遏止他們。立刻遏止！

回到家後，樂高人小心翼翼地問：「妳還好嗎？」他搓了搓下巴的鬍渣，這是他焦慮時會做的動作，因為他察覺到這個月的經歷真的讓我不好受。

我告訴他：「應該還好。」

「我們還是繼續？」

「什麼？」

「我們還是繼續執行『丹麥式生活』一年？」

我看著他，他那藍綠色的大眼睛回望著我，皺皺的額頭，雙眉間跟哈利波特一樣有道疤痕，是某次童子軍意外造成的。其他在童子軍活動所受過的傷還有：被砍掉一部分的指頭、斷掉的牙齒和脫臼的肩膀。我可憐的公婆以前常活在恐懼之中，擔心救護車打來說：「你兒子在這裡，又出事了。」這時，我伸出手，摸摸他的手臂，順著白金色的毛髮，就像撫摸貓咪一樣。我告訴他，我還不打算停止冒險。

樂高人選在這情緒低盪的時刻告訴我，他的合約被延長了。他說，他知道現在不是個好時機，但如果要在丹麥待久一點，我有什麼想法？

「例如，再多待一年……？」我挑起眉毛，一臉「你在開玩笑嗎？現在問這種問題？」他向我保證，我們不需要現在決定，還有幾個月可以考慮。還說他晚餐幫我準備了特別的——有用到白瓷焗烤杯喔！

本月學習重點：

- 丹麥其實不是他人眼中的性別平等烏托邦。
- 北歐的女性主義者還有很多事要做。
- 但是幸好，有一些佼佼者正盡最大努力改善這一切。
- 此外，丹麥已有許多相關法律，讓這裡比世界上其他許多國家更適合當女人。
- 我其實是住在一個瘋人院裡。但，說不定我早就知道了……

注釋

1 曾紅極一時的英國男子雙人樂團，一九八一年成立，但在一九八六年便解散。
2 位於倫敦南部的一座大型公園。
3 丹麥名模。
4 古希臘戲劇中解釋劇情的歌唱隊伍（咏唱隊伍）。
5 英國搖滾歌手，曾是齊柏林飛船的主唱。
6 即妓女收容所，被關在裡面的妓女平常要做洗衣服的工作。
7 指美國史密森尼學會（Smithsonian Institution）設立的多座博物館。
8 英國的歌唱選秀節目，後來在世界各地都有名稱和性質差不多的節目出現。

七月　婚姻

然而，這麼多離婚案例並沒有讓丹麥人打消結婚的念頭。
根據丹麥統計局的調查，丹麥是全歐洲結婚率最高的國家。
所以，要擁有丹麥式的幸福家庭，關鍵因素似乎在於：
如果不滿意枕邊人，那就改變這個狀況；
如果想要追求別的事物（或別的人），就去追尋。

假期與性愛

這裡依舊炎熱，非常熱。現在是下午五點半，我結束了訪談，正在開車回家的途中，眼睛幾乎要被太陽照瞎，努力不駛離馬路。炙熱的白光照射下來，同時又被廣闊大海的鏡面反射回來，光線從四面八方攻擊我，讓太陽眼鏡無用武之地。風扇排出溫熱的氣體，使我滴下一顆顆的汗珠。來到家門外，車子發出「咻咻」兩聲，停了下來。波浪線條從柏油路升起，高溫讓我頭昏腦脹的。

我奮力打開熔岩般燙手的大門，迎面撲來的是一堵濕熱的空氣牆和一陣金銀花的香氣——七月正是金銀花盛開的季節。鬍子先生一號、二號和三號正在自家花園悠哉度日，在我經過時，對我揮手說了聲「嗨」。我注意到史迪克斯維爾的居民在炎炎夏日時，喜歡穿上很短的短褲。以前我從來沒看過這麼多七十歲的肉體，而他們也毫不介意地把金吊墜掛在身上[1]。我好像來到某個充滿異國風情的海濱勝地。

屋內一樣溫暖，玄關的恆溫器顯示現在攝氏三十三度，熱得要命。看來，北歐出品的玻璃屋隔熱效果似乎「太」好了。樂高人已經下班回家，脫到只剩下內褲。他的身邊放滿了旅遊書，一手拿著琴湯尼、一手快速捲動筆電的觸控板。

「你在做什麼？」我問道，對於我們的水準竟然降到這種程度感到有點驚嚇。他沒抬頭，於是我偷了他的開胃酒，喝了一大口，卻發現不像平常那樣好入口，便又放了回去。

他皺著眉頭說：「我們必須離開這個國家。」

「為什麼？」我問，但他已經起身，開始翻抽屜、找護照。「怎麼了？工作發生什麼事了嗎？」我問，馬上想到最糟糕的狀況。

他回答：「不是，工作沒事。我們必須離開丹麥，而且要快，就是這樣。」

遺憾的是，和樂高人一起生活從不無聊。「什麼？他們要把你調職嗎？我以為你喜歡這裡！你上個月還說想再多待一年！現在又想離開？」我心想：我的計畫才執行到一半。我知道上個月遇到了難關，但我不可能現在放掉。這樣我要怎麼知道丹麥人為什麼是全世界最快樂的國家？我也還沒度過第一個白色聖誕，還沒嘗遍丹麥所有的季節餡餅……

「你是指回英國嗎？」

他說：「妳想的話也可以，但我想去比較有陽光的地方，像是地中海。」

「你想住在地中海？」這可新鮮了。他一副我是不是精神錯亂的表情看著我，說：「不是『住』，是去度假！辦公室這整個月根本沒人在，拉斯說，我們再不趕快預訂，就買不到機票了。」樂高人的同事拉斯已經變成我們汲取丹麥習俗知識的泉源。少了他，我們肯定會很迷惘，或至少對很多資訊極度不了解。

「噢！」我深深吐了口氣。

樂高人說：「我知道很多人七月會出國，但沒想到居然整個國家都停工了，辦公室大部分的人都請了四個星期的假。」

丹麥人和義大利人一樣，喜歡集體出遊，只是他們選擇在七月為日常生活按下「暫停鈕」，投異國。我心想，這種旅行的需求是不是早已根深柢固在丹麥人的心靈深處，畢竟維京人從八世紀就開始跨洋冒險。我心想：這種流浪癖說不定是丹麥快樂指數如此高的其中一個原因。英國哲學家葛瑞林斯（A. C. Grayling）將旅行描述成「擴展思想與性靈」的活動，而匹茲堡大學（University of Pittsburgh）的科學家最近也發現，定期度假可使心臟病的致死率降低百分之三十。根據英國紐菲爾德健康慈善機構（Nuffield Health Charity）的研究，放假休息可以降低血壓和壓力，當然必定能讓心情愉快。樂高人說服自己（還是拉斯說服了他，無從得知），丹麥人之所以如此滿意生活，放長假是另一個因素。因此，他決定要像丹麥人那樣放個暑假。

「我搜尋了一下還剩什麼選項，法國和希臘已經出局了。」他告訴我，頭點向被他丟到房間另一頭的幾本《孤獨星球》（*Lonely Planet*）旅遊指南，表示比隆機場已經沒有班機可前往那些地方。「大加那利島（Gran Canaria）也一樣。」他關掉螢幕上討厭的視窗，「特內里費島（Tenerife）、西班牙和葡萄牙也是。」拉斯告訴他，丹麥人超喜歡到南歐旅遊，體驗活力四射的生活型態，之後再回到丹麥比較有秩序的生活。「噢，等一下……」樂高人掃視唯一剩下的視窗，接著靠在椅背上，喝了一大口琴湯尼慶祝：「賓果！」

「你找到可以去的地方了嗎？」我湊過來看。他點點頭。

「妳覺得西西里島如何？」

結果，我們倆都覺得西西里島是非常好的選擇。所以，我們訂好機票、收拾好行囊，兩天後便出發了。前往機場的路上空蕩蕩的，因為所有的丹麥人早在一星期前就出走了。我們把狗留在一家寵物旅館（一間很有活力的狗舍）的時候，發現老闆也走了。他十來歲的女兒告訴我們：「他到納米比亞度假一個月，不過別擔心，我和我男朋友會把這裡看得好好的……」這番話並沒有給我們信心，但狗狗很開心地跑去和其他動物玩耍，似乎並不在意被留下來，讓等同代理老師的人照顧。我們看情況進展得還不錯，便離開了。

四個小時後，我們坐在卡斯泰拉姆馬雷港（Castellammare），看著義大利人爭吵、親吻、講話、大笑、顧影弄姿、散步、騎著機車來來去去。汽車發出喇叭聲、虎斑貓在街上遊蕩，眼睛長滿皺紋、身材渾圓的老婦人慢吞吞地爬上小鎮的階梯回家，或坐在樹蔭底下。我們吃了皮克里諾綿羊乳酪、薩拉米香腸和番茄，嘗起來純粹得就像由陽光所製成。家家戶戶飄出美味的烹飪香氣，我細細品味，讓這一切充盈在我的五官。到處都是豐沛的聲音、顏色與熱情，和極簡而有秩序的丹麥恰恰相反，我們高興地享受這些不同。

我都忘了自己有多懷念這種喧鬧、雜亂和混亂。丹麥的安全、穩定和「知道自己在做什麼」的狀態，在大多數時候都很棒，真的很棒。但的確也帶走了生活部分的刺激。你不會看見穿著騷包的丹麥女警把摩托車騎士攔下來，熱吻一陣後又揮揮手讓他離開；你也不會看到她同事開違停罰單給一輛被撞壞的飛雅特五〇〇（Fiat 500），因為駕駛大剌剌停在路中央，用後照鏡補護唇膏、穿著細高跟鞋走來走去，播放碧昂絲的歌曲。但在西西里島，這是個典型的星期二。

第一個出走的星期十分美好。我們在山中健行、漫步沙灘，泅泳在一望無際的藍綠色大海裡。但到了第二個星期，我們就沒力了。在倫敦時，我們從來沒有這麼好命，可以放兩個星期的假。結婚時，也只能請一個半星期，拿來用在婚禮當天還有迅速短暫的蜜月。在一起到現在，我們從來沒有一起出走兩個星期，而且不受到家人、朋友或任何工作的打擾。現在有了這個機會……，實在是有點怪。如果老實說，和人生伴侶在美麗的環境下度過兩個星期，一點也不理想快樂，好像是承認自己很失敗。然而，我和樂高人確實覺得這很困難。

我看著許多家庭在海灘上嬉戲，心裡不禁想如果有小孩，一切會不會有所不同？如果有個孩子和我們一起來，體驗許多的第一次，這趟旅程是否會更有意義？樂高人問我在想什麼，但我知道，說實話只會讓他難過。於是我只說，他的鼻子好像曬傷了。（我是不是個很有用處的假期旅伴？）老公勉強同意抹上系數三十的防曬乳，而我則努力甩掉憂愁。現在談論這些沒有意義，這是屬於我們的時刻，但我忍不住想，如果永遠只有我們兩個，人生會是如何？我們該怎麼度過這個難關？這樣對我來說夠不夠？如果不夠，我會怎麼做？

第二個星期開始過得不太好。星期一，我們開始重複同樣的對話，晚餐時為了找話題聊，只好評論其他用餐的客人。我開始懷念工作，想著何時能回到工作崗位。我看完了所有帶來的書，慌亂地盯著空蕩蕩的iPhone日曆，計算還剩幾天才能回家。

適應了丹麥較短的工作時數，相處的時間比以前更長，耐受力的考驗現在似乎又延長為一天二十四小時，我們「無時無刻」不在一起。在這裡，平常的例行公事和架構沒辦法拯救我們，我開始對空調很糟、像個壓力鍋般的飯店房間感到氣惱。很快地，平時收在心底的小怨氣像憤怒的綠芽，隨時就要爆發。

「你又把馬桶蓋掀起來沒放回去了。」某天晚上，我們準備出門時，我說。樂高人生氣地呼了口氣，擦過我身邊，把馬桶放下來。

「妳又穿那個了？」他接著問，上上下下打量我。

「是的，我穿這個怎麼樣嗎？」

「妳那天晚上說穿這雙鞋很痛。」他說的沒錯。但這雙鞋很美，真的好美，而且和我的裙子又搭。

「它們很好。」我騙他，然後像個三八阿花一樣繞了房間幾圈，好表現鞋子的舒適，但我其實很痛。

他翻了個白眼，說：「好，但至少這次能不能穿件毛衣？」毛衣和這套服裝不搭。毛衣讓我看起來很腫，還會凸顯這趟旅程吃下的食物所造成的微凸孕「腹」，我不打算穿毛衣。

我回嘴：「外面還很溫暖。」

「沒錯，但是太陽下山後就會變冷了，妳每次都會覺得冷，我就要把毛衣借妳，然後就換我冷。」這也說得沒錯。可惡！我答應帶個披肩，以防著涼，接著坐在房間床上，準備出發，而樂高人還在東摸西摸。我刻意瞄了一眼手錶，看見卡西歐數位錶上的數字越來越接近晚餐的預訂時間。

「準備好就可以走囉！」我說，希望他會因此回答：「好極了！我也是，走吧！」之類的話。結果並非如此。樂高人很喜歡拖到最後一刻，彷彿人生是一場漫長的《頂級跑車秀》（Top Gear）挑戰。還沒搬來丹麥這個歐洲準時之都的時候，我就喜歡準時了。我覺得，如果一天到晚趕時間，人生會充滿不必要的壓力。只要稍加規劃一下，就能確保準時抵達，不疾不徐、到達禪的境界（至少，這是我的目標），但樂高人並沒有這種思維。

這一年的「丹麥式生活」過了一半，擔心遲到的恐懼日漸升高。現在，只要我和樂高人要去什麼地方，我就會緊張兮兮的，擔心接下來會發生重大的狀況，或無法照我所想的那樣準時抵達目的地。這讓搭飛機、參與社交活動，或甚至與人碰面喝杯咖啡，都成了我們爭執的原因，今晚也不例外。

我盡量保持不帶情緒的語氣，說：「我們可能差不多要走了，不然會趕不上預訂的時間。」沒有回答，所以我認定他在浴室沒聽見我說的，我又重複一次，這次音量稍微提高一點：「我說，我們會趕不上預訂——」我才開口，他就把我打斷。

「行行好，這裡是義大利耶！沒有任何事是準時的！放、輕、鬆。」大家都知道，當有人叫你放輕鬆，往往就不可能放輕鬆了。於是，我們兩個各自生著悶氣，直到他總算準備好出門。我穿著那雙毫不實用的鞋子一跛一跛走出門，他跟在後面，結果忘記鑰匙又回去拿，然後拿了一件厚毛衣，堅持要我帶著。晚餐時，更多的婚姻怨氣浮上了檯面。

我：「你為什麼老是把要洗的衣服丟在洗衣籃旁邊？為什麼就是不能把髒衣服丟進洗衣籃？」

他：「妳每次都不把淋浴間刮乾淨。」

我：「你每次都把濕毛巾丟在床上。」

他：「妳每次都趁我去工作時，把麥片好吃的部分吃光光，還佯稱製造商不像以前一樣放這麼多巧克力碎片。」

我們兩個都沒錯，都很可笑。隔天又吵了很久，然後才宣布停戰。周末回家後，我們馬上安排事情各自出門。樂高人到狗舍接狗，我則跑到隔壁喝咖啡。我向友善鄰居回顧這趟旅程，並一一講述我們的家庭不和。她笑了笑，接著溫和地解釋，這是很正常的：「大家夏天度假時都會吵架，因為我們花太多時間相處了。」我覺得寬慰了不少，但她接著補充道：「去年我和丈夫到托斯卡尼度假三個星期，之後就分開了。時間太長，又無處可躲。」

「噢，真的很遺憾……」我開口說，完全不曉得她曾經結過婚。

「不會啦，沒關係，我們現在是朋友。而且在丹麥，大家都會離婚。」

「真的嗎？」

「是啊。七月是最多人離婚的月份。人們不是在度假時吵架、發現自己再也不愛對方，就是因為離開愛人太久了，被抓到用簡訊或信件搞外遇。我前夫和我屬於吵架的類型，下星期是我們的離婚紀念日。」她開心地補充道。

我露出緊張的笑容，不太能理解她怎麼可以對即將到來的離婚周年如此處之泰然。我很高興她轉移了話題，告訴我她這個月接下來的旅行計畫（「挪威，接著法國，然後紐約。」她理所當然地說）。

回到家後，我上網查了一下，發現根據Ebookers在二〇一二年的民調，有三分之二的夫妻在夏日假期最後是以吵架收場。我安慰自己：也就是說，我們的夫妻友人張貼在游泳池喝著雞尾酒的恩愛照，其實有三分之二都是在自我欺騙，要不就是喝醉了。

尊重與放任的界線

我打給幾位丹麥的離婚律師，想證實友善鄰居的理論，看看這些爭執是不是真的經常導致離婚，最後找到了哥本哈根的律師安雅・寇德斯（Anja Cordes）。我問她，友善鄰居說得有沒有道理：「我聽說，丹麥在七月會出現比較多離婚的訴求，因為夫妻不得不長時間相處。這是真的嗎？」丹麥最頂尖的其中一位離婚律師告訴我：「沒錯，七月會接到比較多的求助電話，假期結束後，我們通常會很忙。」

原來，丹麥是全歐洲離婚率第四高的國家；「丹麥式生活」可能嚴重傷害婚姻的健康。丹麥統計局最新的數據顯示，有百分之四十二點七的婚姻以離婚收場。移民辦理離婚的數字也有升高的趨勢，縱使這和他們的文化規範有所衝突。丹麥國家社會研究院（Danish National Centre for Social Research）發現，在過去二十年來，土耳其移民的離婚率從百分之三上升到百分之十二。丹麥阿列維派協會（Alevi Association）的主席卡達斯・沙力卡克（Cağdaş Sağlicak）把這個現象稱作「新世代的變遷」，原因是越來越多的土耳其後裔擁有較高的學歷。右翼的丹麥人民黨和極左政黨紅綠聯盟（the Red-Green Alliance）都宣稱，這是移民成功融入丹麥社會的例子，因為他們不再受到祖國的規範影響。雖然，恐怕沒有人會把婚姻破裂所帶來的情感傷害當作自己的人生必做事項之一，但是由於離婚實在太普遍，所以其他地方把離婚視為一種恥辱，但在這裡完全不會。

我問安雅：「為什麼呀？離婚在丹麥為何這麼普遍？」

她說：「我覺得這是因為很多女性都有工作，而且很多小孩平常都是託別人照顧，所以離婚非常容易，也很容易從政府那邊獲得金錢資助。」

在丹麥，無論男性或女性，薪資都十分優渥，所以女性在金錢方面不需要仰賴丈夫。很多媽媽生完小孩之後就會重返職場，國家會幫忙支付四分之三的育兒費用。因此，如果婚姻不美滿，就經濟這方面而言，並沒有義務要繼續在一起。丹麥人結婚也結得晚，大部分的男性快三十五歲才結婚，而新娘的平均年齡則是三十二歲（相較之下，英國人的結婚年齡男性是三十歲，女性是二十八歲；美國人則分別是二十八和二十六歲）。友善鄰居說：「十幾、二十歲時，我們和朋友一起找樂子，到了三十好幾的時候，便和其中一人定下來。因為，三十歲後，原本覺得好玩的不再好玩，開始想過不一樣的生活。」

丹麥人要離婚也是出了名的簡單。安雅說：「如果雙方都同意離婚，只要在網路上填寫申請書，一到三個星期，相關單位就會處理完畢、寄出離婚令。」不只簡單，還很便宜：「直接離婚只需花費九百丹麥克朗（新台幣四千元左右）。」

可是，離婚這麼常見，丹麥人怎麼還會快樂呢？婚姻破裂、喪親和搬家，不是並列人生中最讓人倍感壓力的三件事嗎？我問安雅，為什麼離婚的人這麼多，丹麥仍然是世界快樂指數最高的國家？她只回我這麼一句：「因為我們有平等與自由。」高到嚇人的離婚率，確實表示丹麥人有選擇權。他們可以掌握自己的命運，如果人生的發展不如預期，也能做出改變。他們十分自由，而自由使他們快樂，縱使離婚可能不是件開心的事。

我問安雅，成天都要處理像打仗一樣的離婚案件，她覺得自己還算快樂調查報告中的那些丹麥人，滿意自己的人生嗎？她告訴我：「滿分十分的話，我會給自己打八分。我的生活美好充實，我很滿意。」

然而，這麼多離婚案例並沒有讓丹麥人打消結婚的念頭。根據丹麥統計局的調查，丹麥是全歐洲結婚率最高的國家。所以，要擁有丹麥式的幸福家庭，關鍵因素似乎在於：如果不滿意枕邊人，那就改變這個狀況；如果想要追求別的事物（或別的人），就去追尋。一如友善鄰居所言：「丹麥人真的很喜歡結婚，所以多結幾次也無所謂。此外，這裡的人大部分都很開放。」

我告訴她，這點我有注意到。我媽媽上次來的時候經過一家婚紗店，裡面賣了很多孕婦婚紗，讓她相當義憤填膺。她發出「嘖嘖」聲，說：「真是！就不能等一等嗎？」很多丹麥人都是先上車、後補票。丹麥人也不太在意在公共場所脫光光。裸泳大會、全裸的健身課程（真的！）、海邊的裸體日光浴場，一應俱全。這裡的裸體浴場之多，多到我公婆上次來的時候，在造訪過《孤獨星球》推薦的日光浴場後又越走越遠，看到一堆人全裸在曬太陽。

丹麥的公共電視台時常播出色情片。市調公司YouGov最近調查十三個歐洲國家在性愛方面的行為，發現丹麥人是最常觀看十八禁內容的國家。他們非常開放，甚至在二〇一三年聖誕節隔天的節禮日，願意離開hygge小窩，去看由拉斯・馮・提爾（Lars Von Trier）執導、長達五小時的性愛史詩片《性愛成癮的女人》（Nymphomaniac）首映會。是啊，沒有什麼比觀看陰莖射出高達一百八十公分的精液，更具有「聖誕節」的氣氛了。

那些沒有沉迷色情電影的人，仍有可能因為所謂的「迪士尼性愛」，感謝電影為他們的性生活加分。每個星期五，全國的丹麥小孩都會在晚間七點坐下來看一小時的迪士尼卡通。很多父母便趁小孩子娛樂自己的時候「好好培養感情」（丹麥海倫娜如此形容）。每一對和我聊過的父母都說，「迪士尼性愛」是個很棒的發明（雖然取了個閃爍其詞的稱呼），「更重要的是，晚上這時段我們清醒的機會還很大……」丹麥海倫娜補充道。

這裡就連神職人員都很支持性愛。我為英國報紙寫過一篇文章，是有關於某位西蘭島神父舉行肉慾主題彌撒以宣傳生殖的報導。儘管如此，丹麥的生育率卻來到了三十年的新低。每一千位居民中，僅有十位新生兒出生，因此政府、神職人員和商界都卯起全力，要讓丹麥人「做」。有家丹麥旅行業者推出一個活動，吸引夫妻一起搭飛機進行迷你假期，鼓勵他們「為丹麥而做！」廣告聲稱，丹麥人出走時，性行為的次數會提高百分之四十六，因此有百分之十的人口是在度假期間懷孕的（但是如果出走太久，顯然會適得其反。一星期＝性致高昂；兩星期＝準備離婚）。為了把更多丹麥人拐上床，該公司還提供「排卵期折扣」。女性必須在訂票時，輸入上一次經期來臨的日期，計算出度假期間最容易受孕的時候。假期結束後，只要寄回顯示懷孕的驗孕棒照片就能參加抽獎，贈品是三年的尿布。不，這不是我虛構的，丹麥人就是這樣。噢，為了不讓讀者覺得我都在講異性戀，同性戀伴侶也被鼓勵多做一些，因為「共同參與，其樂無窮」嘛！

性，在丹麥隨處可見，而且從很小就開始接觸。性教育從一九七〇年代便成為強制性的；丹麥孩童從六歲起，就要參加每年二月的全國課程「性教育周」，認識小嬰兒是怎麼「做」出來的；到了十歲，他們就已經知道設立界限、如何在網路上保護自己和HPV疫苗等知識；不到十三歲的丹麥小孩便已經出現同性戀、雙性戀和異性戀等不同的傾向。丹麥長久以來十分強調社會的包容力，是全世界第一個承認同性伴侶登記的國家，也是歐洲第一個將未結紮變性合法化的國家。

丹麥人十三歲時，就已經有過自慰、避孕、性病、墮胎和性虐待等經驗。丹麥的流行歌手和演員會參與製作公共衛教影片，以用在性教育的課程中，課堂上的討論也很直白、多元。我不禁想：「哇塞！他們的年輕人都不用閱讀色情小說或圖書館裡書頁黏答答的《查泰萊夫人的情人》（*Lady Chatterley's Lover*），就能學會『性』這檔事……。」對於我這種就讀全校都是女生的修女學校的人來說，這簡直先進得不得了。我的生物老師連提到雄蕊都會臉紅得像什麼似的，更別說月經了。丹麥海倫娜正向我解釋她女兒極其開放的性觀念。我吃著蝸牛捲，問：「所以，你們也都是男女混班對吧？」

「當然，我們不會男女分班，那會造成壓抑。」這或許沒有錯，但連上兩堂地理課時，如果無法對著隔壁男校的義大利帥哥臉紅心跳，會比較容易專注。

丹麥的合法性交年齡為十五歲，他們一旦開始做，就不會再停下來。最近的一項公衛報告發現，百分之九十、年齡介於十六到九十五歲的丹麥人表示，美好的性生活對他們而言是「不可或缺」的——也就是說，活到近百歲的丹麥男女仍然會做這麼刺激的活動。根據AgeForum的數據，過去十年來，超過六十歲的丹麥人當中，離婚和結婚的數目增加了兩倍，因為很多人會在網路上談新戀情。交友網站Seniordate.dk現在有六萬八千名會員，Seniorcontact.dk則有三萬四千名使用者。

單身族喜歡跟誰上床，都不會有人予以置評，而擁有穩定關係的也不會綁住自己，永遠只和同一個人做。YouGov的一項調查顯示，百分之三十二的丹麥人曾出軌（和芬蘭一同分享「最愛偷吃的歐洲國家」寶座），百分之五十一承認有過一夜情。大部分的丹麥人如果想要和不同人睡睡看，不是偷偷進行，就是乾脆分手、尋找下一位。不過，對於越來越多對性事感到好奇的丹麥人來說，還有另一個選項，而我發現，我家附近其實就有了。

臉紅心跳的伴侶交換

接近傍晚時分，狗狗開始在前門吠起來。這只有一種可能：牠的仇人，一位十來歲的送報男孩正在接近中。我家的狗和我每天都會玩一個遊戲，看看誰先搶到報紙。今天我贏了，讓當地報紙免於平時的命運，沒有被撕碎咬爛、散落在屋內各處。

我掃過墨黑的頁面，希望我的丹麥課在今天總算獲得成果，可以奇蹟似地把一堆子音和神祕的母音組合成有意義的語言。我很高興地找到幾個看得懂的字。除了威脅要舉行罷工和披薩優惠之外，還有一則頭條寫了這些字：

圖肯換偶&健康淘氣夜總會！

搬到濱海的史迪克斯維爾後，速食優惠活動和工會罷工威脅就是我家附近最刺激的活動了。原來我一直住在交換配偶活動的核心，真讓我難以置信！我覺得好像突然回到倫敦近郊的老家，必須坐下來好好喝杯茶、吃點餅乾。然後，我上網查了一下。

原來，圖肯俱樂部是丹麥最重要的換偶機構。根據官網的簡介，這個俱樂部是由米雅・漢森（Mie Hansen）和杜賓・尼爾森（Torben Nielsen）伉儷所創立，目標是「擴張世俗接受的性愛界限，實現祕密的夢想和願望」。

雖然我們的假期氣氛變得有些緊張，但我完全沒有想要拿別人的另一半來跟樂高人交換。可是，我還是很好奇（真的只是為了工作）。「換偶會不會是丹麥人快樂的關鍵之一？」我問一臉狐疑的狗。牠看著我，好像在說「真的嗎？」接著默默走掉，還在氣沒辦法吃到今天的報紙。不為所動、相當好奇的我，以記者工作為由，拿起了話筒。

「我們十三年前開始換偶，」米雅告訴我，說得好像只是開始榨果汁來喝似的。「我們決定開始自己的俱樂部，後來一傳十、十傳百，現在成了北歐最大的一間。」

米雅說，大部分的夫妻來到這邊，看看有沒有他們喜歡的型，接著發「邀請函」給他們有興趣的人。她說：「沒有任何壓力。我們還有迪斯可舞廳、桑拿浴和按摩浴池，供那些還沒準備好換偶的夫妻使用。等他們覺得自己準備好了，我們還有很多設施，可以增添更多趣味。」

「設施」一詞讓我想到充滿氯味的休閒運動中心，但米雅很快糾正我，而我也不只一次發現，我目前為止的人生真的很像山頂洞人。

「我們有搖擺舞鋼管、情趣鞦韆、婦科椅……」

「……妳說什麼？」

「就是醫院的那種椅子，附踏墊的那種。」

「噢。」我虛弱地回答。

「然後，我們還有為喜歡保有隱私的人專屬的房間——沒有尋歡洞。」

「好。呃，為什麼房間會有尋歡洞？」

樂高人剛剛好這時候下班回家。他的筆電包從手中滑落，掉到地上，而他則一臉驚嚇，眉毛在髮際附近遊走。我試著做出「別擔心，我只是在訪問換偶」的動作，但就算我比手畫腳的功力一流，也沒這麼容易。樂高人頹坐在廚房的椅子上，讓自己鎮定下來，米雅則向我說明尋歡洞的事。

「妳知道，尋歡洞就是一個正常的洞，讓男人放入自己的小鳥。」聽到這個，我不知道該做何反應，但這時好像不太適合承認我的「正常」，通常不會出現以灰泥做成的陰道替代品。天啊！我好無趣。我下定決心擴展視野，但說到附踏墊的椅子就裹足不前了。樂高人一臉蒼白，走到冰箱，打算用酒精讓自己振作。

米雅繼續說：「基本上，大家就是做自己覺得舒服的事。以夫妻的其中一方來實驗是很好的，因為你有可以信任的人，而且另外那對也明白關係的狀態。我和我先生開始之後，就再也沒回頭了！」

令人詫異的性愛觀

換偶於一九九〇年代開始在丹麥盛行，現在這個群體也有了自己的核心組織。所以，我自然也打給他們。Swingerguiden.dk的傑斯柏・克力史汀森（Jesper Christensen）說：「丹麥人滿開放的，換偶在這裡真的很受歡迎，尤其和北歐其他地方比起來。」大約九萬名丹麥人說他們定期會換偶，雖然承認自己對換偶感到「好奇」的人數比這更多。Swingerguiden.dk一年的訪客量達到十九萬，他們會舉辦聚會、活動，甚至是新手課程，教導他們換偶的相關禮儀。熱衷換偶的丹麥人在二〇〇八年辦了國際換偶周，在全國各地舉行活動和集會。現在，這個一年一度的活動在全世界都很流行。

還不只換偶。我最近得知，露天性愛（dogging）也是在丹麥很受歡迎的活動。美國媽媽聽我提到這個，差點從阿納・雅各布森的椅子上摔下來。我不得不解釋這個活動的意涵，說我們英國人正是這項高貴傳統的始祖。「壓抑的英國男性會告訴妻子他們要去遛狗，然後在公園從事集體性愛，或觀看他人做愛。」

她不可置信地問：「所以妳把這叫做『dog-ging』？」她把子音拉長，讓這個字聽起來更可笑。

我急忙撇清：「不是我自己這樣說而已，是普遍的說法。」

「你們會在車裡做？在臨停休息區做？」

「一樣，我本身不會，但妳說得沒錯，只是我們把這叫做『車震』。就我所知，『休息』的成分實際上很少……」

「那狗狗怎麼了？」她的口氣真的很憂心忡忡。

「嗯，這個嘛……」我忍不住想：要是修女現在看到我變成露天性愛的文化大使……。我大膽猜測：「我想，養狗的人變少了，但他們還是想在戶外做愛，所以就把這個詞當成暗號。或許是這樣？」

美國媽媽對這個說法似乎很滿意，但她接著縮短了我們的咖啡約會，好出門到托兒所接小孩。我決心不把此舉當作是在針對我，說服自己她只是需要一點時間消化新家園的這則新知。我告訴自己：我們已經當了整整四個月的朋友，她不會讓露天性愛這種小事妨礙我們的友情！

丹麥人從一九九〇年代開始實行這項源自英國的活動。YouGov最近在《哥本哈根郵報》（*The Copenhagen Post*）登出一項調查，發現有百分之四十一的丹麥人曾經試過露天性愛，是全歐洲最高的數字。丹麥性治療師瓊安・歐汀（Joan Ørting）近日在《都市快報》（*Metroxpress*）上說明丹麥人喜歡露天性愛的原因：「很久遠以前，我們總是在戶外做愛，所以對我們來說，躺在草地上做，其實比在床上還要自然。我們現在發現了這點，就像回到我們的根一樣。」我心想：或者是停在高速公路的臨停休息區，在車上做。不管怎樣，這個消遣活動現在極受歡迎，網路上甚至還有教戰手冊和即將舉行的活動清單。

這樣一想，一切開始變得有道理了。知道這些行為是以典型的丹麥方式所進行，幫助我明白丹麥的露天性愛、換偶或其他性癖好，其實並不是一有感覺就做的事。演講？活動行事曆？「最佳做法」教戰手冊？丹麥人或許真的很開放，但他們進行換偶或露天性愛的方式，卻跟他們進行其他休閒活動和興趣社團很像。我心想：當然，或許裝備是妨害風化了點，可能還會跟陌生人做愛，但這些仍然有其規則，是「有組織的樂趣」！某人說不定正在某地做著筆記呢！我的日德蘭半島同胞可能有很大的比例定期進行交換伴侶或路旁口交的行為。然而，把這些行為看做是另一種形式的晚間課程，我還是可以放心到朋友家作客，車鑰匙沒人看管也不擔心，知道和我一起回家的仍會是我的丈夫。當然，除非我在數個月前報名了某個「有組織」的活動，或參加「某種」

課程，課程結束還領到證書。確定自己的心意後，我跑去安慰樂高人，順便解釋尋歡洞的事。

隔天早上，夢完婦科椅以及跟瑞士乳酪一樣到處是洞洞的牆壁後，我感覺筋疲力竭、身體十分不舒服。最近常常這樣。我甚至無法好好嘗遍西西里島的美食饗宴（相當不尋常的食物）。雖然如此，我走出淋浴間、看著浴室鏡中的自己時，卻發現孕「腹」還是沒消。我最近很容易頭昏腦脹，愛生氣、愛睡覺。我常常要小便，但就連小便的精力也沒有。不過也有好的地方，我的胸部現在和潘蜜拉・安德森（Pamela Anderson）[2]有得比，而且髮質變得棒極了。我把手機拿來，向憂鬱症患者的好朋友——谷歌醫生尋求協助，在搜尋列輸入「易怒」、「浮腫」、「大胸部」和「噁心想吐」。還沒來得及運用基本邏輯思考這些症狀，就出現一大堆類似以下的文章標題：

恭喜，妳懷孕了！

第一期症狀

以及：

驗孕結果證實懷孕了？接下來要……

「我、的、天。」

「怎麼了？」樂高人正在隔壁燙衣服，身上只穿著四角褲和襪子，一邊在吃麥片，小心翼翼不讓混了巧克力碎片的牛奶灑到乾淨的白色襯衫上。

「呃……沒事，我馬上出來。」回到浴室，我開始開開關關抽屜，拿出一堆細長的長方形盒子。我們已經試了好幾年。過去這二十四個月以來，我已經看過無數個專家，他們開過各式各樣的荷爾蒙讓我每天服用、注射。讓我花了不少錢，嘗試過每一種替代療法、做過上百種測試，讓當地的藥師衣食無虞。幸好，我的驗孕棒庫存還很多。

我撕開十幾個鋁箔包裝，看膀胱能讓我尿幾根、就尿幾根。三分鐘後，我走出浴室，揮舞著兩隻手中的紅白塑膠棒，活像剪刀手愛德華，不過，是在生殖方面獲得勝利。

我說：「我想，我們還滿聰明的。」樂高人正在廚房的洗手台用海綿擦拭襯衫上的咖啡色牛奶汙漬。

「那些不是……？」他開口說，放下抹布。「妳是不是……？」

「沒錯！」

「妳很確定……？」

「嗯哼。」

他走過來，一根一根檢查驗孕棒上的兩條線，然後我們都哭了。我把他的白襯衫弄得更濕了。樂高人和我做人成功了，不需要換偶、露天性愛，或踏墊。

本月學習重點：

- 丹麥在七月全體停工。
- 度假有益身心健康，但若出走太久可能賠上婚姻。
- ……但丹麥人無所謂。大家都離婚，而且還可能因此更快樂。
- 丹麥人會做愛，常常做，而且對性愛的態度和英國人完全不一樣。
- 三十幾歲還不知道「尋歡洞」是什麼，並不是不可能。
- 懷孕可能讓人變得超愛生氣，但也真的會讓髮質變好。

注釋

1 指某些上了年紀的男人喜歡穿著緊身襯衫，打開部分鈕扣以露出胸膛，並把金鍊、金飾掛在脖子上，好表現自己很年輕、很有魅力。

2 加拿大的女演員兼模特兒，隆乳後擁有傲人雙峰。

八月　喜訊

現在不管到哪，我都會特別注意那些扭來扭去的粉嫩小生物，
並開始以全新的眼光看待那些常被留在丹麥咖啡廳和餐廳外頭的嬰兒車。
樂高人才剛察覺這個現象，不可思議地問：
「丹麥人就這樣把小孩留在路邊？
沒人看管？妳能想像家鄉發生這種事嗎？或世界上任何地方？」

意料之外的喜從天降

懷有身孕好一陣子了（我要澄清，現在才知道那是因為明顯的徵兆都沒出現在我身上——我的生物老師沒有那麼糟），突然之間我被丟進了親子教養的勇敢新世界。

樂高人和我都很開心：知道我們並不是不孕，讓我們鬆了一口氣；發現真的有了，讓我們心存感恩。但我們也十分驚恐。家庭對話開始出現這種內容：

我：「我們要有小孩了。一個活生生的生物正在我體內生長，就像電影《異形》（Alien）那樣，但我們連所在國家的語言都還不會說。五個月後，我就要擠出一顆西瓜了！不然就是被人拿刀子做一些可怕的事情。刀子！」

樂高人：「我再也不能成為太空人了，或詹姆士‧龐德……」

我暫時忘卻自己的不幸：「你也不可能成為這兩種人吧？」

樂高人：「是沒錯，但知道有這些選項也挺好的。」

我很想支持他，真的想。但我不禁懷疑，美國太空總署和軍情六處無法獲得我老公的服務，不只是因為他就快當爸爸這個原因。

現在不管到哪，我都會特別注意那些扭來扭去的粉嫩小生物，並開始以全新的眼光看待那些常被留在丹麥咖啡廳和餐廳外頭的嬰兒車。樂高人才剛察覺這個現象，不可思議地問：「丹麥人就這樣把小孩留在路邊？沒人看管？妳能想像家鄉發生這種事嗎？或世界上任何地方？」

我重述了一遍美國媽媽告訴我的一則故事。有位丹麥母親在紐約的餐廳用餐時，把小孩留在外面，結果很快就因為疏於照顧和遺棄孩童而被逮捕。

「天啊，很好。很高興知道這點。」是他的回答。讓自己的小孩蒙受這麼大的風險，似乎是個很怪的概念，但丹麥人不這麼想。

「我們信任彼此。」丹麥海倫娜說。她很替我高興，雖然也有點氣每隔周星期六晚上可以一起喝酒的好姊妹必須失陪好一陣子。「我們預期會有正向的結果，會想說：『把寶寶留在外面，在嬰兒車裡好好睡覺、呼吸新鮮空氣，這對他們的肺很好。』而不是想到最糟的狀況：『如果一轉身，寶寶可能就被偷了。』況且，丹麥人不偷小孩的。」我心想：啊，又是丹麥著名的「信任體制」；丹麥從沒發生過壞事……

因為丹麥海倫娜相信自己的同胞「和他們一樣」是「好人」、可以「信任」，所以他們覺得很安全，就好像活在一個沒有危險的世界一樣。這讓他們很快樂，做任何行為也更有社區意識。正因如此，他們的信任獲得了回報。就這樣子，成了自我應驗的預言。她告訴我：「我不會想在其他地方當母親、養家餬口。」這話說得挺大的。但在樂高和安徒生的國度，孩子似乎真的是一切事物的中心。

美國媽媽和我擊掌完後，說：「在這裡，一切都為家庭而準備。」我詢問她在丹麥撫養孩子的經驗，她告訴我：「丹麥是全世界生育小孩最棒的地方，一切都被考慮到了，孩子真的可以過得很開懷！」為了證實她的論點，她說服我下星期一起去托兒所接她的兩個孩子，讓我自己親眼看看。她告訴我：「妳可以練習一下，反正孩子一生下來，妳就得報名日間托育了，這也讓妳有個機會參觀參觀，看看妳想不想把小朋友送到那裡。」她指著我腫脹的腹部，我難為情地把上衣往下拉，不想讓目光聚焦在我的凸肚。我已經深深愛上即將出生的孩子，想到要把他或她交到別人手中就覺得怪，但丹麥人的幼年有很大一部分時間是由他人撫養。

在丹麥，每一個孩子從六個月大到六歲就學以前，都會有日間托育的保障名額。托兒所負責三歲以下的幼兒，由所謂的社會教育者照顧；社會教育者必須先完成最少三年的教育課程。三歲以下的小孩也可送到「保姆」（child-minder），或稱「托育母親」那邊，她們不一定有相關資格，但可以在家中照顧最多五個孩子。幼兒和他們的保姆是附近公園和遊戲場常見的組合，他們會被放入四人座的嬰兒車裡推回家，或是跳上木頭拖車，由腳踏車拖著。丹麥母親往往會對孩子的保姆很有好感，我甚至聽說有些女性會計算好下一胎的受孕時間，以便配合喜歡的保姆有空缺的時候。

三歲到六歲期間，孩子會上幼稚園（børnehaven，和德文一樣直譯為「孩子的花園」），由受過專業訓練的員工為他們做好上學的準備。

兩歲以下的幼兒、每周四十五個小時的托育費用，為每個月兩千二到三千五百丹麥克朗（約新台幣一萬到一萬六千元），價格依居住的市鎮和是否含午餐而有些許差異。也可以選擇一周只托育二十五個小時，花費更少。從三歲開始，價格又會再降低（在我住的地方，每周四十五個小時的費用約一千七百丹麥克朗（新台幣七千八百元左右）），因為孩子比較不需要一對一的照顧，而且正如美國媽媽所說：「他們這時候應該也不會需要這麼多尿布或紙巾，所以能省下一點錢。至少希望是這樣……」

聽過家鄉一些朋友的恐怖故事（為支付托育費用，有些人要再次抵押房子，有些人要販售重要器官）之後，會發現丹麥的費用出奇地便宜。但我發現，這是因為國家負擔了百分之七十五的花費。寫書之時，家庭年收入若低於四十七萬零四百丹麥克朗（新台幣兩百一十二萬左右），還可以再減免；低於十五萬一千五百零一丹麥克朗（新台幣六十八萬左右），則完全免費。此外，兄弟姊妹也有折扣，所以如果有超過一個以上的孩子報名托育，付完最貴選項的全額後，其他孩子的皆半價。有點像WHSmith[1]的理查與裘蒂圖書俱樂部（Richard and Judys Book Club）[2]優惠那樣。

美國媽媽隔周一和我一起走去托兒所兼幼稚園接小孩時，她告訴我：「我會在下午三點到五點之間去接小孩，他們對接送時間很寬鬆。而且，因為大部分的人都有『恰當的』工作……」說到這，她對我投以銳利的目光，知道我在丹麥常因自由工作者的身分遭訕笑。「……因為大部分的人都是從早上八點工作到下午四點，所以這個方式很好。」

我們轉個彎，還沒看見托兒所，就「聽見」了。

「耶！」一陣白噪音從前方奶油色的漂亮房子傳出來。幾個男人走出來，推著嬰兒車或緊緊牽著小朋友的手。

「很多爸爸都會來接小孩嗎？」

「當然啊，這裡可是丹麥！」

現在是星期一下午四點。除了北倫敦少數進步時髦的中產階級住宅區之外，其他地方不可能出現這種事。我們推開托兒所花園的鐵門，一大團蓬亂的金髮蜂擁而上迎接我們，雙頰紅通通的，臉上覆滿了防曬乳、泥巴和沙子，全都笑咪咪的。我環顧四周的天線寶寶景觀，到處都是鞦韆、溜滑梯、沙坑和玩具。和野生動物差不多的小孩，一邊在長滿草的土丘跑上跑下，一邊閃躲圍成一圈的小小孩，他們正和舉目所及可以見到的少數幾位大人之一，一同坐在樹蔭下。

美國媽媽在牆上的螢幕輸入密碼、登出自己的小孩，接著出發去尋找他們。她帶我進行一趟迷你導覽，告訴我：「這裡是廚房，每天都會有廚師來這邊烹煮新鮮有機的食物。然後，為了應付丹麥瘋狂的天氣，還有個房間專門用來放各種服裝配備，我們送孩子過來時，必須一起帶來。」我得知，這些裝備包括了雨衣、「暖衣」（通常是鋪棉外套和長褲）、遮陽帽、雨鞋、腳踏車安全帽、反光背心，以及一整套替換的衣物。她告訴我：「以免上廁所時發生緊急狀況沒得換。但這還只是夏天，冬天時，還會需要雪衣、雪靴、帽子、脖圍和手套。」更多的戶外裝備？樂高人一定會開心死了。

「而這個，」美國媽媽推開一扇門，露出了附屬在主要建築旁邊的一個蔭涼小木屋。「則是『午睡小屋』。」我往裡面瞧，看見成排的一九三〇年代風格的淡綠色嬰兒車，每個都裝有迷你梯子，讓比較會走路（或比較重）的小孩可以爬上去。

「哇！真復古……」我喃喃地說。

「是啊！還有，妳看。」她把裝有絞鍊的木門翻過來，蓋住其中一輛嬰兒車的開口。「這是給三歲以下小孩的嬰兒籠，這樣他們該睡覺時才不會逃跑。」看起來好古代。

我好奇地問：「小孩子不介意自己被用木門關起來？」

美國媽媽聳聳肩：「這很有效，他們在這裡都睡得很沉。」

兩個小孩都不在裡面，於是我們再次回到花園，總算在一棵樹上找到美國媽媽的小女兒，兒子則忙著用紙飛機瞄準腳踏車停放間的屋頂。下一個挑戰是鞋子。我們在沙坑裡找到三隻、蘋果樹下找到一隻後，我以為可以準備走了。

「有點耐心，妳這隻蚱蜢。」美國媽媽制止我，接著對孩子說：「清空！」兩個孩子乖乖地把鞋子翻過來、拉出口袋，沙子流出來，在他們周圍形成整齊的金字塔。她告訴我：「如果不在這裡弄好，家裡就會到處都是沙堆，大多數時候都有滿滿一湯匙這麼多。」

我認為，在沒有人工刺激的托兒所中，丹麥托兒所應該是最好玩的了。就像《蒼蠅王》（*Lord of the Flies*）一樣，只是結局是好的。把小女兒固定在嬰兒車上之後，我們走向區隔了遊戲天堂和外部世界的鐵門。我問大的孩子今天做了什麼，以為會聽到「剪貼」或「臉部上色」之類的，完全沒想到會聽到「逛農機店」這種回答。我詫異地看著五歲的孩子，接著轉向他的母親，認定這只是小孩子的異想天開。

「他去逛農機店？」

男孩不以為意地說：「對呀！我們班有一個女生很喜歡耕耘機，所以全班就一起走去農機店參觀。」

「他在耍我嗎？」我問美國媽媽。五歲的小孩會耍人嗎？

「沒有，這有可能是真的。他們班真的有一個非常喜歡耕耘機的女孩，而且最近的專賣店只有兩公里。」

我很喜歡自己住在一個存在著這種事的地方。老實說，在這之前，我從來沒想過農業機具是從哪來的。我也很喜歡自己身在一個小孩所發想的特殊遠足居然也有可能成真的國家。

「所以全班就這樣去了？家長都不知道？」

美國媽媽不屑一顧地揮了揮手：「孩子開始要老師帶他們去遠足時，我們就簽署了一份免責聲明，所以他們還滿常出去的。這裡不像美國，不需要簽家長同意書、辦保險或評估風險之類的，就可以離開托兒所的範圍。」她告訴我，每天都有遠征隊的行程，孩子會穿著戶外裝備到外面探險。

「他們前幾天才回家跟我說，他們早上到城裡看水、看了雲朵、水窪、排水孔、噴泉……」

「色情小馬？」

「沒錯，色情小馬，然後還有托兒所的水龍頭。這滿酷的，可以讓小孩思考水是從哪裡來的。他們還會帶孩子到雜貨店，教他們『在商店時，說有什麼樣的行為舉止』。托兒所會教小孩一些你以為必須自己教的事情，像是如何洗手、在雜貨店買東西的規矩，甚至是腳踏車的安全守則。」

孩子成長的快樂天堂

許多托兒所都會做出超過自己職責的事。我聽說過好幾間日德蘭半島的托兒所會帶孩子到當天生日的小孩家中，進行一個小時的「蛋糕與混亂」。壽星的其中一位家長會在午餐時間帶糕點回家，接著老師會和全班一起出現，孩子們會瘋狂玩個五十分鐘，接著再回學校。他們不會相互比較誰的父母請來最酷的兒童娛樂表演，或是誰以最棒的派對驚喜包比下了其他同儕，也不會打擾晚間或周末的「家庭時間」。就只是個生日快閃隊，出現一下又離開。我聽說菲因島有一家幼稚園的員工非常照顧家長的需求，因此提供了所謂的「夫妻時光」，在工作的時間以外幫他們照顧小孩，讓爸爸媽媽可以晚上出門約個會。

我心想，要讓這一切順利進行，整個系統一定很有組織。但美國媽媽告訴我，其實沒有什麼架構，只是一種「節奏」罷了。「他們抵達托兒所，做體操或跳舞，接著睡午覺、吃點心，然後出去郊遊。孩子們知道接下來要做什麼，但大部分的時候，他們都能自由玩耍。」

聽起來棒透了！我或許該重新考慮下輩子當金鵰的計畫，改當「丹麥小孩」。丹麥人的人生初期似乎過得誇張地好，而且就這樣一直好下去。我不禁開始想：丹麥小孩的生活會不會是他們未來的人生藍圖，讓他們一生都如此滿足幸福。我是不是不小心發現了丹麥的快樂祕密？他們是不是從一開始就這樣製作出快樂的丹麥人？

美國媽媽打斷我的白日夢，刺破我的幸福泡泡：「當然，孩子們也常打架，因為老師通常不會插手。」

「噢！」

她說下去：「是啊，常有瘀青、抓傷，但孩子最後通常不會有什麼事，隔天還是會想回去。」

我把手放在肚子上保護著。「妳都不覺得可怕嗎？看見自己的孩子打架？」我問，默默檢查她的孩子身上有沒有腫包，發現他們年輕無瑕的肌膚沒有任何污痕時（雖然覆滿了沙），覺得鬆了口氣。

「一開始有一點，但丹麥的小孩很自由，所以我覺得長期看來是值得的。」

大量研究顯示，現今在英國和美國長大的小孩沒有辦法盡興地享受童年，因為他們被照顧得無微不至，裹在棉布羊毛裡，不會沾到泥土灰塵，也不會膝蓋擦傷，只能困在室內玩iPad。但對「丹麥式生活」的小孩來說，日子充滿了各種冒險。我目前所看見的丹麥孩子，似乎也都成長得很不錯。

當然，也有人批判這個體制。一位三歲孩子的丹麥母親告訴我：「這不叫自由，叫懶惰。我兒子的托兒所員工就只會坐在那喝咖啡，讓孩子肆無忌憚。」另一位移居丹麥的母親說，待在家的媽媽在丹麥會被瞧不起：「這裡的人們認為父母雙方都應該重返職場，沒回去工作，地位似乎因此降低。」

我和許多丹麥人談這件事，他們全都有同樣的想法：「為什麼會想要待在家？為什麼不會想讓孩子和其他小孩玩？」大部分人都真心覺得，把三歲以下的孩子送去日間托育是為孩子好，因為他們可以早點社會化。沒有人能理解為何會有女性不想重返職場，做一件她可能喜歡且薪資優渥的工作，母親在家的職責已經有國家幫你完成。丹麥海倫娜甚至還說，她覺得丹麥的小孩比英國小孩更會社交，因為他們比較早學會如何與同儕相處。

我彷彿歐普拉上身，反問她：「那依戀理論呢？丹麥小孩不會有不安全依戀或害怕被遺棄的問題嗎？」

根據已故英國心理學家約翰・鮑比（John Bowlby）的研究，決定成人出現安全或不安全感受的原因在於，六個月大到三歲之間得到什麼樣的照顧。在人生初期，主要照護者——通常是母親——若沒有滿足你的需求，長大成人後就會過度需要他人，感到不安全、害怕被遺棄。

我跟丹麥海倫娜說到這個理論時，她說：「很有趣，可是所有的丹麥人都是這樣被撫養長大的，看起來過得還不錯，不是嗎？還是妳覺得我們全都屬於不安全類型？」她說的沒錯。我讀到育兒專家夏洛特・赫倫特（Charlotte Højlund）的文章，她自己有七個小孩（沒錯，七個，這女人可以自己組一支籃網球隊了）。我覺得，如果有人可以告訴我更多丹麥的育兒知識，以及這種育兒方式是否能養出更快樂的孩子，就只有她了。

夏洛特是我見過樣貌最年輕的女人之一，而她還有七個小孩，從兩歲到二十歲都有。她寫過育兒書，也常出現在丹麥的電視節目，評論育兒相關的事物。因此，我叫她直截了當告訴我：丹麥體制有沒有效？

「我想有的。我讀過依戀理論，知道在某些文化中，母親會在家陪孩子到兩、三歲為止。這種方式或許比較好，但我們已經不能回頭。現今，大部分的丹麥母親都會工作，這就是我們社會運作的方式。」夏洛特回答我。

丹麥人確實長得非常好，而且有趣的是，那些說「有工作的母親會終結我們所知的文明」（他們大概是這麼說的）的研究，全都來自美國，只有部分來自德國和荷蘭。這些研究沒有一項來自北歐——這個女性總在孩子不到一歲時就重返職場的地區。夏洛特告訴我，丹麥十分認真看待孩童的發展。孩子開始上托兒所時，家長也不會像某些國家那樣丟下孩子去上班。反之，他們會採取有計畫的漸進過程，第一天留下小孩十分鐘、隔天二十分鐘，以此類推，直到他們可以整天與父母分離。這樣的「斷奶」過程可能長達三周。如果需要更多員工照顧特殊需求的孩子，當地政府會幫忙負擔費用，另外也有兒童心理師可以照顧需要更多幫助的孩子。「托兒所還有自己的內部網路，家長會定期收到電子郵件，了解孩子最近的狀況。」夏洛特告訴我。她坦白說：「其實，我比較希望他們少寄一點，因為我有七個孩子，信箱快塞爆了！」

因為白天時不是孩子的主要照護者，夏洛特認為，丹麥家長在晚上和周末時會加倍努力陪伴孩子。「因為工作不能陪在孩子身邊，許多家長常會感到內疚，所以有辦法的時候，他們就會在孩子身上投注很多時間。這可能也是我們離婚率這麼高的另一項因素。」夏洛特說，自己也離過婚。「父母得想辦法挪出時間，卻又不想占用與孩子相處和工作的時間，關係就有可能出現問題。」

我剛讀過一項開放大學（Open University）的研究，認為沒有小孩的夫妻會比有小孩的更快樂。我心想：已經太遲了，為時已晚。但有趣的是，研究也發現，有小孩的女性會比沒有小孩的還要快樂。所以，我的關係可能受挫，但我自己卻會變得更加快樂？贏了！我決定不要把這篇文章拿給樂高人看，以免惹來一身腥，不過也很欣慰地發現，丹麥的母親肯定是世界上最快樂的一群人。那麼，夏洛特快樂嗎？

她告訴我：「當然囉！我會給自己打九分，丹麥是世界上最適合養育子女的地方了。」我當然很高興聽到她這麼說，但也不禁開始懷疑，和我聊過的每一個人會不會都是丹麥觀光局派來的臥底。要不，就是我活在北歐版的《楚門的世界》。

確定我那未出世的孩子可以擁有這麼棒的人生起跑點後，我感到十分興奮。我突然發現，原來我已經開始在想一月待產期後的事情了。到那時候，我們的「丹麥式生活」一年計畫將在不知不覺中悄悄邁入續集。留在這裡比較容易吧！我試著理性地想。雖然有語言上的隔閡，仍不曉得每一件事的運作方式，而且每天都有丟臉的機會，就連出門買個牛奶或停車也能丟人現眼。

「丹麥式生活」比我以前在倫敦的日子簡單多了。當然，是沒那麼新鮮刺激，但這些規則、傳統和儀式，卻能帶走很多煩惱和壓力。而我發現，我覺得這樣沒什麼不好，只要在丹麥就可以；要我頂著大肚子或帶著新生兒重新搬家，恐怕連我剛達到的禪定境界都無法應付。

一部分的我希望懷有身孕時，舊識和家人都在身邊，也希望身處的環境能讓我看得懂醫生所發的資訊手冊、知道該去哪裡為大腹便便的自己買件漂亮的孕婦裝。但我發覺，這可能不會發生在我過去的那種人生。「丹麥式生活」似乎是讓這一切能夠發生的原因，因此我覺得自己欠這個國家一份恩情。此外，我那些超棒的大學朋友一直寄孕婦健身ＤＶＤ、雜誌和孕婦裝給我，所以應該沒問題的。

難以做出的抉擇

我已經開始把丹麥當成自己的家。用Skype或FaceTime告訴大家我們的好消息時（科技人真的應該開始發明「虛擬擁抱」的技術），他們總是問：「所以你們會回英國生小孩吧？」而我總是會用袒護的語氣回答：「丹麥也有醫院的，你知道嗎……」

留在這裡最困難的一點是，我的母親將變成遠距離奶奶。她想要孫子不知道想了多久，如果一切順利，我就要在一月履行承諾。只是，是在九百公里之遙的地方。好吧，又不是在澳洲。但她在英國也有工作、有自己的生活和朋友圈。我不能期望她拋下一切，常常飛過來看我們。在這裡生小孩，就表示她會錯過很多的第一次：家庭出遊、泡澡時間，還有住附近的祖父母視為理所當然的抱抱。她必須滿足於照片和視訊。我告訴自己，只有一年可能沒那麼糟，但若待更久，可能會令她心碎。

還有一段時間才需做決定，所以我行使英國人的「權利」，把一切壓在心裡，暫且不理這個問題，吞下自己的情緒。我用薯片分心——這是我目前少數還能吃的食物之一。我恭喜自己有了新的人生計畫，那就是「不」計畫太久以後的事情，丹麥的學校體制召喚我的時候，再去思考那些讓人眼花撩亂的日間托育選項。

從六歲起，丹麥小孩就會開始上國家補助的公立學校，接下來的十年都和同一批為數二十名左右的學童一起上課。學校教育大部分的期間都跟一樣的同學相處，可以讓孩子感到安穩，提供一個安全、信任度高的環境，探索丹麥教育的兩大支柱：平等和自主。了解有關公民的種種，也是這個教育的一部分。日德蘭半島的學童正學到這個，因此樂高人的同事聯繫我，希望我到她女兒的學校演講。他們很樂觀地假定，我身為「外國人」兼作家，應該能夠：一、說出完整的句子；二、談談丹麥人在外人眼中是什麼樣子。所以，受寵若驚的我便答應了。

我興致盎然地發現，我所遇到的丹麥少年都非常有自信且神態放鬆。他們會直接稱呼老師的名字，在班上一有機會就發言、辯論、討論各種事。被學生徹底拷問過後，我聯繫上奧胡斯大學教育研究部門的凱倫・畢耶格・彼得森（Karen Bjerg Petersen），希望對丹麥做法有更多認識。

「我們教導孩子思考、自己做決定，而不只是通過考試。」她首先這麼說。「這裡的教育是要發展孩子的社交與認知能力，透過經驗來學習，我們鼓勵孩子批判體制。」她告訴我，自二次世界大戰開始，教育和民主就被綁在一起看待：「那時候的孩子開始受到鼓勵要自行思考，如果不同意權威所說的，就要反抗。德國占領丹麥後，這成為最優先的考量，是當時的丹麥人非常注意的。我們希望公民具有民主素養、有主見，因此在丹麥，自我發展是學習很重要的一部分。」

「所以，是希特勒促使丹麥人教自己的小孩挑戰權威囉？」

「可以這麼說。」

在外人看來，強調孩子要自主、表達自我，似乎顯得太過不拘禮數。我告訴她，當我發現這裡的小孩不穿制服、直呼老師的名諱時，感到相當奇怪。小時候，找出老師的教名就像找到聖杯一樣，是權力的象徵。我們會偷偷傳下去告訴全班，然後幾近歇斯底里地狂笑不已，對自己的大膽感到欽佩。

「丹麥小孩一樣會尊敬——或害怕——老師嗎？」

凱倫告訴我：「還是會很尊重老師，只是我們的想法是，即使你是個孩子，身為人類的你還是和老師一樣平等，就算他們年紀比較大。老師或許比較學識淵博，但孩子也應該被當作個體一樣尊重。」對於我這種上教會學校的女生來說，這個概念十分古怪，很難理解。「所以，學生和老師之間沒有高低之分？」

她說：「沒錯，洋特定律非常明顯。人人平等，沒有誰優於誰。」

學生和家長之間也是一樣。凱倫告訴我，在丹麥，某間公司的執行長有可能把孩子送到和商店員工或祕書的小孩同一間學校。她說：「我們不喜歡炫耀，而我們也是一個十分富裕的社會。因此，出國時，我們的孩子知道不應該到處說：『照我們的方式做！我們什麼都懂！』」反之，丹麥老師會教導學童寬容。在整個學校教育的期間，每周五會有一個小時的hygge時間，同學輪流帶蛋糕來，全班一起討論各種議題。

「我的兩個小孩在星期五的hygge時間，老師會教導他們霸凌的議題。老師會很平靜地向他們解釋，清楚說明每個人都有權利受到尊重和平等的對待。他們會告訴孩子：『你可能不會喜歡遇到的每一個人，但你必須尊重他們的不同。』」

每周會有一到兩個小時的義務體育課，但大部分的運動量其實是在放學後。家長會志願經營各種俱樂部，像是桌球、舞蹈、戲劇、足球和體操。顯然，丹麥人參加興趣社團的習慣從很小就開始。凱倫說：「孩子放學後可以進行各種不同的活動，端視家長的興趣而定。」我告訴她，美國媽媽白天是行銷經理，晚上則變身排球教練，還有一位作家晚上會擔任體操助理。

凱倫說：「這套體制真的很好，也能教導孩子志工活動是為社會付出的一種方式。」志工也是家長快樂指數很高的原因。石溪和亞利桑那州立大學（Stony Brook and Arizona State University）的研究員發現，當志工可以調節壓力、釋放讓心情變好的荷爾蒙，如催產素和黃體激素。超過百分之五十三的丹麥人都會從事志工活動，因此到處都瀰漫著快樂荷爾蒙。

結束公立學校的學業之後，孩子可以選擇離開或上高中（gymnasium，在英語裡的意思是「體育館」）繼續念三年。這是持續教育的學校名稱，而不是像我原先所希望的那樣，是用來培養較晚展現才能的運動員

（我的伊莉莎白・特維德爾〔Beth Tweddle，英國退休的競技體操選手〕夢破碎了）。丹麥學生會在高中時期準備進入高等教育的考試。他們慶祝高中畢業的儀式，就是坐在露天的卡車上（在我家附近則是耕耘機的拖車上）到處遊晃，頭戴水手帽、到每一位同學家喝酒，直到二十杯黃湯下肚後，醉倒在地——常常就在我家旁邊的海灘。日德蘭半島的家長如果不知道自己的小孩在哪，可以來史迪克斯維爾找看看。

丹麥人和歐盟成員國的國民皆可免費享有這些擴展心智的教育。十八歲以上的丹麥人念書還有錢領。以二〇一四年的數據為例，一個月可領到九百零六到五千八百三十九丹麥克朗不等（新台幣四千到兩萬六千元左右），依年齡、修習的教育類型、是否住在家裡以及父母收入的高低而定。凱倫說：「我們相信每個人都有受教的權利，不應該收學費。」

從十四歲到十八歲，丹麥少年還可以選擇去上「深造學校」（efterskole），這是一種必須付學費的住宿學校，通常聚焦於運動、戲劇或藝術領域。約有百分之十五的丹麥孩童會上私立學校，不過在丹麥，私立學校並沒有很私立，政府會負擔三分之二的學費，學校則要遵守全國課綱的部分關鍵原則。由於丹麥是社會福利國家，許多丹麥人對於自費讓孩子多得到一種優勢的概念覺得不太自在。我認識一位私立學校的學生家長，便用有些不好意思的語氣說：「那樣做有點違背洋特定律。」

日德蘭半島的迷你玩具城比隆也有自己的付費教育機構，是當地最大的公司樂高在二〇一三年成立的，也是該集團創設的第一所學校。這所學校是樂高的億萬富翁領導人克伊爾德・科克・克里斯蒂安森（Kjeld Kirk Kristiansen）的點子，創立目的是要迎合樂高越來越多的國際員工。丹麥的學校教育有點太北歐了，無法養成適合的人才。該校強調邊玩邊學的丹麥式教育，同時結合了國際文憑的訓練，希望讓外國人的子女和擁有全球視野的丹麥人更容易進入海外的職場。私校老爸坦承：「我們覺得注重自由和創意的丹麥做法，可能會讓孩子出社會後過得很辛苦，丹麥人對孩子的管教有一點……心軟。」

反方的意見讓我覺得十分有趣，因為針對丹麥的教育體制，目前為止我得到的都是壓倒性的正面回應。我以前上學所經歷的那些苛刻、規範與嚴厲，都是為了鼓勵我們用功。自由隨興的丹麥方式真的可以獲得同樣的成效嗎？還是說，丹麥小孩雖然快快樂樂離開學校（這很好），卻沒準備好面對廣大的世界？

二〇一三年，一部在丹麥拍攝的紀錄片讓一班中國學童和年齡相仿的丹麥學童互相較勁，最後得到的結論是，丹麥在學術領域是個輸家。丹麥人氣炸了。許多人聲稱，那群中國學生是從中國最好的學校挑選出來的，而且在拍攝前事先接受過訓練。批評者表示，根本不能拿這些學生和丹麥的一般學生比較，因為丹麥的教育目標是要培養出圓融的自由思想家，但是不是存在著無憂無慮的年輕丹麥學子沒準備好面對殘酷的國際勞力市場的隱憂呢？雖然開始強調要「了解公民身分」，但他們真的具備了生存在社會上的技能和紀律嗎？我讀過一篇文章，內容提到哥本哈根的學生因為實在太鬆懈懶散，所以社工早上會打電話到家裡叫他們起床，好言相勸要他們去上學。我覺得，這真的是瘋了。

我再次聯繫七個孩子的母親夏洛特，徵詢她對目前現況的看法，畢竟她在過去二十年來，撫養孩子的同時，還持續觀察育兒和教育方面的變遷。她說：「在丹麥的教育體制中，老師重視學生的社會發展和幸福，就跟重視學校排名一樣多，我覺得這一點很值得驕傲。」但她也同意，學校體制在某些面向可能的確走歪了。

夏洛特說：「以前，家長負責教養，學校負責教育，但現在國家似乎想要負責兩者。」她引述了學校最近發來的備忘錄，建議學生家長參加考試，「讓小孩定期有茶點可吃」。「我是一位家長，我有七個小孩，我才不要跑來跑去伺候他們！」我由衷同意。我告訴她，要嘛也是他們拿茶點給她才是。然而，夏洛特說，因為父母整天都要工作，沒在工作時又對子女表現十足的關愛，所以丹麥小孩有時會被寵壞了。

「丹麥有很多『冰壺家長』，總是為孩子做任何事，不會拒絕他們的要求。這個形容詞來自冰壺這種運動，只是拿冰刷的變成父母。他們在孩子面前刷呀刷，掃除任何困難和阻礙，幫助他們有個順遂的人生。」有趣的是，一份刊登在《社會心理與人格科學》（*Social Psychological and Personality Science*）期刊上的研究指出，將孩子的幸福放在自己之前的父母比較快樂，也比較能夠從養育孩子的責任中，獲得更多人生的意義。所以，冰壺家長的做法或許是想要讓自己快樂一些？夏洛特也同意這種說法：「可是，長久來看，這對我們的孩子來說不是一件好事，因為人生不是永遠如此順遂。」

我問：「所以，丹麥的小孩和師長都應該要堅強點囉？」

她說：「我不知道該不該說他們應該堅強一點。孩子應該要當越久的孩子越好，我也覺得詢問他們對事物的意見、鼓勵他們思考自己的觀點和信念，例如：『我喜歡什麼？我想做什麼？我覺得這個怎麼樣？我要怎麼解決這個問題？』是很好的做法。」無論如何，夏洛特說她還是對丹麥做法很有信心。

奧胡斯大學的凱倫十分同意，她說：「我們永遠也不會變成中國，但沒有關係。勞力市場變化很大——我們沒剩多少工業，也不像挪威那樣有石油。但我們有的是年輕人的創意，這是我們最大的優勢。」這種做法似乎相當有成效。根據頂尖的諮詢公司海德里克與史特拉苟斯國際（Heidrick & Struggles International）所進行的一項研究，丹麥剛被評選為全球人才指數中的第二名，僅次於美國。

我問凱倫：「所以，丹麥的人才還是很受歡迎？」

「一點也沒錯。每個年輕人的學習程度或許都不同，但是最後都能達到標準，同時又很快樂。」凱倫向我說明丹麥的高等教育選項：「高中畢業後，丹麥人通常會先工作或旅行一陣子，了解這個世界及其問題，再開始念大學。這樣一來才能成為比較好的學生，因為你變得比較成熟、知道如何為自己著想、如何討論，引起自己的興趣、批判，而不只是反芻老師或家長的意見。」我回想自己十八歲大學一年級時，也覺得從填鴨式的重述老師的觀點轉換到獨創的思考，是件相當困難的事，因此不禁覺得她說不定是對的。今天，獎學金的廢除和學費的出現，使上大學對大部分的國家而言是種奢侈，但丹麥人卻能免費獲得這一切，還因此有錢可領。另外，由於丹麥學生沒有迫切的經濟煩惱，因此可以自由選擇自己真的很感興趣的課程，而非能夠保證未來高收入的科目。

凱倫說：「這就表示他們比較不會更換自己的課程，會更努力、更享受因此得到的相關領域的工作。」這就和樂高人在二月時告訴我的一樣——這裡的人不太會抱怨工作，因為他們通常都是在自己有興趣的領域中，做自己喜歡的事。凱倫繼續說：「學士學位畢業後，可以攻讀碩士或另一個學位，可能要到三十歲前後才會結束學業，但進入職場時，人生閱歷將會十分豐富。」

聽起來很美好無憂，雖然也慷慨得誇張。我很好奇，畢業時會不會還能免費得到一輛車，說不定還有一袋黃金……。但凱倫告訴我，高等教育天堂也遭遇了麻煩：「有些人想改變現在這種做法，以及人們領錢念書的時間長度。有些政治人物說，他們希望孩子二十四歲就結束學業！」她對這種提議似乎相當氣憤。

我必須當服務生才能繳交大學學費，兼兩份工作才能念研究所，去年才把學貸全數付清，現在都三十好幾了仍有債務。因此，我不得不嫉妒丹麥學生，因為他們永遠都能免費得到這些（至少看起來是這樣）。我問：「可是，讓丹麥學生領錢念書這麼長一段時間，真的維持得了？」

在經濟合作暨發展組織的三十四個先進成員國中，丹麥在教育上所花的費用最多。最大的反對黨自由黨（Ventre）曾在二〇一三年提出徵收學費的建議，卻被執政的社會民主黨控訴是「拿累積許多代的福利與平等為賭注」，於是，這項提議沒被採納。

凱倫解釋：「我們將教育視為對未來的一種投資。教育對我們來說很重要，也讓我們的孩子更快樂。」經濟合作暨發展組織也支持她的說法。他們的研究顯示，教育程度會影響主觀的幸福感，受過高等教育的丹麥人比沒受過高等教育的丹麥人更快樂。丹麥人繳的稅是全世界數一數二的高，收入最多的要繳納高達百分之五十六的稅金。然而，這些錢是用在好的地方（至少凱倫這麼想）——教育明日的丹麥人。

我問凱倫，她對這整個快樂丹麥人的現象有何想法。她告訴我她非常快樂：「我有家庭、孩子過得很好，我很滿意我的職業，也擁有很棒的工作，我會給自己打八分或九分。」

我逼問：「那怎麼不是十分？」

「妳也知道，洋特定律嘛！給自己打十分太不謙虛了，很不丹麥。」

我的結論是：在丹麥長大是一件非常輕鬆的事。從六個月大開始，每天、每周、每季都有固定的節奏，慶祝每一個丹麥傳統。隨著孩子年紀漸長，學校也會提供同樣的安全框架，讓他們在裡面玩耍探索；和同一批人同班十年，一定讓人十分舒適自在。丹麥的離婚率這麼高，家庭生活或許很不安穩，但教育卻能提供庇護所。

這種感覺我還算懂。我的學生生涯絕稱不上完美，但學校的常態、架構和一致，卻不知怎地教人安心。我和在家庭生活不如電視劇描繪的那般穩定美好——兩個家長、平均二點四個小孩時，學校是不變的常數。我和母親盡全力把日子過好，且常常會有超乎尋常的結果。否則，誰會在八歲時就被終生禁止進入伊頓餐廳，只因不小心放火燒了他們的桌子？或是同學都在賽馬會或上踢踏舞時，跑去諾丁丘嘉年華？我不會拿任何東西交換這些經歷。然而，身為一個孩子，我也很渴望「當個正常人」，我也想要「無聊」，而學校就是我的避難所。無論生活多怪異，我知道星期一早上一定會出現正常的事情，會上兩堂可愛的孟若老師的歷史課、下課時間、打鐘、體育課（冬天越野賽跑時躲在更衣間；夏天拿生理期當藉口躲掉游泳課），接著就是午餐時間，邊吃水分過多的烤鮪魚義大利麵和添加一堆食品添加劑、橘得發亮的濃縮橙汁，邊和同學盡興聊天。我心想：那還只是英國。想想丹麥的學校會多好玩，強調創意、玩樂、打屁——不是啦，我是說「表達自我」……我開始做起白日夢。

樂高人回家後，我告訴他：「如果繼續『丹麥式生活』，我們的孩子可以免費獲得完美的教育到十八歲，接著還可以領錢就讀世界上最棒的大學之一。」我給他看我剛讀完的一篇報紙文章，內容提到，根據全球研究型大學網絡Universitas 21，丹麥是世界上高等教育第五好的國家。「才第五名？」是他的回答，說完就帶著狗到海灘跑步去了。我發現，我們好像已經被丹麥寵壞了。

本月學習重點：

- 丹麥小孩真的很幸運。
- 在這裡當幼兒真的無敵好玩。
- 生完七個小孩（七個！）還是有可能擁有超完美的容貌。
- 關於育兒，我要學的還很多。

注釋

1 英國常見的零售商店，販賣商品主要有書籍、文具和報章雜誌等。

2 《理查與裘蒂》是英國的談話性節目，而理查與裘蒂圖書俱樂部則是節目固定的一個橋段，每年會介紹十本書，與來賓一同在節目上討論。選書常會因此暢銷。該節目雖然已經停播，圖書俱樂部仍繼續在網路上選書。

九月 首都

近年來，哥本哈根出現了一場飲食文藝復興。
在二〇一三年，共有十五顆米其林星星頒發給十三間餐廳，
比其他北歐城市還要多。
哥本哈根以外的地方，沒有任何餐廳獲得星等，
日德蘭半島大部分仍屬美食荒漠。
我希望了解更多背後的原因，以及哥本哈根成功的烹飪故事，
是否影響了丹麥人的國家自豪感和快樂指數。

文化、藝術與料理

微風撩起我的髮絲，我望向大海彼岸的瑞典，吸入鹹鹹的海風。太陽綻放光芒，湛藍色的天空只飄著少少幾朵辛普森家庭畫風的完美雲朵。我的手指拂過亨利・摩爾（Henry Moore）的雕塑作品，鑄銅被陽光曬得暖呼呼。一艘輕帆經過，在波浪中若隱若現。

「咖啡來囉！」樂高人高舉兩個厚紙杯，赤腳踏過柔軟的青草地，走到一棵橡樹的樹蔭下。我依依不捨地轉身，也來到樹蔭下，雙腿交叉、細細品嘗目前一天僅能允許自己喝一杯的咖啡因飲品。我幾乎可以感受到腎上腺素竄過血管，大腦再次清醒警覺起來。

「這真的很好喝。」

「是啊，咖啡廳的女子告訴我，這裡的咖啡是傳奇，就連派蒂・史密斯（Patti Smith）[1]來丹麥時，也很『了』呢。」

「『了』？」

「對。」

「呃，『垮掉的一代』（the Beat generation）想要拿回當年的流行語……」

他瞇細眼睛看了我一眼，繼續看旅遊導覽。這兩天下來，我們粗魯地翻閱這本書好幾回，把去過的景點一一打勾。為了慶祝結婚紀念日，我們來到丹麥人口只有五十五萬的口袋型首都。美妙的哥本哈根已連續兩年被樂高人最喜歡的雜誌票選為世界上最棒的城市，因此我們來到城裡享受漫長的周末，好好汲取文化、美食和日德蘭半島所缺乏的一切。過去這九個月，我曾因為工作來到這裡，但我們從未一起閒逛、品味這座城市。我答應要在我們的迷你假期中做到這一點，我甚至把筆電留在家裡。這才叫真愛嘛！

我們已經參觀過國家博物館、宏偉的皇家劇院、充滿未來感的歌劇院，以及新嘉士伯美術館（Ny Carlsberg Glyptotek）的竇加展（Edgar Degas）[2]——這間美術館是由丹麥最大的啤酒製造商在十九世紀所創立。我們也朝聖了美人魚雕像、漫步在長堤公園（Langelinie）的大道上、在斯楚格街（Strøget）吃了「smushi」（丹麥著名的開放式三明治〔smørrebrød〕結合壽司）、逛了植物園、觀賞許多騎著腳踏車的美麗人類（樂高人朝一位穿著洋裝和高跟鞋、擁有修長雙腿的金髮女騎士點了點頭說：「日德蘭半島找不到這種的。」我則看著她那位同樣驚為天人、長得很像維果・莫天森〔Viggo Mortensen〕[3]的同伴，發出「嗯嗯」的讚賞聲）。

現在，我們正在哥本哈根北邊一點的路易斯安那現代美術館（Louisiana Museum of Modern Art）放鬆休息。腦袋瓜裝滿畢卡索、賈科梅蒂（Alberto Giacometti）[4]、安迪・沃荷，並初次接觸丹麥畫家阿斯葛・瓊（Asger Jorn）與波・柯克比（Per Kirkeby）之後，我們來到花園，看著小朋友努力爬上亞歷山大・考爾德（Alexander Calder）[5]的巨大雕塑。老天保佑丹麥人健康安全……喝完咖啡後，我們又散步了一會兒，看見一棵繫滿紙條的樹，每張紙上都手寫了願望或未來期許之類的內容，模樣很像《愛麗絲夢遊仙境》的蛋糕裡所附的「吃我」紙條。有人許了意義深遠的願望（「世界和平」）；有人許了天方夜譚（希望我的黑猩猩玩偶有生命）。還沒看夠其他人的願望，我們就被強迫也來寫一寫，還塞了白色的行李標籤和簽字筆給我們。一名圍了許多五顏六色圍巾的女子告訴我們：「你們可以許三個願望，兩個個人的、一個政治的。」沒錯，丹麥人就連許願也有規則。我們接受挑戰，樂高人馬上開始振筆疾書。我也開始提筆，但卻驚訝地發現，我不知道個人願望該寫什麼。若有人在一年前問我想要許什麼願，我絕對會毫不遲疑地說：「寫更多東西」、「有小孩」。聽起來很可惡，但這兩件事確實都在發生中。我的日誌本再也沒有那些關於預算、策略或人才招募的會議。每天，我就是一直寫。此外，奇蹟似的，我們一月的時候就要有完整的家庭了。我甚至不敢想，但，我真的……快樂嗎？做自己，用丹麥的方式生活著，真的快樂嗎？

樂高人已經開始把自己的願望綁在高高的樹枝上，於是我匆匆寫下一些照顧自己所愛的人之類的話，然後加了附註：「……不過，能贏個樂透也不錯。」我把繩子打個圈、將紙條吊在比較低的樹枝上。樂高人靠過來。

他問：「所以，妳許了什麼願望？」

我回答：「和平常一樣，中樂透、性別平等、世界上別再出現尼可拉斯・凱吉（Nicolas Cage）的電影。你呢？」

「噢，妳也知道，就和地球有關的。」

「很好啊。」我點點頭，兩個人走回室內。

哥本哈根是個生氣蓬勃的地方。我們來這裡的時間不長，很快就要返回史迪克斯維爾，因此只能盡量能看多少就看多少。然而，光是浸淫在偉大的藝術和雕塑中，門口又有海景可看，肯定對心靈十分有益。

一邊閒逛，我一邊想和樂高人說話，但他已經筆直衝向美術館禮品店裡那貴得令人流淚的燈具區，接下來半個小時對外界事物完全充耳不聞。我心想：我需要找個文化導遊告訴我這裡的一切；我需要丹麥的梅爾文·布萊格（Melvyn Bragg）[6]。

幸運的是，丹麥的梅爾文·布萊格就住在附近，也在附近工作。亞德里安·勞埃德·休斯（Adrian Lloyd Hughes，他的父親是威爾斯人，但他在三歲時搬到丹麥）是公共廣播電台丹麥廣播公司的主持人，過去三十年製作了許多跟文化相關的電視節目。我在網路上找到他，約了時間聊一聊，但被樂高人逮個正著。

他懷疑地看著我：「妳要在我們的結婚紀念日工作？」

「沒有啦。」我騙他，心裡開始愧疚起來。我發現他兩手空空地從買東西的人群中走出來，真是前所未聞，但說不定剛好可以讓我借力使力……「你不是還想去城裡的一間設計商店？」賓果！「你可以去逛一逛，同時我也能和這位文化專家聊聊……」我們互瞪好幾秒，誰也不想先眨眼。

他告訴我：「噢，妳就去吧。」

「謝謝！」隔天，我和亞德里安碰頭。我告訴他，我去了路易斯安那現代美術館，而且非常喜歡。他立刻寫下一大串美術館和博物館，叫我停留期間應該去看一看。

他告訴我：「丹麥最棒的博物館已經變得像主題樂園，有商店和咖啡廳。」哥本哈根的文化景點在一九九六年的時候進行了一次拉皮手術，因為在這一年，哥本哈根被選為歐洲文化之都。「好比妳要舉辦一場晚宴，妳會盛裝打扮、擺上鮮花、打掃一下，把最棒的自己準備好呈現在全世界面前。哥本哈根就是發生了同樣的事。」接著，基礎設施也融入這點，讓這座城市一直保持良好狀態。那麼，今天哥本哈根的藝術現況還好嗎？

亞德里安說：「挺不錯的。藝術獲得很大的支持，丹麥電視和建築（和食物）的興盛就是這三十年經濟支持的成果。」亞德里安表示，丹麥的劇院也獲得很大的資助：「買一張票，實際的價格有可能是妳所付的兩倍、甚至是三倍。」因此，表演常常座無虛席。丹麥也很會培育文壇新秀。舞台劇導演克里斯欽・羅立克（Christian Lollike）的《二〇八三宣言書》（Manifesto in 2083）曾引起全世界的關注，是以奧斯陸殺手安德斯・貝林・布雷維克（Anders Behring Breivik）[7]的故事為題材；索爾・比亞恩・克雷布斯（Thor Bjørn Krebs）撰寫了有關丹麥士兵在前南斯拉夫的故事，在歐洲也極負盛名。許多劇作家會來到奧胡斯劇院的寫作學校付學費學習，讓自己的作品有機會在丹麥的第二大劇院演出。亞德里安補充：「在丹麥，私人贊助也越來越多，不過大部分是資助芭蕾舞，或許是因為越來越多公司想和光鮮亮麗的芭蕾舞壇來往，而不想和挪威大規模殺人犯的爭議劇作扯上關係。」

優惠票價方案讓每個人都付得起古典和當代的舞蹈表演。亞德里安說，舞蹈受到年輕觀眾前所未有的歡迎：「現在，每次去看表演，我都得穿過好幾排的高中生才走到座位。」

歌劇也受到很大的資助，但最低票價仍要五百丹麥克朗（新台幣兩千兩百元左右）。亞德里安說：「因此，如果要請保母，又要找地方停車，出去一個晚上就會花掉兩千丹麥克朗（新台幣九千元左右）。」近幾年，丹麥歌劇最成功的故事，就屬卡斯珀・霍爾騰（Kasper Holten）。他現在是倫敦皇家歌劇院的監製，曾因改寫華格納《尼伯龍根的指環（Wagner's Ring Cycle）》系列引起轟動。亞德里安說：「他注入女性主義的元素，整部作品變成是在探討男性優越對上女性優越的議題。『指環』變成DNA份子，主角們則為了人類的未來而戰。這部作品非常成功。」

多虧政府積極的補助和支持政策，丹麥的電影產業在歐洲仍然十分成功。今天，仍在丹麥活動的鼎鼎大名包括了：執導榮獲奧斯卡提名《婚禮之後》（After the Wedding）的蘇珊娜・比爾（Susanne Bier）、執導二〇一四年《遠離塵囂：珍愛相隨》（Far from the Madding Crowd）的湯瑪斯・凡提柏格（Thomas Vinterberg），當然還有拉斯・馮・提爾。亞德里安說：「大部分的丹麥人都承認他是天才，雖然我們覺得他非常討人厭。」拉斯・馮・提爾在一九九五年發起了「逗馬宣言」（Dogme 95）——這是一個電影製片運動，其他發起人包括湯瑪斯・凡提柏格、克里斯欽・萊文（Kristian Levring）和索倫・克拉—雅各布森（Søren Kragh-Jacobsen）。這個運動的宗旨是要透過遵守一些製片規則「淨化」電影產業，終結可預測的情節、沒有深度的動作和科技造成的騙人把戲。這些規則後來遭到摒棄，但「逗馬宣言」使預算低的數位電影可以合理地存在，並鞏固了拉斯・馮・提爾作為爭議性人物不容小覷的名聲。

當然，近年最成功的還是非屬丹麥電視不可。我問亞德里安為什麼，他告訴我這不是巧合：「十年前，沒有任何丹麥電視劇在海外播出。後來，丹麥廣播公司（類似丹麥的BBC）做出行動，採取培育國內人才的政策、找出作家想做的東西，並幫助他們發展自己的計畫。結果非常成功。」丹麥電視劇《謀殺拼圖》、《權力堡壘》、《奧瑞桑橋》（The Bridge）因為強調社會寫實、緊湊情節和鮮明、自成一格的色調（也就是「昏暗」），擄獲全世界的觀眾，並啟發美國和英國仿效翻拍。

亞德里安說：「這些電視劇是很棒的丹麥文化新聞報導，也反映很多丹麥人的性格以及丹麥社會重視的事情。比方說，《謀殺拼圖》第三季裡有一個因為貪心所以犧牲家人的角色。」隨著情節推展，作者清楚表達這種行為是非常不好的，富有的商人最後也因此受苦。而在另一條情節線，丹麥政治被描繪成袒護罪犯的一方。亞德里安說：「這是極具爭議的，但也表示這家公共廣播電台可以自由批判掌權者。」這三個熱門影集都有個性很強的女主角，她們具有野心、性愛方面十分主動、性格複雜而有缺陷，完全逆轉螢幕上傳統對女性角色的詮釋。亞德里安說：「在《權力堡壘》和《奧瑞桑橋》中，我們可以看見女性努力平衡工作與家庭、良知與野心，這是全世界都有的狀況。」

然而，雖然自家電視劇大紅大紫，丹麥電視界卻有一個黑暗的小祕密。不，不是丹麥海倫娜告訴我的那個裸女秀，而是英國的午茶時間經典劇《駭人命案事件簿》（Midsomer Murders）。維京男子、友善鄰居和丹麥海倫娜全都很喜歡劇中面容粗獷的總督察探員巴納比——他在一個小時內就能解開至少三件命案——這齣進口自英國的影劇，是丹麥最受歡迎的電視節目之一。

亞德里安不太甘願地承認：「不知為何，《駭人命案事件簿》是進口電視劇中收視率最好的，從開播至今的十三年來，都保持在百分之三十到四十的收視。」由於這部劇在丹麥實在太受歡迎，為了慶祝獨立電視台（Independent Television）這部犯罪劇的周年紀念，大老闆和《權力堡壘》以及《奧瑞桑橋》的丹麥製片與明星一起合作演出特集。亞德里安說：「我認為這是因為人們覺得這部劇很能撫慰人心之類的。」我告訴他，維京男子把《駭人命案事件簿》比喻成一碗湯：「不是什麼讓人興奮的事物，但卻能讓你感到溫暖、hygge。」

然而，撇開總督察探員巴納比和他的許多黨羽，亞德里安急著重申，丹麥文化仍發展得很好。政府補助讓創意能夠蓬勃發展，便宜票價則讓更多丹麥人可以去參觀畫廊、觀看舞蹈或歌劇表演、劇院和電影。丹麥廣播公司培育文壇新秀的策略鞏固了丹麥備受認可的文化力量，也讓北歐的黑色影劇在國際上大受歡迎。

我問：「這些都讓人們更快樂？」

他回答：「我很確定。」倫敦政治經濟學院（London School of Economics）的一項研究也支持他的說法，發現能夠讓人感到滿足的前五項活動中，排在性愛和運動後面的分別是出席劇院、舞蹈演出或演奏會、進行表演以及參觀展覽或博物館。看來，文化真的能讓丹麥人（或至少離文明很近的幸運的哥本哈根人）更滿足。有趣的是，根據二〇一一年刊登在《流行病學期刊》（*Journal of Epidemiology*）的一項研究，喜歡藝術、芭蕾和其他文化活動的男人又比女人更快樂、更健康。那麼，亞德里安快樂嗎？

他回答：「我會給自己打九分。我很熱愛我的工作，就算沒薪水我也會做。我有個很不錯的公寓、我到處騎單車，而目前生活中唯一的問題，是不知道鋼琴該買史坦威（Steinway）還是博蘭斯勒（Blüthner）。我是說，這其實根本是小問題而已。」那麼，有什麼能讓他更快樂的嗎？除了選擇一台適合放在他家的完美鋼琴？他馬上說：「可以看見海景。那樣我就十分了。」我決定不告訴他我就住在海邊，提醒自己擁有哪些值得感謝的事物。

和樂高人在碰面後，積極進行購物療法的他告訴我，他已經幫我們買兩盞新燈具了。我皺了一下鼻子，完全可以想像名字有兩個「L」的銀行經理艾倫會如何斥責我們這樣魯莽花錢的行為。好消息是，我老公說他有好幾個推薦的午餐地點。

他說：「好奇怪，每個和我說話的人都認定我是觀光客，然後當我告訴他們我住在日德蘭半島時，他們都會做這個奇怪的姿勢。」他做了一個我已經很熟悉的「頭側一邊以示同情」姿勢。「他們會接著說『我很遺憾』。是不是他們聽不懂我的口音啊……」我不忍心告訴他，我懷疑他們完全聽得懂他的口音，每次我告訴別人：一、我不是丹麥人，二、我現在住在日德蘭半島，都會得到這種典型反應。我不打算撕掉這片OK繃，於是專心計畫剩下的三餐。我現在胃口大開，打算好好利用哥本哈根的各種選項和品質。我們找到了日本、墨西哥、黎巴嫩料理的星級餐廳、提供蔬食料理的咖啡廳，以及沒有圖片的菜單。吃日德蘭半島的開放式三明治吃了九個月，已經感到相當厭煩的我（當然不會厭倦餡餅），覺得這裡簡直就是天堂。

「我們現在不在史迪克斯維爾……」我告訴樂高人，坐在哥本哈根偏高檔的一間臨運河的餐廳裡，深吸一口撒了松露粉的蕈菇。

「看不見任何咖哩豬肉丸。」樂高人同意地說，把嘴角殘留的胡椒鹿腰肉輕輕擦乾淨。

美食的標準

近年來，哥本哈根出現了一場飲食文藝復興。在二〇一三年，共有十五顆米其林星星頒發給十三間餐廳，比其他北歐城市還要多。哥本哈根以外的地方，沒有任何餐廳獲得星等，日德蘭半島大部分仍屬美食荒漠。我希望了解更多背後的原因，以及哥本哈根成功的烹飪故事，是否影響了丹麥人的國家自豪感和快樂指數。但，我需要幫忙。掌聲歡迎博・巴斯騰（Bo Basten）——梅耶斯・馬德胡斯（Meyers Madhus）的主廚。他是我在史迪克斯維爾新交的朋友的朋友，而我答應新朋友要去找他打聲招呼。加入諾馬餐廳創立者克勞斯・梅爾（Claus Meyer）[8]新開的餐廳之前，博在哥本哈根的一間兩星級餐廳工作，也是丹麥皇室的御廚。簡言之，這個男人是個很厲害的廚師。而且他還長得很像北歐嬉皮和耶穌的結合物。因此，當樂高人又發現另一家設計商店、想要讓我們破產時，我便利用這個時間和博聊食物。

客套一陣子後（我非常努力不跟他說他長得很像耶穌），我問他：「所以，哥本哈根一直以來都是老饕的最愛嗎？」

他笑了笑：「哈！答案是否定的。我在七〇和八〇年代是吃罐頭食品和冷凍蔬菜長大的。那時，大部分人只知道油脂、鹽和糖這三種增味劑。如果丹麥食物是吉他手，會是個只懂三個弦的吉他手。」

「有點像現狀合唱團（Status Quo）[9]？」

「是啊！我們只吃開放式三明治和垃圾食物。」

根據我的觀察，許多丹麥人現在還是這樣吃。就連最小的村莊似乎也有披薩店和熱狗餐車，供應丹麥版的熱狗：亮紅色的法蘭克福香腸放進麵包裡烘烤。每間店都會向我推銷一種可怕的加鹽甘草，味道很嚇人，好像有人拿下毒的砂紙攻擊我的嘴巴一樣。

「還有，鮮奶油罐頭是怎麼回事？」我問。「什麼東西都會抹！現在誰還會吃鮮奶油呀？我們現在是在一九八〇年代的齊本德爾猛男秀（Chippendales）嗎？」我真是勢不可擋。「還有那堆漢堡連鎖店！」我繼續說，提起之前讀到的一篇文章，說麥當勞在丹麥的營利逐年增加百分之十。我氣呼呼地說，剩下的傳統餐館也只供應開放式三明治或肉丸。

博抗議道：「可是過去十年以來，事情已經改變很多。至少在首都是如此。」我心想：又是幸運的哥本哈根人。博繼續說：「丹麥人以前很欽羨法式和義式料理，但現在有自己的料理方式了。近年來，越來越多農夫和生產者致力做出帶有明顯北歐特質的獨特產品。」

一切都源自二〇〇四年，雷尼・雷德澤皮（Rene Redzepi）和克勞斯・梅爾這兩名廚師將克里斯欽港（Christianshavn）的一間倉庫改裝成餐廳，並結合丹麥文的「nordisk」（北歐的）和「mad」（食物）二字，將該餐廳命名為「諾馬」。諾馬餐廳就這樣誕生了。他們兩位誓言摒棄當時一流餐廳喜愛使用的橄欖油和鵝肝等地中海食材，改用土生土長的丹麥作物。同一年，梅爾召集一些廚師，發展出一套可以幫助北歐料理向前邁進的原則。如同逗馬宣言強調要讓電影反璞歸真，他們把這次事件稱為「北歐美食研討會」（Nordic Cuisine Symposium），也誓言要把焦點放在烹飪世界的原始素材，使用時常透過野外採集而來的當地當令作物。經過長達十八個小時的工作坊後，廚師們制定出《新北歐廚房規章》（New Nordic Kitchen

Manifesto）。大致的內容為：優先使用「在我們的氣候下擁有特別優質特性的食材和作物」、幫助「推廣北歐農產品和生產者」，以呈現「純粹、新鮮、簡樸與倫理」。

博說，很多廚師接受這個規章，但新北歐料理的關鍵仍是諾馬。「一開始，很多人嘲笑諾馬。他們會說：『你怎麼可以供應別人生螞蟻，然後還敢收錢？』（海膽吐司也是另一個常被拿來說笑的例子），但諾馬真的開了人們的眼界。」諾馬先是獲得《米其林指南》的一顆星，後來又得到第二顆，並自二〇一〇年起，連續四年被評選為世界上最棒的餐廳。名聲並沒有為諾馬自動帶來財富，現在仍是勉強打平收支。諾馬雇用了六十八名員工，餐廳座位僅四十五席。這是因為在丹麥，就連階級最低的服務生薪水也很優渥，而且所有的東西都有百分之二十五的增值稅。諾馬是一間純粹為愛而生的餐廳。不過，雷尼・雷德澤皮近日告訴《政策報》，他覺得新北歐料理已經「完成使命」，篩選出價格較親民的餐館，甚至影響了哥本哈根的食品雜貨店。

博說：「哥本哈根的超市開始販售品質比較好的東西，因為人們聽說了這些不同的食材。諾馬的廚師會把在諾馬工作的經驗和自己的風格結合在一起，因此當他們換到其他餐廳工作時，也會跟著傳播、發揚新北歐料理的精神。」我想更深入了解這種精神究竟為何，於是我問他，如果要教導一個二十五歲以前只會燙熟義大利麵的人，他會怎麼教。

博說：「對我而言，就是用最簡單的方法達到最大的滿足。如果妳的紅蘿蔔風味十足、新鮮又多汁，那吃，不要烤，也不要搗成泥。吃當季的食材也是關鍵之一。想想妳家窗外長了什麼、可以自己種什麼、認識一年的不同時節可以獲得什麼樣的當地作物。」

我告訴他，我買的丹麥蔬果比我以前所買的還快變質。博責備我：「那是因為我們沒有添加化學物質，這是好事啊！在丹麥，我們比較喜歡新鮮的蔬果。」被說教了。我問博有沒有聽說丹麥人是全世界最快樂國家的那份報告，結果很訝異地發現，他竟然沒聽過。「但這很合理。我會給自己打八分。吃東西讓我快樂。」有什麼特別的食物嗎？我問。他一臉驚嚇地回答：「我不可能只選出一種啊，這樣就像是叫我挑個最喜歡的孩子！我就是單純喜歡品嘗食物。」

那，什麼東西可以變成滿分？「這個嘛，我想要一輛新車。」他說，但又糾正回來。「不過，我已經擁有其他想要的一切了。真的，能有健康的孩子、很棒的妻子，比有一輛新車還讓我快樂。」我告訴他，這番話真的很甜。我只希望樂高人也會說這種話，雖然我懷疑他的反應大概比較接近：「妳在說哪種車？」我們互道再見時，他還留下離別的呼籲給我：「記住，下次去買菜時，當季是最重要的。新鮮的最好！」

為了讓丹麥料理「保鮮」，諾馬團隊與《新北歐廚房規章》在二〇〇八年時一同創立了非營利的北歐料理實驗室（Nordic Food Lab），烹飪學者互相研發新技巧、分享各自的發現。實驗室在一艘船上，船屋就停泊在諾馬對面的哥本哈根港灣。實驗室團隊實驗各種口味、探索周遭環境的可食素材，特別強調野外採集。我決定我的下一個停靠港就選在這艘船屋總部，去訪問船上的烹飪研發領頭——班・瑞德（Ben Reade）。

班剛從烏干達的田野調查回來，他告訴我他在調查食用昆蟲。他說：「我在那裡試了很棒的蟋蟀餐，學習當地人如何烹調。一切都是為了獲取靈感，想想在家鄉有什麼可以運用的、可以飼養何種昆蟲來吃。像蟋蟀就很好養。人們不該因為我們現在的文化沒有食用昆蟲的習慣，就排除這種可能。有些昆蟲真的很好吃，尤其是野生的。」

班說：「我們使用的食材大多是北歐向來生產的食物，生長於北歐特殊又多樣的氣候條件。丹麥料理非常當季，不只是秋天根莖類、冬天肉類、春天魚類和夏天蝦類這樣簡單而已。我說的是『微季節』，以一周為分段。」班列出了高麗菜、羽衣甘藍、蘋果、馬鈴薯、莓果、裸麥和其他根莖類蔬菜，全都是在丹麥生長得很好的作物。「這些食材出產的時間不長，但出產時會是很棒的食材。當令的東西剛出來時——例如蘆筍尖、野兔和接骨木，是個很特殊的時刻，會讓人非常期待。」

當季、傳統的北歐飲食，被證實和著名的地中海飲食一樣健康。瑞典隆德大學（Lund University）的研究員發現，富含魚類、莓果、全穀裸麥麵包和優質油（如丹麥人喜歡的油菜籽油）的飲食，有助於降低有害的膽固醇、預防糖尿病；富含油脂的魚類，像是丹麥到處都有的鯡魚，其脂肪酸長久以來被證實能夠對抗憂鬱；奧胡斯大學的新研究也顯示，傳統的北歐飲食有助於降低血壓，因此肯定也讓丹麥人更快樂。

班說：「我認為，新北歐運動真的能讓人們想起這裡本來就有的那些很棒、很健康、很新鮮的食物，這些食物真的非常適應北方的氣候。這個運動教會我們打開眼睛觀察四周、觀察周遭的大自然。諾馬的宗旨是要改變人們的認知，學著對自己的食物感到好奇。現在，越來越多餐廳搭上這股潮流，而且做得

這對住在哥本哈根的人來說很好，但這項轉變還沒出現在日德蘭半島。我覺得丹麥料理似

類型：「新北歐」（有趣、實驗精神、得獎的諾馬等）、「舊北歐」（熱狗、披薩和過量的鮮奶油）「傳統北歐」（健康、當令、重莓果口味、讓科學家十分興奮的一類）。我猜，百分之九十九的丹麥人吃依然是「舊北歐」。

準備回旅館打包行李的路上，我聯繫了外號「丹麥迪莉亞」[10]的一名女子，希望了解真正的丹麥人每天都吃些什麼。名廚崔妮・荷尼曼（Trine Hahnemann）多年來一直是丹麥家庭烹飪運動的先驅。我告訴她，我對一般丹麥人的日常飲食很有興趣，比方說日德蘭半島。

「日德蘭半島？日德蘭半島的哪裡？」是她的回答，於是我告訴她我住在濱海的史迪克斯維爾的哪個地方。「我知道那個地帶。」她說，語氣有點不祥。「妳住的地方可能是整個丹麥美食最匱乏的地區了。」

別這麼直接嘛，崔妮……

「好消息是，那附近有一流的有機農夫和雞肉、雞蛋與啤酒的生產者，就在日德蘭半島。不過，妳可能不會在當地看見這些產品，因為通常都賣到像奧胡斯這種大城市去了。妳住的地方，標準飲食可能不太『新北歐』，而是有比較多的豬肉和馬鈴薯。」我告訴她，她說的一點也沒錯。「那些馬鈴薯是怎麼回事？丹麥人好像超愛馬鈴薯！」

她說：「真的只有日德蘭半島這樣。如果不能每天吃馬鈴薯，不曉得日德蘭半島人會有什麼反應。有時候他們會配米飯或裸麥，攝取兩份碳水化合物。」有趣。根據麻省理工學院的研究，碳水化合物可以提升大腦中讓心情變好的化學物質血清素。我心想：說不定丹麥人每次吃馬鈴薯就像服用了抗憂鬱藥。崔妮繼續說：「當然，這些碳水化合物都和豬肉一起吃。」

我還在想，什麼時候才會聊到豬肉。來到丹麥以後，送來的每一份菜單都充滿豬肉，被邀請到別人家裡吃丹麥晚餐時，桌上的菜也是豬肉的各種變化料理。可是這麼久以來，每天開車到日德蘭半島各處的我，從沒看過廣大的田野和農地出現過任何一頭豬。

丹麥共有三千萬頭豬，是人口的五倍，但牠們全都養在光線和溫度受到控制的豬舍裡，然後再被送到屠宰場，面對變成肉丸子的命運。每周一到周五，光是日德蘭半島的丹麥皇冠屠宰場，就有兩萬頭豬運來。觀看豬隻變成豬肉的過程，已經成了吸引大批觀眾的活動，我所聊過的丹麥人，有半數都說自己曾經參觀過屠宰場。維京男子的其中一個女性朋友甚至在公司的聖誕派對前，參加辦公室的屠宰場出遊。沒錯，這在日德蘭半島就算是一種娛樂。

然而，豬肉在丹麥也有政治意涵，因為政府官員時常爭辯應該容納越來越龐大的回教徒社群到什麼地步。崔妮對這個議題曾有第一手的接觸，因為她曾在丹麥議會的餐廳工作過七年。

她說：「右翼的丹麥人民黨只有在餐廳供應丹麥料理時，才會到員工餐廳吃飯。倘若菜單上出現印度烤雞或其他異國料理，整個人民黨在午餐時間就會集體消失。此外，各黨每周都會開會，晚餐會送到會議給他們，而丹麥人民黨每個星期都點一樣的食物。」

「讓我猜猜，是經典的豬肉馬鈴薯套餐？」她說：「一點也沒錯！丹麥肉丸配馬鈴薯沙拉，每個星期都一樣。不過，至少這表示他們言行一致。」我充滿興趣地聽她說，就連丹麥議會也會坐下來一起用餐。這裡並不像其他地方，有外帶食物在車上吃、在辦公桌吃午餐或電視機前吃晚餐的這種文化。她告訴我：「我們的確有一起吃飯的傳統。」丹麥人晚上和周末大部分也都在家吃飯，因此便說明了為什麼在哥本哈根以外的地方，餐廳供應的食物並不怎麼有新意。

崔妮說：「大部分的丹麥人只在生日或特殊的日子才會出外用餐，因為外食很貴。」這是因為這裡的每一個人都能得到基本生活工資，就連洗碗工也是，而且就跟諾馬一樣，每間餐廳都會在帳單上加收百分之二十五的稅金，是食物和員工的費用。不過，絕大多數的丹麥人並不覺得不常外食有什麼損失。她表示：「我們喜歡在家吃。在家比較舒適，而且我們喜歡為彼此做菜。」

我不禁好奇，這會不會也是導致丹麥人快樂的因素之一。我找到《美國臨床營養學期刊》（*American Journal of Clinical Nutrition*）的一項研究，證實家庭烹煮的餐點比在餐廳吃的奢侈餐點更讓人感覺美好，難怪丹麥人這麼滿足。

「全家一起吃飯是丹麥生活相當重要的一部分，」崔妮說，並把這歸因於大部分人都還以農業維生的時代。「那時的人們整天工作，唯一的休息時間就是吃飯時間，於是這就變成很重要的傳統。因為我們這裡外國人不多，仍屬於單一種族的社會，所以這些傳統會一直延續。」

她表示，福利國家是丹麥人依然會和家人一起吃晚餐的另一個原因。「我們不像英國或美國那樣長時間工作，回家與家人在一起被當成是一件很重要的事。一名成功的律師，無論男女，在下午五點鐘對同事說：『我必須離開這場會議，去接小孩、幫他們煮晚餐。』這是完全沒問題的。這就是我們文化的一部分。」

她認為，丹麥房地產的價格也是讓這種坐下來一起用餐的傳統依然完好的一個原因。「二次世界大戰後，住宅變得越來越便宜，所以大部分的丹麥人都能擁有獨立的飯廳。在其他國家，許多年輕人只買得起一房或很小的公寓，沒有飯廳或可以一起坐下來的地方。那麼，你們當然就非得出去吃飯不可了。」

我把我目前為止到丹麥家庭吃晚餐的經驗告訴她，特別是三道菜、摺紙巾和到午夜才散場的這幾點。「還是上學日耶！」崔妮笑了笑，坦言丹麥人確實對於邀客人到家裡用餐會感到很驕傲。「丹麥人喜歡花一整天規劃菜單、煮菜、娛樂客人，辛苦的工作都完成後，喜歡坐下來聊天聊好幾個小時。我們和你們英國不太一樣，不知道什麼時候該結束。」

我向她吐露，我們上一次在周間請客人來吃晚餐，他們晚上六點到、凌晨一點才離開。「真的好累！」

崔妮說：「我知道。可是好客在丹麥是很重要的，我們對此感到很自豪，也很享受這點。」

這有讓她成為快樂的丹麥人嗎？我問。「我會給自己打八分。丹麥是全世界最棒的國家之一，福利國家、安全、各種好處，還有免費教育。」她說，接著又補充道：「但人們還是愛抱怨。我總會想：『為什麼要抱怨？你們什麼都有了呀！』」

這項觀察十分有趣。我不禁想，人類到底有沒有可能真正快樂？還是人性中帶了點什麼，或至少是因為北半球陰雨綿綿的天空，讓我們喜歡偶爾抱怨一下？我過去還以為只有英國人會這樣，抱怨天氣、抱怨垃圾、抱怨現在的年輕人。但，說不定這是普遍存在的事實，把我們連結在一起，互相安慰對方我們這裡的生活也沒多麼完美。

我突然有個小小的頓悟，心想：說不定抱怨也是洋特定律的延伸。如果沒得埋怨，就等於是在炫耀。沒有人喜歡炫耀。至少，丹麥人不喜歡。

回到日德蘭半島，我因為結束了文化與美食的冒險而心情低落，於是逃到當地的麵包店，用史迪克斯維爾唯一還做得好的丹麥珍饌來安慰自己：餡餅。來了這麼多個月，這些傳統維也納麵包的名字還是令我感到驚艷不已。除了肉桂蝸牛捲，還有：「麵包師的壞眼睛」（spandauer），中間的黃奶油讓這款麵包看起來像一顆受到感染的眼珠子（超好吃……）；「折斷青蛙的人」（frøsnapper），一種撒上罌粟籽的麻花捲餅（沒人知道為何取這名字）。

一家英國報社請我調查丹麥的餡餅，這是我最喜歡的其中一件案子。於是，我找上了丹麥烘焙與餡餅師傅協會（Bakery & Pastry Masters Association）的安德斯・葛拉波（Anders Grabow），想要知道入口即化的維也納麵包是否掌握了永恆幸福的關鍵（希望如此……），而丹麥餡餅又為什麼如此出名。

他毫不猶豫地告訴我：「因為，它們好吃極了！如果妳跟我一樣吃過很多國外的丹麥餡餅，就會知道為什麼我們因餡餅出名。餡餅真的是「根深蒂固」（我猜，這應該不是雙關……）。在我們的傳統中，是每間麵包店數百年來日復一日製作的東西。」他告訴我，在丹麥，你得接受三年又七個月的訓練才能成為麵包師傅。「我們對這項技術和工藝非常自豪，所做的餡餅是全世界最棒的。這可是被稱作『丹麥餡餅』呀！沒人能像我們做得一樣好。」我告訴他，他不用對我傳教，因為我已經是丹麥餡餅的信徒。那麼，烘焙也是這裡大眾文化很重要的一部分嗎？我問，想起樂高人那群愛做早點的同事。

安德斯說：「一點也沒錯。有很多餡餅部落客會張貼、分享食譜，業餘烘焙電視節目也越來越多，像是《超級烘焙》（Den Store Bagedyst）、梅特・布隆斯特伯格（Mette Blomsterberg）的《甜蜜人生》（The Sweet Life）和《蛋糕戰役》（Kagekampen，聽起來滿像我喜歡的戰役）。」

「可是，一般人也有辦法做出餡餅嗎？」

安德斯想了想，說：「我想，每個人都會做一些經典的丹麥餡餅。而且這裡是丹麥，所以男人也會烘焙。每個丹麥男人都會做個基本的蛋糕。」

這真是個好消息！我等不及要告訴樂高人，下個月的這個時候，他只要會做出完美的肉桂棒（kanelstang，最近發現的一種由肉桂和杏仁膏做成的辮子餡餅，好吃）就好了，我的期望不高。我謝謝安德斯騰出寶貴的時間，但放他走之前，我還有一件事必須知道。「另外，呃，以你的經驗來看，」我開口說，覺得自己臉紅了。「一般丹麥人平均會吃多少餡餅？」

（告解時間：自從九個月前搬來這裡，我每天「至少」會嗑掉一個餡餅，只有早上害喜特別不舒服的那短暫的期間有中斷過。批評我之前，請先到丹麥麵包店吃吃看。全部都吃，可能會花一陣子。事實上，可能會花上九個月。這九個月，我完全無法抵禦卡士達和肉桂的溫柔。）

我說下去：「我是說，比方說，如果我每天吃一個……」我試著裝出一派輕鬆的語氣。「……這樣算是正常嗎？」他不假思索、立即回答的反應，告訴我需要知道的一切：「每天一個餡餅？哇塞！」接著，他發現自己其實應該提倡人們多吃丹麥的烘焙糕點，於是趕緊把話收回來一點：「不過，什麼叫典型的丹麥人？我想，一般丹麥人不會每天吃一個餡餅，但是我當然希望他們這麼做！」他開玩笑地說。「大部分丹麥人是在周末才吃。坐下來享用豐盛的早餐，半熟蛋、新鮮麵包和一些餡餅當點心。」

噢！

「告訴妳，我們習慣星期五在辦公室吃餡餅。」

「是嗎？」我抓緊機會。

「另外，我猜工地工人每天都會吃一個……」我考慮改行。「也有那種注重健康的瘋子，絕不想吃餡餅。」我對這種人沒興趣。「不過平均而言，丹麥人大概一星期吃一、兩個餡餅。」為了我的動脈著想，我想得到更明確的答案：「所以，肯定不是每天都吃囉？」我仍希望他會說出相左的答案。

他說：「不，為了我們的健康不會每天吃。」

「是，那當然。」

和安德斯道別後，我渴望地盯著展示架上的各種蝸牛捲，唾液開始分泌，但只買了一條裸麥麵包，覺得自己很了不起。

甜點的救贖

我回到家，發現家裡沒人。樂高人的車停在車道上，但人卻不見蹤影。總是過度興奮的狗通常會用尾巴

鞭笞我的雙腿、繞著我轉圈圈好幾分鐘，表示「歡迎回家」，結果也不知道上哪去了。

我享受半個小時的寧靜，打算把筆記打在電腦上，思忖晚餐要用裸麥麵包做什麼樣的創意料理。我驚訝地發現，筆電已經開機了。從睡眠模式啟動螢幕後，我看見許多有關野外採集的網頁，包括：「野外指南」、「當季食材：九月」，以及北歐料理實驗室的「永續採集教戰手冊」。

天啊！我就知道當我告訴樂高人班和北歐料理實驗室的童子軍野外冒險時，他的耳朵有豎起來。我早該猜到，他回家後會想要重演這齣吃螞蟻、蟋蟀、天曉得還有什麼的戲碼。

很擔心今天的晚餐不知道究竟會吃到什麼，我頻頻看向窗外，希望他和那隻忠心的狗很快就會回來，最好是毫髮無傷。又過了一個小時，兩個身影出現在地平線。其中一個：高大、穿著雨鞋、冒險後紅通通的臉頰；另一個：嬌小、狂吠不已、羊毛般的尾巴搖個不停。走近屋子時，樂高人舉起我們平常拿來撿狗大便的黑色塑膠袋，像獎盃一樣高舉過頭。另一隻手則抓著牽繩、做出慢動作，以勝利之姿在空中擊了兩下。我彷彿能聽見比爾・康提（Bill Conti）為電影《洛基》所做的主題曲。我跟其他飼主一樣很高興狗狗的腸胃正常運作，但是有必要這樣嗎？

樂高人臉上掛著大大的笑容，經過垃圾桶，接著把他的收穫一起帶進屋內。

「你不會是要把大便帶進廚房吧？」我驚恐地問，瞪著那個袋子。「我想，就連北歐料理實驗室也會把那個排除在外……」我開始說，但他打開塑膠袋給我看裡面的東西。「蛤蜊？」我問，強烈的海味撲過整間屋子，讓我不禁鼻頭皺了一下。

「沒錯！我找到一處淡菜繁殖地！就在海邊。」

「什麼？」

「那時是退潮，我看見離海不遠的地方有座小島。看起來很像一堆鵝卵石，狗狗跑過去，所以我也跟著去。」

「好的。」

「結果那不是鵝卵石，是淡菜！」

「哇，所以你就……」我不太確定要用什麼動詞，「……『採』了它們？」

「對！我不曉得需不需要許可之類的……」

「這裡可是丹麥……」

「但附近沒有人，所以我就把口袋塞滿了。」我往下看，第一次注意到樂高人褲子的兩邊都鼓鼓的，這裡濕一塊、那裡濕一塊，就快在鼠蹊部中間連成一片。

他繼續說：「然後我想起來：『狗便袋』！於是也把狗便袋裝滿。」他晃了晃袋子，發出叮噹聲。「我想這些應該夠晚餐吃了。」

聽起來真的很不錯，但我有點擔心他可能會食物中毒。為了未出世的孩子著想，也為了解決那條很了不起的裸麥麵包，我決定不參與採集而來的晚餐，樂高人則開始刷洗一些黑蚌殼上的藤壺。

「你確定它們很安全？」

「是啊，只要它們緊緊閉著，然後煮的時候會打開，通常都沒問題。」

「『通常』？」

樂高人一邊刷、一邊點頭：「我上網查過了，下痢、嘔吐、癱瘓或死亡的機率非常小……」

「噢，很好。」

「那只有在神經性中毒的極端情況下才會出現。」

「好極了……」

樂高人以前和醫生交往過，所以我有時候懷疑，他對疾病之所以這麼樂天，是不是偷偷自以為他其實接受過七年的醫學訓練。他不顧我的哀求，拿廚房的刷子用力刷著淡菜，然後朝淡菜點了點頭，說：「總之，去店裡買這些會花一大筆錢。」

半個小時後，我們坐下來吃晚餐。我的：裸麥麵包成了放上乳酪和番茄的開放式三明治；採集獵人的：一碗熱騰騰的淡菜，放入他自己發揮創意做成的白酒與紅蔥頭醬汁裡烹煮，再以自家栽種的歐芹點綴，我不得不承認，聞起來真的很香。班、博和崔妮肯定很驕傲。

樂高人吃了一口他第一次採集而來的海鮮，我問：「所以，感想是？」

他停下來，誇張地閉上眼睛、細細品嘗這一刻，然後回答：「太完美了！」

「很好。」我笑了笑，覺得一切都好奇妙：六個月前，我們根本沒想到自己會在北歐的土地上如此融入當地，遑論一年前在倫敦的時候。我問：「快樂嗎？」樂高人懷疑地看著我。

「妳是真的在乎才問我，還是只是想拿我當研究材料？」

「兩種都有？」

「好吧！。這個嘛，」他看看四周：用設計家具裝潢的家、海景、邋遢但很忠心的狗，以及一碗採集而來的食物。「我會給自己打九分。」他伸出沾滿白酒、紅蔥頭和淡菜的手，覆在我的手上，我們兩個內心都暖了起來。

本月學習重點：

- 哥本哈根人能吃到全丹麥最美味的食物。
- 同上，文化饗宴也是。
- 燈具店也是。
- 我居住的地方是個美食黑洞，只有採集來的海鮮和餡餅好吃。但我從此以後，一星期只能吃兩次餡餅（苦瓜臉）。
- 這裡的食物很快就壞掉是件好事，表示它很新鮮。
- 「丹麥式生活」開始讓樂高人快樂了。
- 或許，我是說或許，我也慢慢快樂了。

注釋

1 美國創作歌手與詩人，她的作品結合了「垮掉的一代」（Beat Generation，二次世界大戰後，出現在美國的一種青少年次文化）的詩歌表演和車庫樂隊搖滾。

2 法國的印象派畫家與雕塑家。

3 丹麥裔美國籍的電影演員，著名的角色包括《魔戒》三部曲的亞拉岡。

4 二十世紀的瑞士雕塑家，作品以立體主義和超現實主義為主。

5 美國雕塑家，動態雕塑的發明者。

6 英國知名的作家、文化評論家與廣播電視主持人。

7 他在二〇一一年於挪威奧斯陸犯下爆炸和槍擊案，造成八人死亡。犯案當天，他在網路上發表了《二〇八三：歐洲獨立宣言》（2083: A European Declaration of Independence），內容充滿極右的意識形態。

8 丹麥知名的餐飲企業家和食譜作家，是新北歐料理的創始者。新北歐料理強調的是利用當地、當季的自然食材，以新的烹飪手法結合傳統與創新。

9 英國搖滾樂團。

10 英國有位名廚兼電視主持人迪莉亞・史密斯（Delia Smith），因教授簡單的基礎烹飪技巧而出名。

十月 醫療

丹麥另一個與健康牴觸的事情，就是抽菸。

丹麥人很愛抽菸，根據世界衛生組織，

丹麥的香菸使用量是導致每年約莫一萬四千人死亡的主因。

世界癌症研究基金會（World Cancer Research Fund）在二〇一二年時，

又頒給丹麥另一個「第一名」，

因為他們發現，丹麥女性是全世界肺癌罹患率最高的。

無論疾病或健康

上一個月，樂高人首次嘗試野外採集，而我也學到傳統當令的北歐料理是全世界最健康的飲食習慣之一。這讓我們在挺進冬天之時，覺得「丹麥式生活」實在很不錯。事實上，我整個人感覺相當好，早晨害喜的狀況不再、體力也恢復了。雖然不像過去常上健身房跑步，但是因為常常遛狗、騎腳踏車，反而比從前吸到更多新鮮空氣、運動量更多。此外，因為我們居住的日德蘭半島沒有什麼像樣的餐廳（謝謝提醒，崔妮），我們晚餐幾乎都在家吃，所以飲食也更健康。

後來，樂高人到外地出差，留我獨自一人在家，只有狗狗和截稿日相伴。醫生建議我在待產日前都不要出遠門，因此有很長一段時間我都沒辦法見到家人和老朋友，除非他們來找我。我會錯過親戚的婚禮還有幾個重要的生日。這也表示，在哪裡生小孩已經不是我們可以作主的事了，我們必須在這裡待到一月底，屆時必須決定是否要繼續第二年的「丹麥式生活」計畫。我還有幾個月的「研究」要完成，幸運的是，接下來這兩周的產科會診正好可以讓我認識一下丹麥的醫療體系。首先，是到大鎮拜訪我的助產士。

「妳的女士洞穴看起來非常好。」一個把亞麻色頭髮梳成馬尾的高大女子告訴我。她有一雙又大又肉的手，看起來如果有必要，一個小時接生十二對雙胞胎也沒問題。

「我的『女士洞穴』？」我回想中學生物課的內容，非常確定從來沒聽過這個詞。她戳戳我的肚皮。

「啊，我的『子宮』嗎？」

「當然……」她皺一下眉頭，繼續掃描。我躺在一張木桌上，肚子塗了冰涼的膠狀物，讓她檢查寶寶有無異常。我的丹麥字彙依然很有限（雖然學了好幾個月），而助產士又不記得婦產科相關的英語單字，所以對話起來十分混亂。

「至於這裡是……『母親的蛋糕』，大大的，餵胎兒的。」

「『胎盤』？」

她點點頭：「就是那個，看起來相當不錯。」

我從來沒想過自己體內的器官長什麼樣子，但聽到它們長得令人滿意，倒放心了不少，雖然對於五臟六腑也擁有和其他女性部位相同的視覺讚美詞，讓我有一點擔心（如果我有很胖的腎臟怎麼辦？或是皺巴巴的大腦？噢，等等……）。我在心裡默默記住，回家後要上網查「正常」的子宮和胎盤長什麼模樣。助產士放下工具，對我說：「現在，性的部分呢？」我沒料到這個。

「性的部分？我們不應該有性行為嗎？我們應該多點性行為嗎？」

「我是說，妳想知道寶寶的性別嗎？」

啊哈！「唔，妳看得出來嗎？如果看得出來，不如告訴我，不過看不出來也沒關係……」我是一個連午餐要吃什麼都會猶豫到不行的人，要我做這種規模的決定實在是太可怕。

助產士又戳了幾下：「嗯……是陰唇還是陰囊……陰囊還是陰唇……」她沉思著，將螢幕轉向我。從那黑白的模糊影像中，我只看得出一團非常像是紙糊的東西。她問：「妳覺得呢？」我毫無頭緒，於是她幫我們兩個回答了：「我覺得是陰囊。」

「妳『覺得』？」已經到了鋪藍色嬰兒睡袋的時候了嗎？我該去買養育男孩的書了嗎？我是不是需要上個課，了解一個由單親媽媽撫養長大、念的是全女生學校的獨生女，究竟要怎麼養育一個小男生？

「我……百分之八十確定那是……」她接著做出一些華麗的手勢，表示她認為這是一個男性胎兒，還比手畫腳模仿了特別維妙維肖的「陰莖」。

重新穿上衣服、在腦中適應了孩子「有百分之八十」確定是男生的事實後，我們坐下來討論生產的事。她開門見山地說：「好的，來談談關於疼痛的部分。」

我四處張望，想找個可以逃跑的地方，才想起來為了不受打擾，這裡唯一的一扇門鎖起來了。於是，我只好無助地盯著政府的宣傳海報，上面寫了各種生產期間可能出錯的地方。窗台上擺了一排金屬器具，對著我閃閃發亮。我告訴自己：深呼吸就對了。

我顫抖地說：「好，麻煩他們有什麼就給我什麼。」

「好的，」她坐下來，筆握在我的檔案上方。「那我就寫：『最後關頭才用氧氣』。」

我不確定自己有沒有聽錯。

「『氧氣』？那硬膜外麻醉呢？」

我真正希望的，是接下來三個月內會出現某種新的全身麻醉技術，可以在完全安全的情況下讓人產生脫離軀殼的感覺，淘汰任何痛苦。

「『公主棒』？噢，如果可以，我們不喜歡用那個。」

「對不起，『公主棒』？」

「那是我們取笑硬膜外麻醉的稱呼！」

我不覺得好笑。原來，「真正的丹麥人」不需要硬膜外麻醉。患有「公主病」的產婦可以使用迷你版的硬膜外麻醉，但只有在絕對必要的時候，而且只會給予一半的劑量。她告訴我：「這樣妳才會夠痛，想用力推。我會在妳的檔案裡註明妳要求硬膜外麻醉，這樣妳來的時候，他們才會知道妳急著當媽媽。」好極了。我已經是個有公主病、容易焦急的維京失敗品，還有幾個月呢！呃！

「所以我生小孩的時候，只有一半記量的硬膜外麻醉還有麻醉氣體和氧氣？」

「噢不，我們不用麻醉氣體。」

「什麼？」

「我們覺得那不太好，我們可以給妳蜂螯。」

「好的……？」

聽起來不怎麼樂觀，但我不管了。

「也就是說，我們會在妳的手背扎一針，這樣妳就會被比較小、不一樣的疼痛所分心……」她說到這，聲音越來越小，大概是被我的表情嚇到。我懷疑我的臉上寫著「要是有人敢那樣對我，我就揍他一拳。」

「……不過，或許我們還是堅持使用麻醉氣體和『迷你公主棒』好了……」

我心靈受創地離開，去找丹麥海倫娜吃蛋糕、尋求慰藉。我向她解釋這起「止痛事件」，她點點頭，表示非常了解我的感受，說她生兩個女孩時，完全是靠鋼鐵的意志和狂飆威脅要和她老公離婚的髒話才撐過來。我嚇死了。

「所以，丹麥人很反對藥物？」

她告訴我：「要看是什麼藥物。」

藥物的使用量

我發現，根據經濟合作暨發展組織，丹麥人是全歐洲使用抗憂鬱藥物最多的國家。越來越高的服用劑量，被認為是和我二月時所得知的「工作壓力」升高，以及在比較輕微的案例中也服用抗憂鬱藥有關。丹麥海倫娜告訴我：「當然，我們對非處方藥物也沒有很嚴謹。」我得知，日德蘭半島的青少年喜歡「嘗試一下」，因為「在這裡長大滿無聊的」。

丹麥第一間公立的毒品吸食間在二〇一三年成立於哥本哈根，完全展現了丹麥人的自由主義。此舉上了世界各地的頭條新聞，但大部分的丹麥人並沒有太大的反應。現在，丹麥所有的主要城市以及一些小一點的城鎮，都有設立毒品吸食間。當地人不太反對，警察也不會去干涉這些安全的吸食間，因為他們認為，給予吸食者安全的地方吸食毒品，能預防吸食過量致死。該計畫被認為很有成效，雖然沒有統計數字可以證明這點。這個方法和瑞典嚴格的零容忍政策形成強烈的對比——瑞典是全歐洲毒品非法吸食率最低的國家，但毒品相關的死亡率也相當高，因為成癮者不敢因吸食過量尋求幫助。

我問丹麥海倫娜：「所以，我不能接受完整的硬膜外麻醉，卻可以吸食海洛因？」

她告訴我：「這樣說是沒錯。」

奇怪的是，丹麥人對於和生產無關的藥物十分開放，但對一般感冒的藥物卻又不是如此。我是在兩星期前樂高人感冒臥病在床時，發現這一點的。他們沒有Lemsip或Night Nurse（兩種皆為英國的常見感冒藥）之類的藥物，當時我想要找非處方的止痛退燒藥，卻換來一包小到不行、只夠幫很小的倉鼠退燒的藥。我發現，這是因為多年前曾有一名少女吃了太多感冒藥，因此政府決定在沒有處方箋的情況下，壓低一次交易所能購買的藥量。英國也發生過類似的事，限定一般商店只能賣十六份、藥房三十二份。但在丹麥，這個數量卻只有十份。十份！勉強讓你撐過一天，然後就要再拖著神智不清、發燒昏沉的身軀回去買更多。不過，也有轉圜的餘地。上次到當地藥局買藥時，櫃檯小姐同情我，告訴我，雖然沒有處方箋只能賣十個，但若是「緊急狀況」就不同了。

我正準備收下迷你藥劑、轉身回家時，她壓低下巴、用會意的表情瞄向我。「這是緊急狀況嗎？」她頭歪一邊，輕輕點頭，要我同意。

「呃……是？」

「所以妳是說，這是緊急狀況？」她又問了一次，緩緩點頭。

我在施壓下開始恐慌：「不是，不太算，只是感冒……」藥師大力搖頭，我趕緊糾正自己：「我是說，對啦，是緊急狀況沒錯，絕對是緊急狀況。」

「好極了！」她露出燦笑，拿兩包迷你藥劑給我。「快快康復！」雖然這位奇怪的藥師人很寬厚，但丹麥人的維京魂讓他們遇到這種小病時，通常都採取自然療法。丹麥海倫娜告訴我：「我們通常會喝熱茶、在家hygge，有時還會喝點杜松子酒。」酒精啊！我猜想，飲酒方面的討論，不久後應該就會出現在丹麥的健康議題上。

丹麥海倫娜說：「丹麥人很愛喝酒，我是指『非常』愛喝。」我告訴她，這個資訊在我搬來這裡的第一個星期就知道了。人們常喜歡說這則笑話：丹麥人之所以在歐洲委員會最近的調查中顯得如此快樂，是因為他們總是處於醉醺醺的狀態。根據世界衛生組織調查，丹麥是全歐洲飲酒量最高的國家，每人每年飲用十一到十二公升的純酒精。該報告也說，丹麥青少年的飲酒量是其他同齡歐洲人的近兩倍。光是想到這點，我就覺得自己也跟著宿醉了。

丹麥國家社會研究院的研究顯示，丹麥的年輕人是從父母身上學到喝酒的態度，而這態度便是「受到控制的失控」。也就是說，丹麥人很有秩序、很會控制自己，但失控時就不是了。參加一場計畫好的派對，或到了周五晚上，或出席有杜松子酒的活動時，他們就失控了。屆時，他們會鬆開自己的維京長髮，一切都會變得亂七八糟（我是英國人，我知道什麼叫亂七八糟）。丹麥海倫娜告訴我：「我們會保留飲酒過量、糟蹋自己的權利，想要的時候就這麼做，而且不太會去思考後果。」

性愛方面也是如此。誠如我在七月時發現的，丹麥人的性觀念很開放，但他們並不總是小心翼翼。YouGov最近一項調查便將丹麥列為全歐洲性病第一高的國家，而丹麥衛生機關近期的一項調查也發現，十八到二十五歲的年輕人最近一次與新伴侶第一次發生性關係時，只有百分之五十六使用了保險套。

丹麥另一個與健康牴觸的事情，就是抽菸。看見有人可以每天一邊騎腳踏車通勤上班、一邊抽菸，起初讓我驚嚇不已。但驚嚇感消退後，我發現每兩個我所遇到的丹麥人，就有一個會被一團小小的灰煙稍稍遮蔽。丹麥人很愛抽菸，根據世界衛生組織的研究，丹麥的香菸使用量是導致每年約莫一萬四千人死亡的主因。世界癌症研究基金會（World Cancer Research Fund）在二〇一二年時，又頒給丹麥另一個「第一名」，因為他們發現，丹麥女性是全世界肺癌罹患率最高的。丹麥在各種癌症的世界排名中也都是最高的，男女皆然。

我找了同樣身為「外人」的美國媽媽一起討論這件事，她說：「在這裡，到處都可以看到有人在抽菸，就連醫院外面也是。我和女兒有一次到醫院做檢查，有個男的往外走時經過我們身邊，推著自己的點滴，幾乎不能行走。結果，他接觸新鮮空氣後所做的第一件事，就是點起一根菸，在美國根本不會看到這種事。」我對她坦承，英國也滿常看到這種事的。

她生氣地說：「那是因為你們的醫療體系也是免費的！你們把那視為理所當然，覺得國家會幫你們解決！」最後這一點沒有錯。大部分的丹麥人確實認為，免費的全國醫療服務會在他們真正需要時照顧他們，英國人可能也這麼想。可是，丹麥人真的把自己的健康視為理所當然？

維京男子之後和我、丹麥海倫娜一起吃晚餐，於是我便問了他的想法。

「不！不是『理所當然』。」他先是用藐視的語氣說，接著點了啤酒和漢堡。「好吧，我們是很愛抽菸喝酒。」

「還有從事不安全性行為。」我幫他補充。

「對啦，那也有。」他勉強承認。

「還有吸毒。」丹麥海倫娜補充。

「呃，沒錯，我們也會吸毒……」維京男子沒預料到自己也會受到同胞的攻擊。不過，丹麥人本來就很愛辯論。

「你們還很愛吃油膩的食物。」此話一出，服務生剛好為隔壁桌的客人送來一個肥美多汁的漢堡。「抱歉。」我朝他們的方向喃喃地說。

維京男子承認：「好吧，或許我們不是最健康的，但我們都是個體，應該要有選擇權。」他試著說服我，沒錯，丹麥人狂喝酒、猛抽菸，但他們很享受，所以不會有什麼問題。「做出這些行為，不會因此為你留下汙名，你可以自己做決定，懂嗎？」

丹麥海倫娜說：「我認為這可以歸結成一點，那就是我們知道不管發生任何事，我們都會受到保護，甚至比英國更受到保護，因為我們還有額外的社會福利，可以在發生事情時幫助我們。我們有人照顧，我猜這就是為什麼我們有點安逸。」

政府開始推行一些措施，鼓勵丹麥人對自己的健康負起責任。現在，有些地區對於約好醫生卻沒出現或是二十四小時內才取消的人，將會收取費用，希望也能藉此降低醫生等待的時間。丹麥海倫娜告訴我：「以前情況很糟糕。有人會和醫生約好時間，後來覺得身體好了就不出現。因此，其他人永遠預約不到某些診所，還花了政府一大筆錢。現在，你必須記得要出現才行。」

從二〇〇三年開始，丹麥也開始使用電子醫療數據庫。根據議會的公共支出監察機構調查，現已遭到英國政府捨棄的病患紀錄計畫，共花了英國納稅人一百億英鎊（新台幣四兆元左右），而且這個數字還在增加。丹麥體系則約花了相當於六百六十萬英鎊（新台幣兩千七百萬左右）的費用設置，這個數字並逐年在成長。我的黃色中央人口註冊系統卡，也就是丹麥的身分證上面有一組數字，可以用來登入一個收錄了我完整醫療紀錄的網站。我可以在那裡選擇想看哪位醫生或護士、提問、獲得重複的處方。接著，醫療人員便能藉由我的個人身分，在丹麥醫療數據網絡中獲得我的全部資訊和歷史。

我聯繫上丹麥電子醫療數據庫Sunhed.dk的負責人摩爾頓・厄利貝克・彼得森（Morten Elbæk Petersen），希望了解更多。他說：「研究顯示，準備充足，對自己的健康願意共同負起責任、投資其中的病患，會比較健康快樂。」摩爾頓長得就像丹麥版的休・葛蘭（Hugh Grant，他主演《妳是我今生的新娘》的時代），有著鬆散的頭髮、北歐人的顴骨和花呢套裝，他在丹麥醫療體系的上位待了十九年，很了解相關議題。他告訴我：「電子醫療系統是個不需要花大錢，就能讓人健康舒適、遠離醫院的體制，多出來的錢可以撥到政府的道路和教育等預算中。」

讓丹麥人對自己的健康負責的計畫有成功的跡象，不過速度很慢。雖然我在外面看過非常多的抽菸者，經濟合作暨發展組織的數據卻顯示，丹麥人抽菸的比率已從一九九〇年的百分之四十五降到二〇一〇年的百分之二十，少了一半以上。政府也開始處理癌症的問題，提供更好的醫學檢查：自二〇〇七年，提供五十到六十九歲的婦女每隔一年接受乳房X光檢查；自二〇一四年，每隔兩年提供一次結腸癌檢查。摩爾頓堅稱，丹麥的醫療體系很不錯：「丹麥政府將國內生產總值的百分之十二花在醫療上，而且是有用、有效率、提供給每一個人的醫療系統。以美國為例，他們將國內生產總值的百分之十八花在醫療上，但卻沒有實施平等和共享，因此有些人什麼也沒得到。」根據世界衛生組織的數據，英國才花了百分之九點六。

歐巴馬健保法的院外遊說團對丹麥的醫療體系很有興趣，摩爾頓常在美國與支持者碰面，希望了解更多。然而，很多美國人還是不願意分享自己的個資。摩爾頓說：「許多人仍然很討厭讓公部門看到或得到自己的數據資料。有些人會覺得這整件事聽起來太像共產主義了，會讓你『不自由』。但事實上，如果人們受到很好的照顧，他們其實更自由、更安全。如果你知道鄰居生病時可以獲得所需的治療，他就不會走投無路，到你家搶劫。隨時隨地都能獲取個人的臨床數據，會使人們更有力量。對我來說，這件事毫無疑問和丹麥很高的快樂指數一定有關聯。」

這一切聽起來很棒。但是，出了這個人口五百五十萬、稅金高達百分之五十的小島，其他地方也能這樣做嗎？摩爾頓認為可以。「澳洲也開始推展個人控制電子醫療系統，和我們的很像，提供給兩千萬的人口。澳洲共有五個不同的大州，所以就像五個丹麥共同合作一樣。」

資訊的普及和廣泛

丹麥人另一個擅長的領域是「研究」。有大量的醫學與醫藥新發現，都是從丹麥出來的，光是上個星期，丹麥科學家就因為有關氣喘、維他命 B_{12} 和預防心臟病發的新發現而登上了頭版，這還只是其中三項。我問摩爾頓當中的原因，他告訴我：「我們擁有很好的資料庫，可以追溯到很久以前，為研究提供資料來源。此外，這裡的大學醫院是真的致力於研究。因為學習是免費的，因此總是有新研究完成，於是也就有了新發現。而且，研究成果都會被拿來運用。在丹麥，各種療法和藥物很快就會開始實行。這便回饋到大眾身上，人們會看見醫學進展所帶來的改變，而更樂意配合研究、繳稅資助這套體制，就這樣一直循環下去。」

雖然我還不敢肯定，長期「丹麥式生活」對健康是否一定是件好事，但我滿確信一切都朝著走。我也開始能夠理解丹麥人對生活的開放態度。他們珍惜耽溺於每一次突發興致的自由，真的非常懂得享受，因為他們知道假如（或說，「等到」）出了什麼事情，可以受到照顧。有點像這裡的學校體制或是職場那樣，個體在安全的界線內擁有自由。丹麥人可以決定如何對待自己的身體、心靈和職業，但他們同意一起努力達到一個共同的目標：維持、擁護丹麥做法。

在圓滿結束這個月的醫療發現前，我打電話給哥本哈根大學細胞與分子醫學系的尼爾斯・湯馬魯普（Niels Tommerup），向他解釋我的計畫，問他覺得有沒有更基本、存在於基因裡的東西，才會讓丹麥人如此滿足快樂。

尼爾斯告訴我：「身為遺傳學家，我會說一切都與遺傳因子有關，尤其是情緒。遺傳因子會影響你的基本性格，決定你是樂觀或悲觀。有些人就是一直都很快樂，就算對他們丟磚頭也一樣。」我希望他在研究生涯中沒有做過這種實驗。不過，丹麥人確實是很堅強的一群人。

那麼，他對這些一直將丹麥人排名第一的世界快樂研究，有什麼看法呢？丹麥人真的天生就是比其他國家的人還要快樂？

尼爾斯的回答很官腔：「是也不是。我們很難把遺傳因素和文化因素隔離開來，遺傳因子對個人幸福的影響占了百分之五十，也就是說，另外一半是由環境所主導。但是，就算你說丹麥人是因為環境和文化因素而快樂，還是有人會問：『那丹麥人又為何會建立這種文化？和丹麥人的性格有關嗎？會出現社會民主運動，是因為我們在基因上互有關係，所以覺得有義務互相照顧，就像照顧家族中窮困的親戚那樣？』這是一個雞生蛋、蛋生雞的問題。」丹麥人超喜歡雞生蛋、蛋生雞的比喻。每次我提出相反的可能性，他們就會完全腦袋打結。尼爾斯繼續說：「也有研究發現，一國之內的遺傳距離與快不快樂之間互有關聯，甚至還把人均國內生產總值等因素列入考量。而丹麥是人與人之間遺傳距離最小的國家，因為我們從古至今就比較少移民。」換言之，丹麥人是一個絕緣團體，很少移動或與鄰國通婚，奇怪的是，這讓他們比我們其他人快樂許多。「同質性高的人口比較有可能更滿足快樂、信任彼此，因為我們在基因上密切相關，就像家人一樣。」

文化隔絕能讓你更滿足，這項發現令人不太舒服。如果因為身為「外人」所以不被接納，這樣的女孩要怎麼融入、變成「快樂的丹麥人」？答案似乎太過黑暗，很難想像。不過，尼爾斯這種丹麥人形同一家人的觀點的確有道理，聽起來讓人比較能接受。在家庭通常很不和樂的情況下，人們確實會互相照看。而如果整個丹麥在血緣上都有關係，這也難怪住在這裡有時候就像在演《華爾頓家族》（The Waltons）[1]——如果華爾頓一家人的眼鏡更酷一些、是坐在設計師椅子上縫補衣物、少一點艾美許人的款式、多幾分極簡的禪意，那就更像了。

華威大學一項有關快樂丹麥人的研究也發現，一個國家的遺傳距離與丹麥越疏遠，人民的快樂程度就越低。我很驚奇：所以，丹麥人快樂成這樣，如果你的國家在基因上和他們越接近，你就會越快樂？真是不可思議！

還有另一個很了不起的東西。尼爾斯告訴我，研究顯示，或許真有一種特殊的「快樂基因」存在。「它叫做羥色胺轉運體（5-HTT）又稱『血清素轉運體』，是許多調節情緒藥物的主要標靶。血清素轉運體基因會影響大腦處理神經傳導物質的方式，有很多人口研究顯示，情緒和是否擁有這種基因的長型有關。如果觀察全世界長型的出現頻率，會發現丹麥人最高。丹麥人口擁有較多這種基因，是全世界比例最高的，和荷蘭人一樣。」

等等！所以有加長版的血清素轉運體基因，就能讓你比一般人還快樂，而丹麥人就是有這種東西？太驚人了！但，剩下的人怎麼辦？那些沒那麼幸運，出生就有丹麥國旗的白色十字像根石棍那樣貫穿全身的人？這是說，我一直努力地用丹麥人的方式生活，其實都是枉然？尼爾斯提醒我，遺傳效果只占百分之五十。

「所以，我還有百分之五十的機率可以用丹麥人的方式變快樂？」

「是的。」

「好……」我抓緊這機會，問尼爾斯他覺得自己是不是「天生遺傳下來就這麼快樂」。他告訴我：「我的答案是肯定的。我是個很快樂的人。我會給自己打八分或九分。能當丹麥人是種殊榮，我覺得自己很幸運生在這裡。我們是個很棒的國家，有很棒的文化和很多的財富。如果足球輸給瑞典人或難過個五秒鐘，也沒什麼。」

我很替他高興。真的（聽不出來嗎？）。但掛上電話後，我嘆了口氣，認分接受自己只有百分之五十的機率能像丹麥人一樣快樂。我出門遛狗，安慰自己，希望運動可以釋放讓人心情愉快的腦內啡。回家路上，我買了蝸牛捲每周新配額百分之五十的量，希望高碳水化合物可以釋放讓人心情愉快的血清素。我發現，丹麥式的健康與快樂，其實就是一種平衡。

因為樂高人又出差一星期，我一個人被拉去參加十月最重要的活動。這是日德蘭半島的年度大事：樂高樂園冬季閉園。想知道這件事對當地有多大的影響，看看四周那些有小小孩的家長臉上出現的苦惱神情就知道了。他們現在全在焦急地想，到底要怎麼在漫漫冬日填滿周末、娛樂他們的小寶貝。美國媽媽已開始瘋狂在找孩子的玩伴、備齊《愛探險的朵拉》（Dora the Explorer）ＤＶＤ。

在整個地區開始為這座備受喜愛的主題樂園哀悼之前，會舉行一個冬季閉園派對，作為最後的歡慶。我期待的是像《熱舞十七》（Dirty Dancing）那樣的閉園派對，唱歌、編舞和派屈克・史威茲（Patrick Swayze）無一不有[2]。因此，當我發現實際狀況沒那麼光鮮亮麗，不會出現什麼搖擺的上半身時，自然有些失望。

穿著雨鞋和樂高人的毛皮大衣（我現在能穿得下的只剩這件），我站立著，一手拿氣泡水、一手握仙女棒。雨滴隨時都會澆熄仙女棒，彷彿連天空也為樂高樂園的閉幕感傷不已。趁仙女棒被毛毛雨熄滅之前，我趕緊用吐出的火花在空中寫自己的名字。幸好我的名字還算短，站在我旁邊的丹麥女孩超級倒楣，名字是「凱倫—瑪格麗特」。

所有的遊樂設施都有開放，讓大家享受最後一次腎上腺素激升的快感，可是不管是「北極特快車」還是轉轉咖啡杯，沒有一項允許孕婦搭乘。於是，其他大人都在天旋地轉、醉醺醺地喝著嘉士伯時，我只能幫他們拿外套，牽著小朋友的手。在丹麥，在兒童遊樂園拿著丹麥啤酒走來走去是一種愛國行為，而不是激怒反社會行為保安隊（anti-social behaviour order，ASBO）[3]的行為。

天氣越來越冷了。我的臉頰開始燙起來、手指癢癢刺刺的、頂上毛囊一一豎起，就像《養鬼吃人》（Hellraiser）[4]那部電影一樣。因此，私校老爸看見我、對我揮揮手，告訴我現在要去看閉園煙火時，我不禁鬆了口氣。

他撐著坐完雲霄飛車的兩條腿，搖搖晃晃走向我說：「來吧，他們在點煙火了。」他乾完嘉士伯，把瓶子放進小朋友的尿布袋，以便待會回收。丹麥夢的實踐，我心想。我們跟著人群移動到主題樂園最後面的開闊空間，觀賞精采的煙火表演。或，至少試著要這麼做，因為現在下著雨，只有一半的煙火會點燃。

「噢噢噢！」我們發出該發出的呼聲，吸入木炭和硫磺的氣味。

「啊啊啊！」金黃色的噴泉在墨黑色的夜空流洩而下，雨滴（還是煙火的碎屑？）掉進我們的眼裡。幾個小孩開始大哭，不知道是因為煙火的聲響還是眼睛受到攻擊，大人趕緊抱起他們撤離。輪狀煙火發出颼颼聲，表示煙火表演即將畫上句點，人們拍手歡呼。待一切回復黑暗之時，群眾再次鼓掌。樂園開放的季節結束了，丹麥這個小角落唯一的觀光勝地樂高樂園又度過了一年。我身邊的家長開始把發抖的孩子包好，準備離場。

私校老爸朝掌心吹氣，試著保持溫暖。他告訴我：「就連企鵝也會離開這裡去過冬。」

「你是在開玩笑吧？」我滿懷希望地問。

「不，我是認真的，這裡的冬天就這麼冷。」

我並不想找架來吵，但忍不住點出企鵝是來自南極這點。「那裡肯定比丹麥更冷吧？」

私校老爸看著我，詫異地把頭歪向一邊。「這是妳在這的第一個完整冬季，是嗎？」

「是啊……？」

他搖搖頭，不祥地咯咯一笑。「祝妳好運！」

我不知道接下來有什麼在等著我，也不知道沒有葡萄酒究竟要怎麼熬過去。

本月學習重點：

- 說到在丹麥的冬天活下來這件事，維京人比企鵝更強。
- 丹麥的醫療體系屬於高科技。
- 但那並不表示丹麥人非常健康。
- 反之，他們保留用任何喜歡的手段虐待自己身體的權利，知道國家會幫他們善後。
- 丹麥的助產士很過時。
- 我媽給我一項很棒的人生優勢，讓我可以用仙女棒好好寫下名字。你們這些名字有三個音節以上的人，真是可憐！

注釋

1 美國電視劇，描述經濟大蕭條和二次世界大戰期間、住在維吉尼亞州的一家人。這家人三代同堂，除了一對祖父母和一對父母之外，還有七個小孩，一家共十一人。此外，他們也常招待許多親戚和陌生人。

2 《熱舞十七》是一九八七年的一部美國電影，由演員兼舞蹈家派屈克・史威茲主演，是部充滿熱舞橋段的愛情片。

3 英國從一九九八年實施到二〇一五年的一種治安維護隊，任務是糾正、制止一些不至於被歸為犯罪的小惡行，像是危險駕駛、公共場所便溺、酒醉鬧事等。

4 英國一九八七年的超自然恐怖片，裡面有一個「針頭鬼」的角色，頭上插滿了針。

十一月　氣候

某天下午從超市開車回家的途中，我強烈懷疑車上的溫度計壞了，
因為指針垂頭喪氣地垂向左邊，指著零下二十度的數字。
我敲了敲刻度盤（大家都知道，這是「修理」任何機械的方法，
和「打一打」、「反覆開關」是一樣的），但它不為所動。
沿著港灣行駛時，我看見一些「軀體膨脹」的小孩，
他們身穿著鋪有軟墊的充氣連身裝，小心翼翼從浮橋上「踏入海中」。

毀滅靈魂的黑暗

一切發生得如此迅速，教人驚奇。空氣轉黑、冷風將樹上僅剩的秋葉搖落，天空降下大滴的冰雨，毫無預警。倏地，外頭的世界變得十分險惡：滿溢的惡劣天氣彷彿要在你打開家門的剎那把你抓住。整個丹麥被無情地泡在剛來臨的冬季裡，我們準備要體驗第一個完整的北歐冬天，面臨最大的耐受力考驗。外頭好嚴峻！那種酷寒會讓你的額頭產生類似肉毒桿菌麻痺神經的冰鎮效果，逼你閉上雙眼、保護虹膜不受寒。

某天下午從超市開車回家的途中，我強烈懷疑車上的溫度計壞了，因為指針垂頭喪氣地垂向左邊，指著零下二十度的數字。我敲了敲刻度盤（大家都知道，這是「修理」任何機械的方法，和「打一打」、「反覆開關」是一樣的），但它不為所動。沿著港灣行駛時，我看見一些「軀體膨脹」的小孩，他們身穿著鋪有軟墊的充氣連身裝，小心翼翼從浮橋上「踏入海中」。其中一個男孩離岸二十公尺遠，正站在海灣中間揮著手。我眨眨眼，心想不是酷寒讓我眼花了，要不就是我真的親眼目睹第二個救世主穿著愛迪達雪衣現身了。接著，我注意到大海的表面呈現不透明的霧狀。有可能嗎？現在真的有可能冷到連大海都結冰了？

我們已經不在倫敦了，小番茄（我的車）。我一邊想，一邊懷念起倫敦冬天那隔熱效果絕佳的霧霾。彷彿要提醒我這個沉痛的事實似的，丹麥的公共廣播電台開始放起比利・艾鐸（Billy Idol）的〈發燒的城市〉（Hot in the City）。

「這是什麼病態的笑話嗎？」我怨嘆給自己聽，跟在掃雪車後方，小心翼翼不偏離它的軌跡。今早，我必須等掃雪車到我家附近清除道路之後才能出門，因為我的番茄紅電動機車設備不夠好，即使裝了冬胎，依舊無法對付六十公分厚的積雪。幸好，出門前我有不少事要忙——丹麥居民在法律上有義務自掃門前雪，以免有人滑倒。友善鄰居好心告訴我們這件事之後，便前往哥本哈根等待最糟糕的天氣結束，還問我們介不介意幫忙掃她家的雪。

每天從早上七點到晚上十點，丹麥人必須要讓屋子前的整塊人行道保持沒有雪的狀態。星期天可以睡個懶覺，等到八點再開始鏟雪就可以了。這顯然是毫無妥協餘地的公民義務。報紙每天都會刊登丹麥部長鏟自家雪的照片，意思是如果他們可以在治理國家的同時，仍然把雪鏟好，我們其他人就沒有藉口不那麼做。於是，我鏟著自家車道的雪，臉頰紅通通的、鼻水流個不停，狗狗也跑來「幫忙」，臉上戴著雪白的鬍子、努力邊「吃」雪邊開路，而樂高人則負責鏟友善鄰居的。但是，好不容易才清好了，又開始出現一層薄薄的雪毯。

回到家時，門口又是一片冰天雪地，而且還黑漆漆的。

又來了！

回到室內，充分解凍過後，我望向什麼也沒有的濃黑世界五分鐘，估計現在應該「晚上」了。

「好的，狗狗，這就表示晚餐時間要到了……對吧？」

狗狗點點頭，開始流口水，接著雀躍地跳來跳去，發出小小的嗚叫，開心地抽動尾巴，好像成功用某種方式矇騙了我似的。怪胎！

我想，或許也該準備晚餐了，於是茫然地盯著冰箱尋找靈感，接著拿出一隻雞。我捧著它冰冷的粉紅色屍體，皺眉看著丹麥烤箱的控制鈕，樂高人剛好回到家。「妳在幹嘛？」（這不是他的錯——他小時候沒有電視可看，也沒看過多少美國肥皂劇，不知道說「甜心，我回家了！妳今天過得好嗎？」是比較正統的夫妻迎接方式。）

「我在做晚餐。」

「現在？」

「對啊。」

「妳知道現在才四點吧？」

「噢。」我並不知道。我真的該開始戴錶了。那隻雞得以暫緩牠的命運，我們決定去遛狗。這可不簡單：狗是黑的、天是黑的，又住在一個沒路燈、路徑不夠清楚的地區。再加上懷胎八個月歪斜的重心、危險的冰凍植物，以及幾個星期不見、已和我失去連結感的雙腳，讓遛狗從「溫和活動」晉升為「劇烈運動」。踏錯一步，我就可能跌進樹林、泥巴、沙堆、之前的狗主人留下來的狗屎。頭燈對什麼都吸得進去的黑暗也沒什麼實質作用，所以我們大部分的時候都在學《X檔案》（The X-Files）裡的穆德和史卡利拿著頭燈掃來掃去，或是抵在下巴裝鬼。

不管在哪裡都看不見鄰居（我們確定這點後，才開始孩子氣地玩起頭燈）。至於夏天忙著修剪玫瑰叢、穿著襪子和涼鞋痛飲啤酒的退休老人軍團，把秋天的落葉耙進拖車、四處開著拖車幾天（或至少感覺有這麼久）後，現在已經躲回屋內。我們沒有遇到任何一個生靈，再次覺得自己住在鬼城裡，真有點毛骨悚然。

狗狗也搞不清楚了。牠撒了一泡尿，結果馬上結冰。回家後，牠乖乖小跑步回窩裡，以為睡覺時間到了。這種事從沒發生過。我試著把牠拐回來，但牠走了幾步，就又倒在走廊上，發出很大一聲「哼」。

我問：「你覺得狗狗還好嗎？」

「很好啊，怎麼了？」

「牠最近怪怪的。」我想了一下，問：「你覺得牠是不是患了季節性情緒失調症？」

「狗會得到季節性情緒失調症？」

我們兩個都不知道，於是我上網搜尋：「狗會得到季節性情緒失調症嗎？」出現一百零二萬筆結果。第一筆是英屬哥倫比亞大學的狗狗心理學家史丹利・柯倫（Stanley Coren）。他說，百分之四十的飼主發現冬天時寵物心情變差了，這是由於褪黑激素和血清素濃度改變的緣故。我告訴樂高人：「褪黑激素會在黑暗時分泌，讓人昏昏欲睡，血清素則會影響食慾和心情。上面說要有陽光或百憂解才能製造血清素。」

「我才不給狗狗吃百憂解。」

我聳聳肩，彷彿是說：「好吧，這可是你家狗的幸福……」

「又不是說，其他丹麥人都不吃抗憂鬱劑過冬。」我喃喃地說，繼續唸下去：「顯然，狗狗冬天時會睡比較久、比較想吃東西，所以可能就只是嘴饞。要讓牠開心的話……」

「天啊……」

「牠昨天叼了半片披薩回來，而且還開始狂吃橡實。」

「狗會吃橡實？那不是《小熊維尼》裡的小豬嗎？」

這我不太確定，所以我又點開另一個連結。

「患有季節性情緒失調症的狗還會出現憂鬱和社交畏縮的現象。」

「『社交畏縮』？牠是一隻狗耶！難道這是說，牠不像平常那樣愛聞別人屁股？」

我想了想：「昨天牠的確和那隻狼犬保持距離沒錯……」

「噢，好吧，那牠就是隻遁世的狗。」

我選擇不理會樂高人的嘲弄，繼續唸：「這些都和光線強度有關，而北歐的冬天特別沒有光線。」

「上面這樣寫？」

「我改寫的。網站上說，佛羅里達永遠陽光普照，所以只有百分之二的動物患有季節性情緒失調症。」

我想像佛羅里達那些熱暈的狗，搖著尾巴、穿著夏威夷草裙、戴著「我愛奧蘭多」的遮陽帽，正在開心地大玩特玩。我家的狗這時突然跑來坐在我的腳上，抬頭望著我，睫毛和牛一樣長。我想像牠那毛茸茸的頭殼冒出泡泡般的對話框：「有沒有可能到迪士尼樂園玩？」

「還好，這裡有些建議可以『幫狗對抗冬季憂鬱』。」

「噢，太好了，等不及想知道是什麼！」

我察覺到諷刺的口吻，但還是堅持唸下去：「我們出去時，應該把燈和廣播留給牠。」

「牠又不說丹麥語。」

我們思考了一下，上網登入廣播，為牠選了一個英語電台。不知道牠喜歡ＢＢＣ廣播二台還是四台。我正打算選擇二台時，樂高人提出異議：「可是肯・布魯斯（Ken Bruce）怎麼辦？《流行音樂大師》（Pop Master）可能會讓牠瘋過頭。」

「說得好！」

於是，我們決定選四台（大家都愛珍・加維（Jane Garvey）……），並下定決心只要牠自己在家時，就會打開廣播。為了獎勵自己解決這個問題，我們喝茶配餅乾，接著吃掉放在冰箱好一陣子的丹麥餡餅和打開後沒吃完的薯片。這時，我又看了一次筆電上列出的季節性情緒失調症狀。「食欲增加、渴望慰藉食品……」

我躊躇地說：「你覺得，我們會不會也得了？」樂高人沒在聽：他把頭卡在冰箱裡，檢查乳酪專用的櫃子。「我是說，季節性情緒失調症？」他冒出頭，左臉頰因為塞了一個火柴盒大小的切達乳酪而扭曲變形。

「啥？」

「我們昨天八點就睡了，還婉拒了喝酒的邀請，待在家裡看《勁爆女子監獄》（Orange is the New Black）。」

他滿嘴乳酪地抗議：「那是『必看』的節目啊……，所以才叫『勁爆』。我們無法逃出它的魔掌……」

「可能吧，但我們真的符合幾個症狀。」讀越多，我越深信我們有全部的症狀：嗜睡、社交畏縮、疲憊、對乳酪和電視機上盒成癮（後兩項在科學期刊上並沒有明確指出，只是暗示有這種可能性）。

原來，斯堪地那維亞是季節性情緒失調症最嚴重的地區。芬蘭人最嚴重（本來就該如此），但丹麥人冬天時也沒好到哪裡去。丹麥的氣候能源部（Ministry of Climate and Energy）最近有一項研究顯示，丹麥在十一月時，只有四十四個小時的日照時間，也就是一周十個小時又多一點，一天不到一個半小時的日照時間！我簡直就住在魔多！難怪我一直沉迷碳水化合物，永遠都在泡濃茶。

我傳簡訊給丹麥海倫娜，問她這正不正常，她傳了一個笑臉給我。就像我之前所說的，丹麥人很愛表情符號。

我回傳：「不，說真的？」

「當然！這完全是正常的。每個人都會得。妳就只能接受天這麼黑時，心情會很差勁。我們把這叫做『冬季憂鬱症』！」好極了！已經從情緒失調晉升為憂鬱症了。

她又傳來一則簡訊，帶點我開始理解、也漸漸愛上的丹麥式幽默：「每年這時候也有很多人會自殺，試著別把自己殺了！」

隔天，我看到一個統計數字，顯示她說對了一半。自殺行為的季節性變化，最主要的原因是日照時數和白晝長度的改變。不過，自殺在一年之中有兩個高峰期：白晝開始縮短的十一月和白晝再次變長的四月。

「為什麼呢？」我問丹麥自殺研究中心（Centre for Suicide Research）的波・安德森・埃德斯果（Bo

Andersen Ejdesgaard）。他說：「冬季憂鬱症很嚴重的人，會缺乏行動的動力；你必須要有精力才能取自己的性命。春天陽光回來時，人們重新恢復精神，才有辦法這麼做。」

「所以冬天時，丹麥人抑鬱到連自殺都做不到？」

「有點類似那樣。此外，春天也是『希望破滅』的月份。冬天時，人們期待春天，因為春天讓人聯想到希望、活動與新年的重生。如果春天沒有達到這些希望，就有可能導致自殺。但丹麥也沒那麼糟，我們和其他北歐國家的自殺率差不多，只有芬蘭除外——那裡當然是比較高。」

「這是當然……」真是個好消息。「那麼，呃，你會建議怎麼熬過冬天呢？」

「如果覺得自己正在經歷人生危機，顯然是要去聯繫專業的心理學家或精神病醫師。」好的，謝謝建言。

「我們建議多接觸陽光，可以使用人造光或到比較熱的地方度假。」波說。我告訴他，我看見為數多得有些可疑的丹麥人，在不合季節的時期出現古銅膚色，卻沒聽到有人說有關加勒比海度假的事。「噢對，日曬床在丹麥非常受到歡迎。」這我已經知道了。在史迪克斯維爾以外的地方，就連最小的小鎮也有麵包店、花店和日曬店。丹麥人或許會得冬季憂鬱症，但他們也真的總是吃得好、愛買花，並把自己曬得像烤堅果一樣。《哥本哈根郵報》（*The Copenhagen Post*）近日的一篇文章寫到，丹麥年輕人是全世界最常用日曬床的人。

波補充道：「第三個選項是，買一盞能夠模擬日光的燈。」我想，這個方法或許比較可行。我肚子裡的相撲選手決定出來露面以前，我沒辦法飛到天氣熱的國度；因為我那藍白間雜的英國膚色，日曬床一向不在考慮範圍內，但高級燈或許是個好主意。為預防季節性情緒失調症，在專家的鼓勵下，我買了一個貴到令人心痛的燈具，還有鬧鐘功能呢！對，它很醜，價格可能跟一趟大加那利島的迷你假期差不多，樂高人一定會非常鄙視它。可是，這盞燈會改變我們的生活。至少，改變我們的冬天。

製造商把這盞醜陋的燈形容成在任何時候都能進行的「燈光浴」，保證可以讓我容光煥發、精力充沛。拿這盞燈代替平常使用的鬧鐘，每天早上都能更有活力，它還可以改善我每日的身心健康，可以讓我的「起床經驗」更加美好，甚至可以促進腦力、讓大腿變瘦、早餐煎鬆餅給我吃（好吧，最後這兩點是我捏造的，但總之，如果製造商的話可以相信，這盞燈很厲害就是了）。樂高人很狐疑。

「妳說它要多少錢？」

我忍住不說「他」在過去十一個月以來，花了多少錢買丹麥設計師的燈具，而是把焦點放在新買的醜燈擁有的優點。

我唸出使用手冊：「它是由『頂尖的燈光療法專家』發展出來的。」

「長得好醜。」

「是由『大自然的日出為靈感』……」

「而且還不會放音樂？」

「它會『釋放自然聲，伴隨你一同起床』。」

「什麼，像海豚和鯨魚的歌聲一樣嗎？」

我皺起眉頭，看著細小的印刷體。「不知道，還沒看到那裡……」

他一邊咕噥，一邊幫我組裝燈具，接著上床睡覺，很有信心（至少，我們其中一人是如此）在一夜好眠之後，早上會被日出溫柔地喚醒，日出再漸漸增強為提升性靈的亮光，讓我們接下來一整天都有日光照耀。五個小時後，我頭上十五公分的那顆巨大圓球發出足以使虹膜爆裂的強光，讓我差點沒瞎掉。

「啊！」根本還不到鬧鐘響的時間，為什麼燈光這麼強？

樂高人繼續打呼，完全無感。

我從來沒看過這種日出！太荒謬了！我瞇細眼睛，伸出手想要找到按鈕把這該死的東西關掉，但那符合人體工學的流線設計讓人根本不可能分辨本來就已經很難摸出來的各種微凸按鈕。我隨便按了摸到的某個鈕，結果不小心開啟「自然聲」。

「發生了什麼事？那是鳥叫聲嗎？」樂高人清醒了，用沙啞的聲音說道，同時遮住自己的眼睛。他的語氣十分驚恐：「房間裡有鳥嗎？到處……都是鳥！」

我胡亂摸索，想找到其他按鈕殺了那些瘋鳥，卻沒有抓牢，不小心把圓球從基底打掉，燈掉了下來。因為摸不到，我試著用手肘撐起身子，想把燈撈回來，但指尖一碰到，卻又把它推得更遠。已經完全清醒的我，就這樣看著那燈慢慢滾下床邊的桌子。撞到北歐出品的堅硬木地板時，它發出爆破聲。燈光熄了，鳥鳴漸漸轉弱成悲傷的啁啾聲，最後消失不見。樂高人倒回床上，發出「砰」的一聲。他說：「嗯，這結局可真好。我已經覺得更放鬆、更有精神了。」我什麼也沒說。「這肯定是我們有史以來最昂貴的morning call了。」

我深呼吸好幾次，才想到可以說什麼：「我煎鬆餅當早餐好不好？」

酷寒的冬日

疲累、暴躁、全然倦怠的我，花了一整個早上搜尋其他可以對抗丹麥冬天的良方。許多專家極力推薦維他命D，又叫「陽光維他命」，刊登在《新英格蘭醫學雜誌》（*New England Journal of Medicine*，大家最愛的睡前讀物）上的研究也認為，缺乏維他命D與憂鬱情緒有關。維他命D並有助於預防皮膚問題、癌症、中風、心臟病和自體免疫性疾病，如多發性硬化症。哥本哈根大學藥理與藥療學系的達夏娜·杜魯普（Darshana Durup）長期調查丹麥人的維他命D攝取量，我聯繫她時，她告訴我，預後狀況並不樂觀。

達夏娜說：「二〇一〇年的一份報告估計，約有高達百分之四十的丹麥人，冬天時的維他命D攝取量不足。糧食、農業與漁業局建議每日應攝取十微克，但一般丹麥人每天大約只攝取三微克。維他命D最好的來源是太陽，但丹麥從十月到三月都沒有足夠的陽光。」是的，丹麥的冬天陰鬱到真的會有害健康，真是太誇張了。

我發現，深受冬季憂鬱症所苦的丹麥人，被建議要多加攝取富含維他命D的食物取代陽光，不過很多人秋天時就會開始服用藥丸的形式。因為我懷孕了，所以也被推薦這麼做，於是我便展開取得維他命D的任務。因為這時沒有下雪（這是最近很難得的），我決定騎腳踏車去，說不定可以幸運地曬到氣候能源署所說的「一天一個小時」的陽光。

結果沒曬到。我被強風轟炸，雖然在一般手套外頭又戴上一雙羊毛的，手指還是凍到發紫。終於來到當地的商店，卻發現維他命D都賣光了。架上的C和E之間出現大大的空缺。店員告訴我，聖誕節前不會再有貨。我又騎了一段路、喘了一陣子，然後抵達藥師那裡。可是，他們採用一種十分令人困惑的八〇年代快餐取票和排隊系統，讓我排隊等了二十分鐘。結果，一個胸部豐滿的女士擠到我前方，害我再度變成隊伍最後面。我轉身離開，以示抗議，決定到超市碰碰運氣。

「沒有。」我問第一間超市的女子，他們有沒有可能還有維他命藥片的庫存，她這麼告訴我。第二間超市的男子則是看著我，一副我有精神病的表情，然後就拖著腳走了。這種事常常發生，我覺得應該是丹麥語的奇特腔調造成的。不過，第三間超市的女子會說英語。更重要的是，她人很好，願意「紆尊降貴」說英語。此外，她也正在接受成為營養師的訓練。上天保佑丹麥人就連那些看起來非常基礎的店員職務，也很要求執照證書的做法，以及全國上下對終身學習的熱愛。她告訴我，聰明的丹麥人在九月時就買光了所有的維他命D庫存（他們喜歡事先規劃），商店不太可能會再進更多。不過，她可以向我推薦一些富含維他命D的食物，我或許願意試試看。英國超市可不會有這種服務。

她告訴我：「沙丁魚、鯖魚和蛋都很好。很好，但很臭！」她開玩笑說。太棒了！把腳踏車籃裝滿臭臭的食物後，我出發回家，下定決心要上網從英國訂購維他命D藥片。沒錯，在丹麥住十一個月，我已經變成跨國走私毒犯了。

我踩著踏板、讓現在成了龐然大物的腳踏車向前移動，鼻孔充斥著新鮮鯖魚的氣味，天空開始下起雨來。我繼續前進，但過了五分鐘，氣溫降了更多，冷得我暫時停止呼吸。我的手指凍得像死後僵直一般，緊緊握住手把；強風吹過我的褲襠，一點也不舒服。某種尖銳的東西打在我的臉上，我還在想是不是凍傷了，接著聽到「叮叮叮」的聲音，彷彿有鬼怪敲響我的車鈴。我往下看，我感覺不到自己的手指頭，但很確定不是我在敲鈴。「叮叮叮！」聲音越來越急促，我才發現原來是冰雹打中車鈴發出來的聲音。「叮叮叮！」一個下午同時經歷冰雹和懷孕荷爾蒙，實在叫人難以承受，於是我哭了起來，又大又燙的眼淚混合了同時間一起落下的雨水和冰雹，產生天空就要崩塌的世界末日之感。我努力踩著踏板，寶寶也竭盡全力踢我肚子。

成功回到家後，我氣憤地把腳踏車丟進車棚裡，好像它是讓我這趟旅程這麼不愉快的罪魁禍首，接著走進室內，迎向安全，還有餅乾。我喝了好多伯爵茶、吃了好多薑餅，才再次完全變回人類。

我誓言要在舒適的家中繼續我的遠征任務，了解丹麥人如何在冬天保持快樂。我在臉書上發表一篇SOS：「丹麥人：你們是怎麼熬過冬天，繼續保持這麼快樂的？我試了日光燈、正在試維他命D，也試過運動和出門（刺激腦內啡分泌），但是結果糟糕透了。不開心的濱海的英國人敬上。」

馬上就有回應：

「妳用錯方法啦！在丹麥，熬過冬天的祕密就是待在室內！」其中一人這麼寫。

「認命吧！妳不能改變太陽下山的時間。」另一個人這麼說（我的朋友人都很好吧）。

「兩個詞：『hygge』和『蠟燭』。」丹麥海倫娜補充道，接著解釋她的「理論」（我這裡用的是這個詞最不嚴格的定義），認為只要點夠多的蠟燭，就能避免季節性情緒失調症，展開和諧、hygge的度假季節。這似乎不太可能。可是，有可能五百五十萬人都是錯的嗎？我記得丹麥是全世界人均蠟燭使用量最多的國家，而且根據歐洲蠟燭協會（European Candle Association）的調查，他們每年每人燃燒六公斤的燭芯。最接近這個數字的是瑞典，每人平均燃燒少得可憐的四公斤。英國人則以零點六公斤遠遠落後（不可取的輕量級蠟燭選手……）。

我決定要來嘗試蠟燭療法。我們點起白色小蠟燭，吃著裸麥麵包早餐，接著我又花了一整天，在撫慰人心的燈具上加了很有聖誕氣氛的裝飾以及Jo Malone[1]的香氛蠟燭，後者原本是我留著要在雨天（或「雨」月，或雨季）使用的。晚餐時，我們點亮燭台的細長蠟燭，坐在體面的飯桌上用餐。我不確定這樣是不是會讓我心情比較好，但燭光確實讓人變得比較好看。我不小心看見書架上鏡子裡我們的樣子，發現我們沐浴在溫暖的橘光中。在半暗的環境下，我的眼袋幾乎看不出來，也不會有人看得出我的髮根需要整理。樂高人的顴骨變得更明顯，突然像個維京戰士一樣。我心想：我們看起來好美、好帥！我們沾沾自喜地吃飯（當然是鯖魚）、聊天、說笑，甚至放鬆了點。

「感覺真好！」

「可不是嗎？」

「蠟燭是吧？」

「誰想得到？這些瘋狂的丹麥人說不定一直都很有道理呢！」

我們笑了笑，狗狗不喜歡被冷落，也大聲吠了起來。我嚇一跳，打翻了一個特別細長的玻璃枝狀燭台。

誰買這個玻璃燭台的？我告訴你：樂高人。他的第二個自我和李柏拉契（Liberace）[2]很像，但只有在傢飾店才會現身。結果，蠟燭滴到租屋的松木地板，還讓紙巾燒了起來。工業用的宜家家居滅火器派上用場，於是短短兩分鐘內，浪漫的雙人燭光晚餐變成伊維薩島（Ibiza）[3]的泡泡派對。

一點用也沒有。我需要專家，一位可以告訴我納尼亞式冬季的真相，以及如何對付之的專業人士。我的全天候裝甲騎士是丹麥氣象協會（Danish Meteorological Society）的約翰・卡培倫（John Cappelen）。隔天早上，我打給他。

現在是早上八點四十五分，整座半島依舊籠罩在黑暗之中。我看著毛毛細雨沿著我們的雙層玻璃窗蠕動滑下，向他解釋我的難題：「我已經試過燈光療法、維他命D、走出戶外，甚至還有hygge。我家現在有百分之七十是蠟燭、百分之二十是燭芯、百分之十是蝸牛捲，但一切都沒有用。我的鄰居全都被白女巫綁架了，毫無人跡，天氣冷得要命，外面又黑漆漆的，我要怎麼辦？」我告訴他，一月抵達時我就知道這裡的冬天很嚴酷，但眼前還有四個月，恐怕已經超過任何人類所能忍受的限度。

對丹麥已經有一定程度理解的我，告訴他我已看過相關的統計數字：我知道冬天還會持續變冷、幾乎每天都會下雨、平均風速為每秒七點六公尺，所以丹麥百分之三十的電力都是風力發電、這個國家是全世界風力渦輪機最大的輸出國之一，而我已經將近一年都維持這種一九九〇年代所流行的像被強風掃過的髮型。

「所以，約翰，請明白告訴我：這種天氣到底有哪一點值得愛？」

他停頓了一下，接著說出他的智慧之言、理解丹麥心理的關鍵、全國沮喪的移民一心追求之物：「要成為真正的丹麥人……」約翰壓低聲音說。

「……是？」我緊張地期待。

「……妳一定要學著擁抱冬天的天氣。」

「就這樣？」

「是的。」

「真的？那有可能嗎？」

「當然囉。天氣是我們最常談論的事情，丹麥人很愛聊外頭發生了什麼事，而外頭總是有新鮮事發生。挪威和瑞典的天氣穩定得多，所以能聊的少得多。」他用同情的語氣提起北歐鄰國，雖然默默省略了芬蘭。他繼續說：「丹麥剛好處於兩大天氣系統之中，所以會有來自英國的潮濕西部鋒面，以及來自西伯利亞的東風，在冬天時帶來寒冷的天氣、夏天帶來晴天，非常變化多端！妳永遠無法預測丹麥的天氣。」

「就只能隨遇而安。我們丹麥人很喜歡計畫大部分的事物，但是天氣完全不在我們的掌控之中。所以才會這麼令人興奮！不過，這裡又不會有某些地方會有的危險天氣。丹麥人不需要害怕這裡的天氣，天氣只是一種娛樂。想想幾個星期前的那場暴風雨，變成人們唯一談論的事物，占了電視新聞四分之三的版面。我們不聊戰爭、國外政治或名人，而是聊天氣！」他越來越勢不可擋了。「早上起床妳會想到什麼？妳會想今天的天氣是怎樣！天氣影響妳那天要穿的衣服、妳要為待會兒準備什麼帶在身上，因為丹麥一天之中的天氣變化很大，總是有新鮮事發生！」

我說：「可是約翰，面對這無止境的冬日，你怎麼有辦法喜歡這裡的冬天？前幾天，我車上的溫度計顯示零下二十度，大海都結冰了。一天到晚黑漆漆的，還很冷，又，很悲慘……」

他慷慨激昂地回答：「不！丹麥的冬天很『特別』。讓人們能聚在一起。它迫使我們待在室內，讓親朋好友更親密。在南歐，大家還是會出門，在餐廳、咖啡廳打發時間。」我覺得這聽起來十分誘人，但約翰卻有不一樣的看法：「但在丹麥，我們一起在家hygge！古時候，你必須事前蒐集木柴和食物，否則活不過冬天。當寒冷的天氣來了，可以躲在室內。」

「就像冬眠？」

「是啊。當然，現在不像以前那樣。現在，我們冬天還是得去超市、商店和辦公室，但我們的文化仍然強調聚在一起的概念。外頭或許真的很糟，但你可以回到家、喝杯茶，一切就會好轉。」如果我理解正確，丹麥人冬天還仍維持快樂是因為外頭太糟糕，因此在大自然存活下來、回到家後，會讓人感到非常地如釋重負與感恩。

「所以，都沒人會出門？」他勉強讓步：「這個嘛，當然也是可以，只是要穿對衣服。丹麥有句諺語就是，『沒有壞天氣，只有壞衣服』。」

「所以，我們大家都應該穿連身式的雪衣？」

「當然！」

「丹麥的天氣真的讓你快樂？」

「對呀！」我問他會給自己打幾分，他想了一下。「我會給自己打九分。」

「九分？」

他勉強地說：「好吧，十分！我為什麼不該快樂？我可是住在全世界最棒的國家之一！我有什麼好抱怨的？」

我把約翰珍貴的一席話轉述給樂高人聽──「他說，沒有所謂的壞天氣，只有壞穿著。」──然後看他眼睛一亮。

「也就是說，我們可以去買東西！冬季衣物！保暖性高的！還有具備毛細效果的排汗衣料！還有動態撥水的外層衣物！像是Gore-Tex[4]……」他補充道，眼中散發出望向遠方的夢幻神態，是他可以結合購物和專業服飾這兩大熱情時就會出現的眼神。

後來，我發現他在網路選購寶寶的背心和雪衣。我們未來的孩子還沒有可以睡覺的地方、沒有嬰兒車，也沒有從醫院載（百分之八十可能是）他回家的汽車安全座椅，但至少他有North Face可穿，說不定出生時還會背著登山背包。

我的母親一直密切觀察丹麥的天氣，每天都會寄電子郵件來，標題常常會是：「哇！零下十五度!!!」之類的。某個周末她來看我們，我們到入境大廳接她時，她穿著吊帶裝、滑雪外套和紅色貝雷帽。

「天啊……」我喃喃地說。

「看起來很厲害。」樂高人坦白說。我用譴責的眼神看著他：「你一直有在向她報告天氣？」

他坦承：「我……是有提到天氣預報沒錯，還有妳說的『沒有所謂的壞天氣，只有錯的衣服』，還有她是第一次冬天來這裡什麼的。」我翻了一下白眼。

「親愛的！」我媽媽的臉紅通通的。她一定快熱死了，只是裝出不在意的樣子。她開心地宣布：「我是飛機上唯一一個穿著得當的人。」我向她解釋，就算天氣很冷，在室內我們還是會穿正常一點的衣服。

「我不知道妳的循環是怎麼了，看看妳，手指都快變藍色的了。」她說得沒錯，我討厭這點。「不管怎樣，這不是時裝秀……」這句話和「挺胸，親愛的」從一九八六年以來就一直是她的座右銘。令人惱火的是，樂高人也跟著附和她。這兩人接下來兩天都在互相比較討論中層的羊毛衣著和羊毛襪。

這個周末過得好快，不知不覺間，我又要開車載她到機場了。真希望她可以待久一點，開始計畫下次的拜訪。即將要有自己的孩子，我或許是個真正的大人了，但有時候你就是需要媽媽在身邊。想到下次再見到她，就會給她一個孫子，這感覺真奇怪。不過現在，我打算給她蝸牛捲，帶她去比隆最大（也是唯一）的冬季景點：麵包店。媽媽同意脫掉幾件外層的高山衣物，但在努力把四肢從雪裝解放出來的同時，不小心手刀劈斬到裝飾美麗的乾辮子麵包。乾燥易脆的麵包簡直如爆炸般，麵包碎片噴得到處都是。我們深深道歉表示可以幫忙清掃又買了好幾個麵包以示補償，接著花了十五分鐘幫媽媽重新著裝後才走出室外。在丹麥，為冬季的天氣著裝是件非常累人的事。

在機場感性道別後，我打開番茄紅電動機車的暖氣送風機，打到一檔、出發回家。戴著連指手套開車很不容易，但我已經慢慢適應，雖然這身雪怪裝扮還要再穿四個月，讓我開始感到有點幽閉恐懼症。我有一股衝動，想要變成瓊・考琳絲（Joan Collins）[5]，逃到聖特羅佩（St Tropez），在遊艇上喝雞尾酒。但我沒這麼做，而是實行WWJD（What would Jesus do?）的運動[6]：瓊會怎麼做？瓊會怎麼應付這麼一片廣大無邊的冰凍虛無？因為琴湯尼、奇怪的飲食和嫁給一個年紀小很多的男人等選項都被排除在外（至少現在是這樣），我只好翻找副駕駛座的置物箱，拿出我的緊急備用口紅，瀟灑地塗在嘴唇上。接著，我下定決心回家後，要用iPad讀一本貴氣的雜誌、噴一點香水，回復城鄉平衡。

開車回家途中，太陽正好下山（下午三點半），天空轉成橘紫色。進入史迪克斯維爾前，我來到一處丘頂，看見太陽在冰涼、海軍藍的海面上創造出片片橘光。這幅美麗的景象讓我暫時停止呼吸，短暫忘卻大海向來呈現、以後也會繼續呈現的陰沉面貌。

我想，或許這和生孩子一樣，會有點疼痛難受，但留下來的東西卻很美好，能讓你忘記那些痛苦。希望是如此！

本月學習重點：

- 丹麥人很擅長看見事物的光明面，即使是在陰沉的冬季。
- 你可以從朋友、家人、蠟燭和蛋糕當中得到一些幫助。
- 狗狗也會得到季節性情緒失調症。
- 永遠別在飛機上穿吊帶裝。
- 當一切變得十分難熬時，待在家就對了。
- ……或是想想「耶穌會怎麼做？」瓊·考琳絲：一年四季的靈感來源。

注釋

1 英國的高級香水品牌，專賣香水、香氛蠟燭、沐浴產品和室內芳香產品。

2 美國鋼琴家、歌手與演員，活躍於三〇年代中期到八〇年代中期，憑著他天才的鋼琴技藝，稱霸秀場數十載，一度曾是世界上收入最高的藝人。私生活就和他表演時穿著的服裝一樣奢侈浮華，相當揮霍。

3 西班牙巴利阿里群島的一座島嶼，觀光業興盛，以夜生活、酒吧聞名。

4 美國W.L. Gore & Associates公司的註冊商標，為一種防水透氣布料，登山運動等戶外穿著常會使用之。

5 英國女演員與作家，一九三三年生。年輕時，曾在多部熱門電影出演性感撩人的角色；著有多本小說和非小說，其中一本暢銷作品《聖特羅佩寂寞之心俱樂部》（*The St. Tropez Lonely Hearts Club*）便是以法國普羅旺斯的小鎮聖特羅佩為背景。她曾在自己的推特上發表一些奇特的減肥祕訣，其中包括：一星期一天不吃任何東西、只吃蛋，以及別吃任何白色的食物，如白麵粉、米、義大利麵條、牛奶。感情生活方面，瓊共有過五段婚姻，現任丈夫小她三十二歲。

6 WWJD原本是「耶穌會怎麼做？」（What would Jesus do?）的縮寫，是二〇〇〇年代開始興起的一種靈性運動，將WWJD四個字母的縮寫放在衣物和飾品上，隨時提醒自己維持信仰和修養。

十二月　信任

信任讓福利國家得以存在，而不是相反。
丹麥人接受自己必須繳納高額稅金的這件事，
因為他們信任政府會妥善運用他們的錢，做對的事情。
這套制度奏效了，
丹麥人整體來說便很快樂，因為他們有很高的信任感。

收稅員的造訪

在丹麥的第十二個月，是備好庫存、找時間出門，以及「繳稅」的時間。在自己的國家處理這類行政事務已經很艱難，要在一個語言「依然」不通的異國處理這種事，更是近乎不可能。十一個月以來，只要出現任何文件，我都一律請谷歌翻譯幫忙處理，所以最近變得有點懈怠了。這也就是為什麼穿著連身裝的女郵差，星期一早上第一件事就來按我家門鈴、送來一封官樣的信件時，我完全措手不及。這是「skat」局寄來的大紅信件，他們想知道我何時會寄一些丹麥克朗給他們。「skat」就是丹麥文的「稅」，恰好也有「親愛的」和「甜心」之意。

「所以，繳稅其實就等於是把我的甜心送給收稅員囉……」我告訴樂高人，但他不覺得這有什麼好笑，建議我開始處理這件事，免得更多憤怒的公文又寄來。我點點頭，努力裝出認真的表情，腦中卻揮之不去九〇年代「快嘴約翰」（Scatman John）的經典曲（我就是快嘴，呦巴拉巴拉巴拉，呦巴拉巴拉……）。除了要趕在兒子出生前完成交付的工作、在截稿日前交稿外，我現在又被迫面對收入只能留下一丁點的這個悲傷議題。好像自由工作者很好當似的，在這個稅金高得出名的國家，要弄懂其納稅系統不意外地也很恐怖。打了好幾通電話、流了幾滴淚後（都要怪荷爾蒙），我總算找到會說英語的人，可以告訴我該準備什麼。我需要幫助，而且要快，也需要有人建議我下一步該怎麼做，才不會：一、被驅逐出境；二、因為沒有好好尊敬顯然應得人們敬意的丹麥神聖納稅系統，所以在社會上被汙名化。

基姆．斯普茲柏爾（Kim Splidsboel）是個活生生的收稅員。因為某些原因，政府派他到全國各地發表多達四十五張簡報的內容教育新移民。可憐的基姆，因為他巡迴到大鎮時，我剛好錯過那珍貴的一晚，所以現在他得一對一帶我再走過一遍。可憐的他！

他從最前面開始說明。這裡的收入是從一月一日算到十二月三十一日，很方便，因為我同時也正努力弄好英國的納稅申報單。英國的財政年度是從四月算到四月，原因和亨利八世想要進行房事有關。想知道一位十六世紀的國王是如何毀了我一整個月，請參見下方網址，有更完整的說明：http://www.taxadvisorypartnership.com/tax-compliance/why-does-the-uk-tax-year-start-on-6-april-each-year/。

基姆說：「在丹麥，我們要求自由工作者或自雇者一邊工作、一邊繳納預估的稅金，這樣他們才不會年過了一半突然人間蒸發。把當下的收入拿來繳當下的稅金，規定就是這樣。」

「啊……」我第一次聽說這件事。

一月時我曾到當地的稅務局，那裡有一位友善卻有點愚笨的女士，向我保證我可以年底再繳納積欠的稅金。我必須承認，她的英語不太好，而我的丹麥語能力當時也幾乎等於零。但我現在懷疑，她真正的意思其實是：所有的款項都要付清，出來的部分年度要再結算，而不是我詮釋的那樣，什麼都不用管，吹著口哨等聖誕節來就好了。

我坦承：「我，呃，不曉得有這種月結的規定。」基姆沒有立即回答，讓我心裡升起一股恐慌感。

「我不會被抓吧？」我半開玩笑地說。我會有前科嗎？我會被關進監獄嗎？我的想像力開始奔馳，幻想各種最糟的狀況，但理智地想想，這樣其實也沒這麼糟糕。我敢說，丹麥的監獄一定是全世界數一數二的好，去那裡休息一下或許也不錯。聖誕節我要面對一整屋子的親戚。樂高人的父母要過來，必須準備七天七夜的膳宿。我在心裡考量：待個幾天監獄，說不定是個很不錯的休息方式。不曉得新北歐料理有沒有被納入丹麥的監獄膳食，還是又有更多肉球和醃製鯡魚。我正想說很有可能是後者時，收稅員打斷我的思緒。

「沒關係，妳現在還是可以繳。」

「喔！好的。」看樣子，我還是要準備聖誕大餐。

「妳只要使用NEM ID登入，查詢需要繳納多少錢就可以了。」

「好的，呃……可以再提醒我一次要怎麼做嗎？」接下來是一段冗長且極複雜的說明，除了基姆四十五頁的簡報外，還用掉我十頁很好用的螺旋裝記者筆記本。NEM ID是丹麥所有政府網站和銀行的線上登入系統，結合了全國身分證字號（中央人口註冊系統的那張黃卡）和一張非常復古的摺卡，裡面包含多組類似賓果的數字配對，功能相當於驗證碼；很過時，但很有效。搞清楚這些後，基姆接著告訴我，我可能需要吐出多少錢。

「收入低於四萬兩千八百丹麥克朗（約新台幣二十一萬左右，這是當時記下來的數字，但每年都會調整），免稅；四十四萬九千丹麥克朗以下（新台幣兩百一十七萬左右，這樣的年薪在丹麥不少見），須繳納百分之三十七的稅額；超過這個數字，則要繳納百分之五十一點七的最高稅額。喔，還有，每個人都會自動繳納百分之八的社會保障稅。」

我心想：天啊，又不是丹麥的生活費有多便宜。除了高到天邊的所得稅以外，這裡幾乎所有的東西都要加上百分之二十五的增值稅。有房子的人也要繳房屋稅，而丹麥國教的成員（如同我在五月發現的，這也就是指絕大多數的丹麥國民）也得另外繳一筆稅金。噢，當然，汽車、汽油、電力也都課了很重的稅，好調節消耗量，讓已經很環保的丹麥人可以更環保。

我開始好奇起來，於是問基姆：「那麼，告訴我，丹麥人會不會介意繳這麼多稅？我是說，他們遇到美國人或其他國家的人，不會想說『你們這些幸運的混球』嗎？」懷孕第三期，我變得有點愛罵髒話。抱歉。

基姆告訴我：「一點也不會。在丹麥，人們繳稅繳得很開心，因為他們知道，我們可以獲得全世界最棒的社會福利。我們有免費的學校、大學、醫生、醫院、相當慷慨的自動假期薪水，雇主也會支付很不錯的退休金，對丹麥人和移居這裡的人來說，真的好處多多。」

「大部分的丹麥人一生中，一定會有需要丹麥政府服務的時候，像是家人生病之類的，所以他們了解這些基礎建設，知道自己的錢是用在好的地方。」

聽他這樣說，整件事變得十分有理。丹麥人具備共同的責任感，甚至可說是「歸屬感」。他們願意付錢給這個體制，是因為他們相信這很值得。極高的稅額也有一些快樂的副作用，這表示，丹麥是所有經濟合作暨發展組織的成員國中，收入不平等程度最低的國家。因此，以樂高執行長和樂高最底層的清潔工為例，兩者的實領薪資差異，不像其他地方那麼大。根據舊金山州立大學（San Francisco State University）和加州大學柏克萊分校（University of California Berkeley）的研究，住在大部分居民收入都差不多的地方，人們會比較快樂。在丹麥，即使是在相當不同的領域工作，每個月稅後銀行剩下的錢可能也很相近。

收入多寡的平等

我對收入平等造就美好社區的概念很有興趣，想要檢驗其真實性。但是因為我住在一個都是退休老人的小村莊，除了友善鄰居之外，沒有人會工作，因此史迪克斯維爾沒什麼機會可以讓我這麼做。所以，我問丹麥海倫娜，她的社區是什麼情況？她告訴我，她住的那條街有店員、超市員工、會計師、律師、做行銷的和園藝造景師。

她說：「大家都有很好的房子、很棒的生活品質，你做什麼工作並不重要。」在其他稅金較低的國家，不同的職業可能有不同的收入潛力，但是在丹麥，專業人士與非專業人士會和諧地比鄰而居。

根據平等信託（Equality Trust）一項有關收入平等的研究，這也讓社會流動更容易。因此，無論你的父母是誰、做什麼工作，在丹麥比在其他地方更有可能過著順遂的日子、接受教育、得到好的工作。原來，在這裡比在美國更容易實現「美國夢」。

從一九八六年我媽第一次播《一夜狂歡》（A Hard Days Night）這張唱片給我聽後，我就知道「錢不能買到愛」。結果，錢原來也不能買到快樂。刊登在《今日心理學》（*Psychology Today*）的研究發現，真正的快樂來自美好的關係、有意義的工作或嗜好，以及歸屬於比自身更大的事物，如宗教。或者對這裡的人來說，就是「當丹麥人」。世界觀察研究會（Worldwatch Institute）二〇一一年的消費現況報告也發現，財富無法幫助你得到令人滿意的人生。新研究亦顯示，要成為滿足的人所需要的收入甚至有個臨界點。華威大學和明尼蘇達大學的共同研究發現，如果收入超過一個基礎門檻，多出來的錢是無法增加幸福感的。這個年收入門檻約為十九萬七千丹麥克朗（新台幣九十五萬左右），超過這個數字，我們會更有錢，但比較不滿足。

沒賺這麼多？別擔心。刊登在《心理科學》（*Psychological Science*）期刊上的研究發現，經濟地位較低的人比有錢人更具有同理心，而《今日心理學》（*Psychology Today*）的研究也顯示，有錢人的孩子死於飲食疾病、出軌和偷竊的風險較大。所以，為你喝采！你比《星期日泰晤士報富豪排行榜》（*The Sunday Times Rich List*）的任何人還要好，而且你的孩子不會變成壞人。

實領薪水比快樂收入門檻還要高？那也別絕望。根據回應這份報告的專家，有三個解決方法：工作少一點、稅繳多一點，或移民到較窮困的國家。聰明的丹麥人數十年來一直都在做其中兩項，早就遙遙領先。如果你不能工作少一點或改變國家的稅收政策，也不想要拔營前往發展中國家，我想到了第四種方法：搬到丹麥。但要記得帶感冒藥，還有套頭毛衣。

基姆告訴我：「就像天氣一樣，你不能夠改變稅收，所以只有接受。況且，這是我們的一部分。」繳納高額稅金以資助一個完善的福利國家，似乎的確是丹麥認同的一大部分。我不禁覺得他是對的。「把錢全部送走，你自己快樂嗎？」

對於我竟然會問這種問題，他似乎十分驚訝：「當然啊！我住在一個美麗的國家，我愛丹麥。我內心就是一個丹麥人，為什麼要不快樂？」他給自己的快樂指數打滿分十分。我從來沒有遇見任何走出英國女皇陛下稅務海關總署（Her Majestys Revenue & Customs）的人，語氣聽起來是高於兩分這種近乎自殺的分數。因此，我猜丹麥的稅務體系或許沒有那麼糟。

我開始用原始的Excel試算表計算我的收據，卻又遇到另一個困難，不得不打回稅務單位詢問。和一個沒那麼幽默好聊的女收稅員深入了解問題所在後，我發現因為我是自由工作者、外籍人士，且即將生小孩，因此我的案例比平常複雜許多。又打了幾通電話之後，我被告知需要聘請一個有執照的會計師，把我的紀錄呈交給當地政府。

我查了一下翻譯軟體，得知丹麥文的會計師是「bogholder」。這大大振奮了我的「稅務早晨」（bog在英語裡意為「沼澤」，holder意為「持有……者」）。我把這個單字加入我腦中的搞笑丹麥字彙裡，接著上網搜尋當地的會計師。

這附近的會計師包括一位名叫「延斯・拉森」、一位「拉斯・延森」、一位「拉斯・拉森」和一位「延斯・延森」，另外還有其他變化，如「梅特・延森」、「梅特・韓森」，以及「梅特・尼爾森」。原來，根據丹麥統計局，每四個丹麥人當中，就有一個姓「延森」、「韓森」或「尼爾森」。「安德森」（和安徒生的拼法相同）和「拉斯穆森」也是丹麥姓氏的前十名。拉斯穆森這個姓氏很常見，從一九九三到二〇一一年，連續三位丹麥首相都姓這個。媒體和政治家同儕必須以名來稱呼他們三人——波爾・烏魯福・尼魯普・拉斯穆森（Poul Oluf Nyrup Rasmussen）、安德斯・福格・拉斯穆森（Anders Fogh Rasmussen）和拉爾斯・

勒克・拉斯穆森（Lars Løkke Rasmussen，目前再次出任首相），才能分辨清楚。「森」（sen）這個字尾以前是用來表示他們是某某人的「兒子」，因此拉斯・延森是一位名叫「延斯」的人的兒子，而延斯・延森的老爸則是因為太愛自己的名字，所以決定使用兩次。有點類似紐約[1]，覺得困惑？歡迎來到丹麥！

樂高人回家後，發現我赤著腳（我有提到丹麥住家能源效率超高的地下暖氣嗎？）、大腹便便、一臉悲傷。我向他抱怨：「我遇到的丹麥人，每兩個就有一個叫梅特或拉斯或延斯，這樣我到底要怎麼記住誰是誰啊？」他聳聳肩：「很簡單啊，女生的話就叫她梅特，男生的話就叫他拉斯或延斯。很可能大多數時候都會猜對……」

各位讀者，我嫁給了一位天才。

回到電腦上，我發現在丹麥，同樣的名字出現的頻率比在其他地方還高，因為這裡的基督徒取名是有規定的。又有規定？當然啊，我怎麼沒想到？我告訴樂高人我的新發現：「顯然，你可以從一個已經獲准的名字清單中挑選，但你如果想取個不在清單上的名字，就必須獲得教會或政府官員的特殊許可。」正忙著檢視餅乾盒內容物的樂高人沒有回答，但結婚兩年了，我是不會被這種小事打敗的。我繼續說：「這裡寫說，『創意拼法』通常會遭到拒絕——」

「想當威廉的丹麥人真不幸。」樂高人插話，滿嘴的巧克力碎片餅乾，急著證明他仍像個孩子。

「這份名字清單每年都會重新審閱。約有五分之一的新建議會被拒絕，最近遭到拒絕的包括——我的天，『肛門』、『冥王星』和『猴子』！」

「可惡，看來我得把客製化嬰兒毛巾寄回去了……」

我笑了起來，但是胃被某嬰兒的腳丫踢了一下，不小心從鼻子噴出茶來（意外地痛）。我瞄過清單，想確定我們考慮為（百分之八十可能是）兒子取的那些名字是可以使用的。發現它們都在「安全」欄位，我鬆了口氣。放心後，我繼續尋找名叫「延斯」或「拉斯」或「梅特」的會計師。從網路上的描述來看，剩下要做的不多。我發現只要隨意選一位會計師，把我未來的財政交到對方手中就行了，後來我選到了一位在大鎮執業的「拉斯」。我聯繫他、說明了我的困境，並決定隔天碰面。

拉斯告訴我，我只要把薪資單和所有與工作相關的收據交給他，他會完成剩下的事情。我只需要在最後繳付一筆不小的數目就可以了。事情有人幫忙處理，讓我既感激又放心不少。我忍不住想，這會不會就是丹麥人的感覺：他們知道自己必須繳很多稅，但是為了輕鬆的生活，他們願意認命繳錢。維京男子曾告訴我，他繳稅繳得很開心，因為國家會為他安排好一切，他相信他們會做得很好。

短短十二個月，我開始了解到信任在丹麥人的心裡扮演了多大的角色。信任可以讓生活更簡單、沒有麻煩事，減少擔心的能力。放下任何掌控、全然信任體制，感覺很怪。但因為沒有別的選擇，我現在只能這麼做。而這樣，其實也挺好的。

我打給維京男子，問他：「你覺得丹麥人是不是比較信任人？我是說，大體來說？」

他告訴我：「妳知道嗎，我覺得好像真的是這樣。我們擁有完整的福利體制，人口很少，所以傾向認為大部分人都是正直的好人。」他舉了個例子：「我前幾天檢查我的銀行帳戶，發現裡面沒有半毛錢……」

「沒有半毛錢？」

「沒錯。」

「天啊……」

「真的！所以我就打給艾倫。」

「名字有兩個『L』的艾倫？」

「對……」

「真有趣！我們的銀行經理也是名字有兩個『L』的艾倫！」

「噢，大家都是跟艾倫交涉的啊。」我這時候才想起來，自己住在一個很小的地方。「所以我就打給艾倫，說：『我的錢呢？』」

「結果艾倫說什麼？」

「艾倫度假去了。」艾倫常常在度假。銀行行員以及從律師到服務生的每個人，都有很優渥的薪資。即使繳完稅，大部分的日德蘭半島人仍有餘裕好好款待自己。維京男子繼續說：「所以，我沒現金又沒艾倫。本來要去拜訪親戚，但又沒油了。我打給我爸，告訴他發生什麼事。我說：『老爸，我沒錢了……』他說：『喔，你當然有錢，我才剛移了你的錢。』我說：『你移了我的錢？』他說：『對啊！』」

「什麼？」我聽不懂。同時也覺得維京男子和他爸媽講話時像青少年一樣，很好笑。

「老爸說，他才剛打給艾倫問有關抵押借款的事，艾倫提到一個長期客戶的新型帳戶，可以有額外的利息之類的。所以老爸就說：『噢，聽起來不錯，你不如把我兒子的錢也都移到那裡，好嗎？』」

「然後艾倫就照辦了？沒有徵求你的允許或要你簽什麼東西？」

「沒有。」

「銀行也沒跟你確認？」

「銀行信任艾倫，艾倫相信我老爸說他是我老爸，而我老爸也相信艾倫是要幫我申辦最好的帳戶，所以他就把我的帳戶移轉了。」

「他只是忘了告訴你……」

「沒錯，但最後一切都沒事，這就是信任在這裡運作的方式。」

太驚人了。我打給丹麥冒險開始之時曾經聊過的快樂經濟學家克里斯欽．比亞奇可夫，問問他的觀點。他向我證實，高度信任是讓丹麥人這麼快樂的關鍵。如同他在我展開計畫前所告訴我的：「若可以信任他人，生活會變得簡單許多。」就算你的銀行帳戶即將被掏空、房子被竊盜也是一樣。

「所以，如果我覺得安全、信任身邊的人，就比較不會感到緊繃或焦慮，大腦就有更多空間可以感到快樂？」他告訴我：「一點也沒錯。而且，主要的福利國家通常都是信任感很高的國家，雖然丹麥的高度信任不一定是由福利國家所造成的。」

克里斯欽研究的數據最遠可回溯到一九三〇年代，是福利國家在一九五〇年代建立之前。他告訴我，二十世紀之初就出現很高的信任感了。「是信任讓福利國家得以存在，而不是相反。丹麥人接受自己必須繳納高額稅金的這件事，因為他們信任政府會妥善運用他們的錢，做對的事情。這套制度奏效了，丹麥人整體來說便很快樂，因為他們有很高的信任感。」

我問：「那麼，信任是從哪裡來的？」

「這問題很難回答！」

南丹麥大學（University of Southern Denmark）福利研究中心的主任克勞斯・彼得森（Klaus Petersen）認為自己可能有答案，那就是丹麥與北歐鄰國親近的關係。我打給他，想要知道更多。他告訴我：「我們都是路德會的國家，擁有健全的社會民主制度，從一九三〇年代開始便密切合作、創造『北歐社會政策』（Nordic Social Policy）。丹麥或許很小，但我們和其他國家合作，因此會覺得安全、信任彼此。」

國際調查一致顯示，北歐國家全都擁有很高的信任感，而且丹麥是全世界最安全的國家之一。人道展望（Vision of Humanity）的全球和平指數（Global Peace Index）將丹麥排在全世界第二安全的國家，僅次於冰島（而且冰島還比較冷、比較黑、物價比較高……）。根據丹麥犯罪學家蘭瓦・穆勒・湯姆森（Rannvá Møller Thomsen）的數據，會說「我覺得很安全」的丹麥人比一九九〇年代的時候還多，而且丹麥人是歐洲最有可能說「我覺得天黑時走在外面很安全」的人（其次是挪威）。

信任的天性

為什麼會如此？克勞斯有個理論，認為丹麥的大小有助於讓居民感到安全。

人都互相認識。」他向我解釋。我認為他不是字面上的意思，但是他向我保證，在一個人口只有的國家，真實的情況也相去不遠。「我們的人口一向很少，從古至今也沒有什麼移民，因此擁有的丹麥意識。要讓幾百萬人接受一個普遍的體制、覺得自己擁有共同的族群意識，並不難。」

這一切聽起來都很棒，但我有點沮喪，因為只要出了人口稀少的丹麥，似乎就沒什麼可以帶走或適用的東西。但是後來我讀到了哥本哈根大學政治科學系的彼得・齊斯泰茲・丹尼森（Peter Thisted Dinesen）的著作，研究的是社會信任感。我打給他，在午餐時間苦苦糾纏這可憐的男士，直到他大方同意挪時間分享他的假設，也就是：丹麥人信任感如此高的原因，可能是文化中對國家和教育具有善意的緣故。

丹尼森告訴我：「我們的社會會公正地對待效率很好的機關，而且沒有貪汙腐敗。基本上，這裡的人們都會受到平等、公平的對待。在丹麥，賄賂警察或政治人物之類的事情幾乎完全不存在，而且大部分的人都被照顧得很好。這就是信任感的基礎。」

根據總部位於華盛頓的世界公義計畫（World Justice Project）每年所完成的法治指數，丹麥擁有全世界最負責的政府。根據總部位於柏林的非營利組織國際透明組織（Transparency International）研究，丹麥也被視為歐盟最清廉的國家。

政治人物在其他國家一向不被信任，但是在丹麥卻享有極佳的聲譽。此外，他們長久以來都被當成「普通人」，因此不用擔心是不是會從崇高的地位跌落。在調查的過程中，我發現就連掌管全國事務的顯赫部長也是出了名的平易近人、好相處。政治劇《權力堡壘》也強調了政府官員是真實人物的概念，會和我們其他人一樣遭遇同樣的問題。根據哥本哈根商學院（Copenhagen Business School）的研究，這齣電視劇甚至幫忙消弭選民漠不關心的態度，提高民調的參與度。

丹尼森告訴我：「事實上，近幾年的信任感有升高的趨勢。我和奧胡斯大學的基姆・梅尼瑪・桑德斯可夫（Kim Mannemar Sønderskov）共同寫了一篇論文，顯示一九七九年到二〇〇九年之間，信任感增加了百分之六十八，有百分之七十九的丹麥人說，他們信任『大部分的人』。」

那麼，為什麼會升高呢？（難道他們一直有在水裡加什麼東西？我懷疑地看著手中半空的玻璃杯。）丹尼森有更好的想法：「看看那些來自信任感低的國家、在丹麥受教育的移民，他們通常會變得像我們一樣信任感很高。」他說。「有趣的是，本身是移民的小孩或後代之間並無差異，而我認為有一部分原因是，他們接觸了公平的丹麥機構。」也就是說，住在丹麥讓你信任他人，而不只是因為「傳統」或丹麥人遺傳自父母的某種東西。

我認為這是個很棒的消息。這表示「丹麥式生活」讓我變得更信任人，而這能讓我更快樂。一旦開始信任體制，明白這個體制不會試圖搞砸你的人生，從容地繳稅就會變得比較容易，因為你知道錢是用在好的地方。如果繳稅就是幫忙維持丹麥夢、免於貪汙腐敗，那我不會感到吝惜（至少，不會感到非常吝惜）。

對於在柴契爾統治下的英國長大的女孩而言，這樣的觀點轉換十分有趣。我一直都很獨立，但我開始明白，那是因為我一直都必須獨立不可，因為以前的生活並沒有什麼安全網。但丹麥人不一樣。而我開始發現，以丹麥人的方式做事有什麼好處。我甚至越來越懂得放下，學會交出控制權、努力達到更好的工作與生活平衡。要忘掉過去的習慣，並非總是那麼容易。像七月某一天，我發現以前的「媒體世界」有兩位同梯的在新工作中飛黃騰達。是多年來我以為自己想要、覺得自己應該要追求的那種工作。那時，我整個人非常焦慮，躁動地把碗盤裝入洗碗機中，結果打破一個盤子，然後仰天長嘯：「為什麼呀？」接著我發現，自己現在早已不在那場競賽中了。我每天都在寫字、懷有身孕、拜訪朋友、在海灘上遛狗。我有真正的人生了。我現在晚上可以睡得著，不需要上網購物賄賂自己好撐過一星期。還沒懷孕前，我瘦了三公斤，但我完全沒發覺，也沒刻意這麼做（儘管吃了很多蝸牛捲）。這是因為我已經很久沒因為心情不好而大吃特吃，或是放肆自己拿辦公室的點心來吃。我的心靈十分平靜，而那感覺是個挺不錯的交易。

很快地，我們就得決定是不是要在丹麥多待一年，我們沒剩下多少時間做出決定了。我們應該讓「丹麥製造」的寶寶也在這裡度過（百分之八十可能是）他的第一年人生嗎？還是，我們的「丹麥式生活」一年計畫就保持現狀比較好——不完美、有期限的一年北歐納尼亞生活？我正要切換到列清單模式，一一列出優缺點時，樂高人撞開大門，製造平常回到家的撞擊聲。現在是下午四點半。

我調侃地問：「又是忙碌的一天？」

「事實上，」他說，一面脫衣服，一面把身上一堆的包包丟到廚房地板上，那些包包的數量遠比一般人需要的還多。好好打過招呼後，他開始把一些透明包裝裡的東西全倒在飯桌上。

「你在幹嘛啊？」

他告訴我，他在做雪梨歌劇院的樂高模型。彷彿這是一個三十幾歲的專業人士在星期二下午理所當然會做的事。

「它是丹麥建築師約恩・烏松（Jørn Utzon）建造的，妳不曉得嗎？」他告訴我，邊說邊在包裝袋裡搜尋白色的積木。樂高人堅稱，這個「計畫」是「寶寶出生之後不會有空做的事之一」。

我喃喃地說：「說得太對了！你想不想去遛狗，還是你正忙著玩玩具？」

「這不是『玩』，是『建造』！」這不是他第一次試圖說服我兩者的重大差別。顯然，各地的樂高迷都認同這是南轅北轍的兩件事。「總之，這是給大人的。看到沒？」他自豪地指著盒子上十二歲以上的適用年齡標誌。「這甚至被叫做『樂高建築』。小孩子根本連建築是什麼都不知道。」我發現他白眼一下，又繼續「建造」他的東西。

我看著他，彎下一頭金髮、戴著黑框方形眼鏡瞇細眼睛、坐在他的阿納・雅各布森椅上，映襯在保羅・漢寧森經典燈具的柔光下。他的鉑傲（Bang & Olufsen）音響正在播放丹麥流行樂團Alphabeats的專輯，他走調地哼唱，偶爾拿起身旁丹麥品牌Bodum的雙層隔熱啤酒杯啜飲一口。是的沒錯，我們已經同化到這個地步，冬天下午五點鐘喝著嘉士伯，已經變成星期二再正常也不過的自我犒賞方式。我從來沒看過樂高人這麼自在。

「看看誰變成丹麥人了……」我低聲說道，心想我是不是該把他壓倒在地，用醫用海綿從他的臉頰取樣，測試看看有沒有血清素轉運體的基因。我心想：說不定我們的小孩會是一半的維京人，擁有快樂基因也不一定。或許這就是為何（百分之八十可能是）兒子從不睡覺，這麼愛踢人：他已經開始在我肚子裡攻城掠地，因為血清素而過度興奮，滿心期待吃蝸牛捲。

我可以看得出來，樂高人想留下來。但我仍未完全信服。或許，你可以把一個女孩帶離對人不信任的英國，但你無法把英國人對人的不信任感從女孩心中完全消除。或許……

本月學習重點：

- 丹麥人不介意繳納高得誇張的稅金。
- 反正錢也不能買到快樂。
- 能讓你快樂的，是變得更信任人，並「丹麥式生活」。
- 樂高人說不定是維京人。

注釋

1 紐約直譯為「新約克」，因為十七世紀英國人前來新大陸殖民時，這個地方是由英國約克郡的人所建立。作者這裡的意思是，約克郡的人想必也是太喜歡自己的家鄉，所以才在新殖民地的名字用上「約克」二字。

節慶　丹麥的聖誕節

J-Day 是丹麥聖誕節的非官方起始日，
酒吧和餐廳會從晚上九點開始供應聖誕啤酒，
釀酒廠的促銷團隊會發放幾百份的免費試飲，揭開派對序幕。
樂高人看著身旁咕嚕咕嚕喝著聖誕啤酒的人，說：
「既然都來了，我應該也來試喝看看。」

God Jul!

還有件事我應該提一下。我沒忘記——又不是說，北歐冷成這樣，所有的事情都低調在檯面下進行。不，聖誕節在這裡是一件大事，就從十一月的第一個星期五晚上八點五十七分開始。

我和樂高人正在大鎮，就快吃完一頓安靜的晚餐。突然，街上傳來一聲巨響。我們往窗外瞧，十分好奇，但只看見幾個年輕人在色情小馬和露胸小貓的噴泉旁遊盪。這是正常景象，一切都好端端的。不一會兒，又傳來第二聲巨響。聲音迴盪在街上，隨著其他吼聲與尖叫的加入，慢慢增加動力。有什麼事要發生了，絕對錯不了！在這個很少有事情發生的地方。

可以聽見引擎聲，一輛卡車映入眼簾，車上裝有音響設備和倒數時鐘。車子開始噴出一種奇怪的白色物質。大團物質被排到空中，緩緩飄落，像一張毯子似的在街上覆上厚厚一層。樂高人開心地驚呼：「啊……是雪！」距離上次下雪，已經至少過了兩天，樂高人十分興奮有機會可以打開更多新購入的專業戶外裝備。但這次不是真的在下雪，那白白的物質是完全不同的東西。

「我覺得……」我開口說，眨眨眼、再看一次，好確定一下。「我覺得那是泡沫。」我還是個敏感脆弱的青少年時，曾到太陽海岸（Costa del Sol）待了兩星期，可不是待假的：看到專業級的泡泡，我可以認得出來。不過，這個地方突然變得異常具有節慶氣氛，結完帳後，我們到街上去看看。

卡車停了下來，降下後車擱板，一群穿著清涼藍色小套裝的女孩與穿著連褲工作服的男人圍在一名小不隆咚的深髮男子身邊。他掛著霹靂大的笑容、戴著雷朋太陽眼鏡，雖然下午三點半時天就已經黑了。

「那是……湯姆．克魯斯（Tom Cruise）嗎？」樂高人瞇細眼看著那個小人。

滴酒不沾的我清醒得很，於是試著溫和地告訴他：「我覺得應該是……」我很確信，這世上最有名的山達基信徒周末並沒有來偏遠的日德蘭半島閒晃。那位長得（有點）神似明星的男子揮手歡迎粉絲，他們喝采高呼。同時間，其他《捍衛戰士》[2]的臨演忙著發送看起來十分易燃的藍色聖誕老公公帽和塑膠雷朋太陽眼鏡。接著，女孩走上前，我們才看出她們是打扮成空服員的模樣。樂高人非常驚愕。

「《捍衛戰士》沒有空服員啊！戰鬥機上不會有空服員！空服員在戰鬥機上一點用也沒有！更別提根本沒那必要了……」他對舞台造型不符合實際狀況感到義憤填膺不已，但我不禁認為，事情沒那麼單純。小孤牛和他的女性友人們現在開始把啤酒玻璃瓶以拋物線丟向觀眾。群眾變得越來越多、越來越吵，也越來越無法站好，因為泡沫慢慢分解，肥皂使路面變得滑溜溜的。而穿著暴露的空服員和丹麥版的湯姆．克魯斯居然還在丟擲玻璃飛彈。

我問一個站在我旁邊看起來半醒半醉的女子，到底發生了什麼事，她告訴我今天是「J-Day」，傳統上會用馬匹或推車到丹麥的每一座城鎮發送聖誕啤酒（julebryg）。至少，那是哥本哈根的做法，這裡用的則是絞鏈式大卡車。

J-Day是丹麥聖誕節的非官方起始日，酒吧和餐廳會從晚上九點開始供應聖誕啤酒，釀酒廠的促銷團隊會發放幾百份的免費試飲，揭開派對序幕。樂高人看著身旁咕嚕咕嚕喝著聖誕啤酒的人，說：「既然都來了，我應該也來試喝看看。」我正要說，他願意為了免費的淡啤酒而不去計較他最喜歡的電影被玷汙的這件事，還真是寬宏大量，但他早已經消失在人群中。

「小心點啊！」我叫道，一邊閃躲玻璃氣泡手榴彈。

他以勝利之姿回來，把瓶子高舉在頭上，像在拿足球獎杯似的。

「做得好。」

「謝謝。」他點點頭，接受我的讚美，然後打開酒瓶、暢快地喝了一口。

「如何？」

「很……烈，甘草味有點重。」

我不由自主地皺了一下鼻子。「天啊，這裡什麼東西都加甘草！」眾人開始用丹麥語唱起歌來，聽起來像啤酒主題曲，但旋律是〈叮叮噹〉（Jingle Bells）。同時間，更多的淡啤酒瓶被丟下來。我說：「丹麥人的手眼協調一定很好，都沒聽到酒瓶砸破的聲音。」樂高人又喝一大口，回答：「要不就是他們真的很愛啤酒。說實話，這真的滿好喝的，你不會想把它浪費掉。」

湯姆・克魯斯和他的團隊丟完私藏酒瓶之後，卡車駛出城鎮，大家拔營前往最近的酒吧。我們和丹麥海倫娜與維京男子碰頭，繼續歡樂的時光。我感覺清醒得可怕，只好試著想像自己正在進行重大的原住民分析，就像身懷六甲的布魯斯・帕里（Bruce Parry）[2]在拍《部落》（Tribe）一樣。可是，當你想要聊天的對象個個都喝很多酒（我是說「很多」）、吐出很多甘草時，要釐清人類學現象實在很困難。因此，一個小時後，我把樂高人留在那裡跟那群慣犯在一起，自個兒回家去。

隔天早上，我聯繫J-Day的幕後推手，想要知道更多。

嘉士伯的延斯・貝奇（Jens Bekke，又是延斯！）說：「一切都開始於一九八〇年首次播放的一支電視廣告。」嘉士伯釀造樂堡啤酒（Tuborg beer），其中也包括聖誕啤酒。該廣告是以粗糙的動畫製成，背景音樂是〈叮叮噹〉的鈴聲，內容則描繪了聖誕老公公和馴鹿魯道夫為了追一輛載滿樂堡啤酒的貨車，拋下自己的聖誕職責。我在YouTube上觀看這支廣告，覺得它根本是把聖誕老公公和他的小幫手塑造成近乎是酗酒者的形象。然而，廣告的推銷效果出乎預期地好，從此以後，每年冬天都會在電視上播出。延斯說：「這或許是全世界唯一一支超過三十年都沒變過的廣告。」啤酒顯然也都沒變。這款酒精濃度百分之五點六的比爾森烈啤酒是由另外三種啤酒混合而成，據說很適合搭配燻魚、鯡魚、豬肉、鴨肉……以及更多的聖誕啤酒。延斯告訴我：「我們每年都做一模一樣的啤酒，包裝和電視廣告也是。因為，丹麥人喜歡傳統！」我說，這點我有注意到。「此外，如果我們改變人們的聖誕啤酒，一定會招致全國上下的抗議！」

聖誕啤酒非常受歡迎，雖然每年只有上市十周，卻是丹麥第四暢銷的啤酒。也就是說，丹麥人喝聖誕啤酒總是喝得十分過癮。延斯說：「在電視上播出那支廣告，對許多人來說象徵了聖誕節慶的開端。從一九九〇年開始，我們想到一個點子，在全國各地巡迴發送聖誕啤酒，表示啤酒開賣了。」現今，嘉士伯共有五百名員工會在每年的J-Day到五百個地點發送啤酒。在每一站，他們都會唱起〈叮叮噹〉的山寨版，歌詞大概可以翻成：

聖誕酒　聖誕酒　樂堡聖誕酒
冰冰喝呀祝福朋友　聖誕快樂唷　嘿！
聖誕酒　聖誕酒　樂堡聖誕酒
等待從來就不好玩　J-Day人人愛！

延斯繼續說：「我們也喜歡每年換一種卡車主題。以前用過精靈主題，去年是聖誕樹主題，而今年則是《捍衛戰士》。」

我告訴他，《捍衛戰士》好像沒什麼聖誕氣氛。「對，我也不確定為什麼選這個主題，創意團隊的人想出來的……」他轉移話題，告訴我嘉士伯團隊在J-Day當天，總共會發送兩萬條手鍊和四萬五千頂的合成纖維聖誕帽。那天晚上剩下的時間，群眾會驕傲地戴著這些東西。有一年，連不太可能會慶祝J-Day的薩爾曼・魯西迪（Salman Rushdie）[3]也出現在群眾裡。

這位因為被伊斯蘭教令盯上而逃離家鄉躲起來的《撒旦詩篇》（*The Satanic Verses*）作者，在一九九六年的J-Day被人看到出現在腓特烈斯貝（Frederiksberg）的一間酒吧裡，頭上戴著藍白相間的樂堡聖誕帽。被偷拍的照片上，可看見他笑容滿面，前方放了一瓶樂堡啤酒，。隔天立刻登上世界各地的新聞頭版。延斯偷偷偷告訴我：「我們覺得他的保全團隊應該不怎麼高興，但這則新聞對我們很有利！」

我猜，如果布克獎得主覺得好喝，樂高人應該也會覺得好喝。我謝過延斯，接著把老公從充滿甘草味的睡眠中喚醒。「睡得好嗎？」我興高采烈地問，打開百葉窗、讓黑暗進來。

他發出咕噥聲，沒同意也沒否定前一晚是個成功的歡慶之夜，雖然從他早上十一點還無法睜開眼睛這點來看，研判應該是個很瘋的夜晚。我無私地自願到城裡買咖啡，前提是他必須在幾個小時之內起床。

路上空盪盪的。整個日德蘭半島似乎都在調養共同的宿醉，就連麵包店店員看起來也一臉疲倦，而他們可是早就習慣晚上只睡幾個小時的人。由於我的合唱團有一個女孩是麵包師傅，再加上過去一年來，我已經成為丹麥餡餅專家，所以我很了解我最愛的蝸牛捲是怎麼來到這世上的。整個神奇的製作過程，就從某些可憐的人們半夜兩點出現在烤箱前開始。

手拿著餡餅和咖啡，我走到外面，深吸一口稀薄的冷空氣，一邊閃躲清道機，他們已經開始清理昨晚狂歡過後留下的垃圾。平常一塵不染的街道，現在隨處都是被雪覆蓋的啤酒瓶、藍色聖誕帽，以及滿是泥濘的金蔥條。我聽見腳下「喀嚓」一聲，低頭越過我的大腹便便，看見一副破裂的塑膠雷朋太陽眼鏡埋在泥濘的泡沫中。

從這時起，聖誕季正式展開，所有的店家和當地電台彷彿約好似的，不停播放〈這才叫聖誕節〉（Now Thats What I Call Christmas）。（免責聲明：我自己也是聖誕節的超級粉絲，常常還不到十二月就開始播〈紐約童話〉（Fairytale of New York），可是丹麥人慶祝聖誕節的方式完全是另一個境界。）我和樂高人玩起克里斯・利亞（Chris Rea）俄羅斯輪盤，因為這位嗓音粗嘎的情歌王子的〈回家過聖誕節〉（Driving Home for Christmas）在一天當中任何的時候，都「至少」會在三家丹麥電台同時播放，所以是個絕不可能下錯的賭注。某個非常特殊的星期五，我開車到超市的路上，在六家收得到的電台中，居然可在其中五家聽到這首歌。這，才叫聖誕節……

對許多人而言，蒂沃利花園（Tivoli Gardens）是聖誕節的精髓，因此每年這時候，丹麥首都會湧入上百萬的遊客，前來欣賞閃亮的燈光、品嘗古早味形狀的蝴蝶餅、撫摸特地運來的馴鹿。但在偏遠的日德蘭半島，就沒這麼花俏了。

丹麥海倫娜十一月中的時候，隨口提起：「聖誕老公公明天要來大鎮。」

「噢，好好玩。他會在哪裡出現？」我知道身為大人，我不應該對聖誕老人這麼感興趣，但「丹麥式生活」了一年後，我已經學會放下、做自己。所以，我現在是一個驕傲的AFOC（adult fans of Christmas）。

丹麥海倫娜繼續說：「這個嘛，他以前會沿著運河，在一艘舊船上發送糖果，但是我們擔心小孩蜂擁到開放水域會不小心掉下去，這對城鎮的公關形象不好，而且這時候的水很冰。所以，人們同意今年聖誕老公公應該待在地面上。」如同前面說過的，健康和安全在丹麥不是那麼重要。

今年，聖誕老公公騎著小馬出現，四處撒了一些糖果後，前往主廣場點燈。丹麥人堅持要把他們的公共聖誕樹裝潢得酷似醃黃瓜，他們不像世界上其他地方聖誕節時，喜歡用巧妙纏成的夢幻燈飾來裝飾宏偉的公共聖誕樹。至少在日德蘭半島的每座城鎮，會有人爬上起重機，帶著幾條燈泡來到樹頂，把它們垂直放下來，創造出一條一條陰莖般的詭異裝飾。我四處問人，想知道為什麼會這樣，才發現這種情趣按摩器的造型裝飾又是一種「傳統」。聖誕樹的燈飾點亮後，夢幻燈網會把靜止不動的每一樣東西都罩住。丹麥家庭也會打扮一番，使用各種亮晶晶的東西和野外採集來的物品裝飾。

聖誕的喜悅

友善鄰居周末從哥本哈根回來，某個星期天早上出現在我家門口，雙手滿滿捧著我猜是園藝廢料的東西。「給妳！」她開朗地說。

「呃，謝謝！」我努力用同樣開朗的語氣回答。

「因為我聖誕節不會在這裡，所以想說從森林裡撿一些枯枝落葉給妳，讓妳裝潢家裡。」

「哇……」我看到地衣、某種很像毒蕈的東西，還有一些樹枝。「謝謝妳……」

「妳在英國不會這樣嗎？用大自然的東西在家裡做聖誕裝飾？」

「呃，這個嘛……」我不知道要怎麼告訴她，到這一刻為止，我好像一直都把「大自然」和「百貨公司」搞混了。我告訴她：「我想，英國人只會『買』聖誕裝飾。」

「但妳現在在丹麥！妳一定要用大自然的東西。」友善鄰居不死心，於是我只好請她進來喝杯咖啡，而她也告訴我一些丹麥風裝飾的祕密情報。「到森林裡蒐集素材是沒問題的，但只能拿來做個人用途，而且不能裝超過一個袋子的量。妳應該知道有兩種森林吧？」我並不知道。「一種是歸自然署（Nature Agency）所有的、一種是私有的。在自然署的森林，整片地面都可以蒐集，但在私有森林裡，只能拿走可以從步道上撿得到的東西。如果找到一根很漂亮的樹枝或一片樹皮，可以撿走，但是冷杉和雲杉就不能，因為那是森林所有者才能拿。橡實、毬果和山毛櫸堅果只能撿拾地上找到的，但是蕈菇和地衣則是要撿多少都可以。」

「那麼，呃，要怎麼用蕈菇裝飾？」我看著正在廚房桌上對我眨眨眼的黏滑物體。友善鄰居一副我很低能的表情看著我。又來了。

「當然是弄成一束啊！」

「當然……」

除了蕈菇，友善鄰居還非常好心地借我她的一隻「小精靈」——一尊極似小妖精的小型雕像。民間傳說，小精靈負責決定接下來的日子，農夫的收成是好是壞。如果這家人讓小精靈開心、常常供應米粥給它吃（昔日的北歐邪靈胃口比較簡單），小妖精就會確保一切順利；有點類似錢不會要很多的迷你黑手黨。現在，人們認為小精靈是聖誕老公公的眼線，會回報不好的行為。不過大部分時候，它們就是長得很可怕的雕像罷了。

「真的會覺得它好像在監視你。」友善鄰居離開後，我對樂高人說。這尊詭異、沉默、駝著背的雕像，好像正在透視我的靈魂深處，不管我把它藏在哪裡都一樣。

「真的。之前有人放一尊在辦公室的廁所裡，當作玩笑。」樂高人告訴我，顫抖了一下。「好恐怖。沒人可以放鬆，然後好好……妳知道的。」

這個月的辦公室狂歡程度又來到了新高，丹麥人開始因為聖誕假期的到來而放鬆，更重要的是，他們開始計畫聖誕午餐。這是一九四〇年代以來，大部分的公司都會舉辦的年度聖誕午餐。我的文化融合輔導師佩妮樂・雪嘎已經警告過我，丹麥的聖誕午餐可能「長達六、八，甚至是十個小時」。

她解釋道：「人們精通一種自制的藝術，這樣才能吃到午餐結束，嘗到每一道送上桌的菜餚。」這些菜餚包括醃漬鯡魚、豬肉、啤酒和杜松子酒，聽起來好像是胃藥會派上用場的時候。佩妮樂坦承：「通常的確會喝很多酒，人們傳統上會把頭髮放下來，暫時把日常的界線擱在一旁，不去管社會階級和被普遍接受的社會規範。」這一點我現在已經很熟悉了，因為自從「聖誕節」展開後，就已在許多場合見識丹麥人「受控的失控」飲酒方式。

伴侶通常不會受邀參加丹麥的辦公室午餐，親眼見識他們的縱情狂歡，所以我原本預期只能透過樂高人和其他朋友的報告，間接體驗聖誕午餐。因此，身為卑微的自由工作者，收到一封邀請函請我前去參加聖誕午餐時，我超感動。肩負布魯斯・帕里重責大任的我，便接受了邀約。

我推開舊鎮公所的大門，看見一間宏偉寬敞的宴會廳，裡面擺滿桌子，約莫兩百名賓客早已經開始狂歡。我很確定我的派對沒這麼大，於是漫無目標地四處走動，想找到負責人。震耳欲聾的音樂、炫目耀眼的燈光，燒殺擄掠的維京人正從一張布置得像酒神筵席的桌上享用著葡萄酒與美食。我覺得自己彷彿置身巴茲・魯曼（Baz Luhrmann）[4]所執導的電影裡，因此看到一張熟悉的面孔對著我笑時，不禁覺得感恩。邀請我的那名女子把我「撿走」，帶我到一張桌子，我認得當中的一些人。他們看見我的肚子已經這麼大了，全都驚恐地大叫，其中一人還說我就像「一顆餡料塞太多的餃子」——丹麥人講話就是這麼直接。我的聖誕午餐同僚此時已經醺醺然了，看見我的時候所表現出的興奮之情，遠超過只見過幾次面的人會表現出的樣子。

「妳到了！我們現在可以開始了！」

如佩妮樂所預言的，首先上桌的是鯡魚——一大碗一大碗不同口味的鯡魚，從咖哩到肉桂都有。醃漬鯡魚必須放非常多的調味料，而其成品可說是對口腔的一大冒犯，很不適合纖細的腸胃。鯡魚會放在裸麥麵包上食用，再和小杯杜松子酒一起下肚。

「幫助鯡魚游泳！」他們邊喝邊告訴我。他們斟滿小酒杯，又再敬一次酒，很快地，每吃兩口就會伴隨一聲「乾杯！」接下來，是各式的肉類和魚類，很多都認不出來是什麼。我看著用餐的同僚舀起一種乳白醬汁，裡面有小塊小塊的東西，淋在香腸和豬肉上，後來才發現那些原來是雞肉塊。

「雞肉醬淋在豬肉上？」

「對。」我右邊的女孩點點頭，笑著說：「妳喜歡嗎？」

我不否認這很好吃，但就算是很愛吃肉的肉食主義者，吃太多肉可能也會覺得過頭。

甜點是杏仁米布丁（risalamande），一種混合鮮奶油和杏仁碎片的米布丁，裡面藏有一顆完整的杏仁。幸運找到完整杏仁的人可以贏得大獎，但是必須把杏仁藏在口中越久越好。這樣一來，其他人就只得乖乖吃完這一大碗有著很多杏仁碎片、淋有厚厚一層櫻桃醬的香濃乳製甜點，才能揭曉神祕贏家。吃完第二份，我已經準備躺平，但其他人才剛開始。隔壁桌開始熱鬧玩起「包裹遊戲」（pakkeleg），是「傳包裹」（pass the parcel）[5]的激進版。就我觀察，每個人都會帶一份包好的小禮物，接著擲骰子偷走他人的禮物，給自己堆越多禮物越好。

狂歡外一章

人們酒酣耳熱，被薄酒萊染黑的嘴唇活潑地動個不停。有幾隻手放在不該放的位置，也就是同事的大腿和臀部，而他們在星期一又冷又黑的早上還會碰到面。咖啡上桌時，已經有幾對情侶像青少年一樣猛吸著對方的臉，不是貼著牆壁、就是繼續坐在幾個小時前占據的座位熱吻。

我問隔壁的女生：「所以，接下來會發生什麼事？」

「妳說他們嗎？」她看著一對吸臉情侶。「我想應該會做愛，樓上就有飯店房間。」她指著頭上。

「噢，不是。」我謝過她的坦率回答，解釋道：「我的意思其實比較像是，接下來大家計畫要如何度過剩下的夜晚……」

「噢，妳是指那個。可能會跳舞吧，接著又會發生什麼，誰知道呢？」此刻，我的冒險精神漸漸離我而去。我向同桌的鄰居道別，打算悄悄溜走。這計畫進行得不太順利。龐大的身軀大大縮小了我的私人空間，因此在向外走的途中，我得擠過許多情侶，並覺得自己應該是被排除在這年度縱慾儀式之外，因為：一、我有段快樂的婚姻，二、我沒喝酒，三、懷有身孕。我在等著拿外套（即樂高人超大尺寸的毛皮大衣）的期間，和一位五十來歲的男子小聊了一下。我正要穿衣服、準備離開時，他居然向我求歡。

「什麼？」是我唯一能做的回應。然後，我指著自己的肚子：「真的嗎？」

他聳聳肩，一副「問問看也無妨」的樣子，接著說：「妳知道，俗話說得好：『懷孕的女人不可能再懷孕』！」我斷然拒絕他，擠過更多在樓梯間親熱的中層主管後逃之夭夭，開車回家。

隔天，我們和維京男子、丹麥海倫娜以及其他丹麥朋友一起共進午餐，聊起「聖誕午餐的恐怖故事」。大家都講述自己的集體羞恥事件。

丹麥海倫娜坦承：「很多人會勾搭上，不管已婚或未婚。」

另一個女孩告訴我們幾年前她在聖誕派對有過的一段露水姻緣，害她一月的時候只要到影印機印東西，氣氛就會變得很彆扭。第三位朋友則說，他和他同事被迫學會南韓流行偶像PSY〈江南style〉的舞蹈，並在上司面前表演。

「超怪的。」他坦言，看起來依然心有餘悸。「之後，我們一起看了A片。」他隨口補充道，接著喝了一口聖誕啤酒。

「你說什麼？」

「什麼？」他抬起頭。「舞蹈的部分嗎？」

「不！」大家齊聲大叫。

「A片！」我說，音量不小心太大聲，招來隔壁桌的注目禮。「對不起。」我喃喃地說。

他說：「噢，妳是指那個。就是啊……」他放下酒瓶，一副沒什麼的語氣說：「舞蹈老師走了，財務主管也不再假裝把我當馬騎，所以，我們就開始看一部投影在飯店會議廳白板的電影，當時是下午四點。然後，螢幕上出現一個看起來超像我們辦公室的延斯的人……」

樂高人瞄我一眼，好像是說：「看吧，我就告訴妳很多人在丹麥都叫延斯。」我也回看他一眼，表示：「現在別說這個，我們在聽一個辦公室聖誕派對看A片的故事。」夫妻心電感應真的超棒。

維京男子的朋友繼續說：「總之，我們看著這個長得很像延斯的傢伙，心想『好奇怪。』然後電影裡的那個男的突然開始脫衣服脫到全裸，然後開始和某人做了起來。結果，坐在我們旁邊真正的延斯大笑起來，說：『你們認不出我嗎？』原來，那個人不是像延斯，他就是延斯。他接受會計師訓練前，曾經演過A片。他覺得這整件事很好笑，但我從此以後都沒辦法再用同樣的眼光看他了……」

之後，對話進入停滯期，因為要超過「集體放映同事進行插入式性行為」的故事實在太難了。

樂高人的聖誕午餐開始逼近時，他有點害怕那晚會發生什麼事。因此，當他那天毫髮無傷地回到家時，我鬆了一口氣。

「怎麼樣？有A片嗎？性行為？鯡魚大戰？」

「一點也不色情。」他說，一副被騙了的語氣。「原來我的同事全都是身心健全的人。我們一開始先玩《捍衛戰士》的測驗遊戲——」

「什麼？為何？這個國家和湯姆・克魯斯到底有什麼淵源？」

「我當然很會玩。」他接著說。拿他最擅長的主題來測驗的遊戲？樂高人的聖誕節真的是提早來臨了。

「然後我們唱起一首有關富豪汽車的歌。」他隨意地加上一句，把包包丟在床上，走到浴室，頭卡在電動牙刷上。

我放下正在看的書，跟著他進去。「抱歉，我想你剛剛是告訴我，你和那些馬力十足的同事整個晚上都在唱有關瑞典家庭轎車品牌的歌？」

他說：「沒錯，但可不是任何一款富豪汽車，」他現在必須提高音量，才能蓋過牙刷的「咻咻」聲。「是富豪B18-210。」他滿嘴薄荷泡泡地告訴我。「還有歌詞單呢，看到沒？」

他走回房間，薄荷唾沫滴得木地板到處都是，從工作用的包包拿出一疊用釘書機釘好的小冊子。我超愛他幫我留了這個，我超愛他知道這種東西會讓我多開心。

「哇！」我睜大眼睛驚呼，翻閱冊子，發現當天晚上的曲目還有凱特・史蒂文斯（Cat Stevens）的〈野蠻世界〉（Wild World）和王牌合唱團（Ace of Base）的〈她想要的一切〉（All That She Wants）。我問：「那為什麼要唱有關富豪汽車的歌？」

「顯然這是……」

「『傳統』？」

「沒錯，其他人都知道歌詞。」他朝歌詞單點了點頭。「是用丹麥文寫的，但拉斯幫我解釋了歌詞，裡面有寫到『車內使用柚木裝潢』、『底盤超棒』，還有『我們從現在開始在一起直到永恆……我愛我的富豪』。」

「好歡樂啊……」我讚嘆地搖搖頭。每次我以為自己很懂這個國家了，卻又丟來一顆變化球。

「是啊！」樂高人把泡沫吐在浴室洗手台，頭伸到水龍頭下方漱口。「之後的事情就有點模糊了……其實，我覺得我該去躺一躺……」

在這些派對過後，很容易忽略聖誕節的真義：煮一頓一年當中其他時候沒人會選擇要吃的大餐，和過去十二個月以來沒見到面的人一起困在室內幾天。丹麥人有句俗諺：「客人就像魚，三天便發臭。」但不知何故，我們決定讓客人在聖誕節來家裡整整七天。我很喜歡我的公婆，他們人很好，但在我懷著九個月身孕的時候來拜訪我們一個星期，實在有點負荷不了。我告訴自己：至少大鎮會有很多活動，畢竟丹麥人對聖誕節這麼瘋狂。

我告訴美國媽媽我的計畫時，她搖搖頭說：「噢，妳要學的還很多呢！當然，到聖誕節之前會有很多派對，但在聖誕節當周，大家不做任何事；聖誕節就是要和家人度過。」真是糟糕！然後，我想到一個很棒的主意：或許我們可以把各自的家庭組合起來，辦個歡樂的移民聚會！

我問：「那麼，呃，妳和孩子們聖誕節要做什麼？」

美國媽媽給了我一個「噢，拜託！」的表情：「當然是回美國啊！」

「噢，好吧！玩得開心。」

「會的！祝妳好運！」

美國媽媽說得不誇張。日德蘭半島的聖誕節當周，所有的東西都關了。真的是所有的東西！我查閱當地政府網站的行事曆，想看看會不會還有在舉辦一些狂歡活動，卻只看見一排空白的方框。我一天一天瀏覽，沒東西、沒東西、沒東西。接著，就像東方三賢看見地平線上閃爍的星星時所產生的感受一樣，我看見行事曆上有一顆星。

「看哪，狗狗，有活動耶！」我點了標有星星的日期，期待不已，結果發現接下來七天在日德蘭半島唯一一個確定的活動，就是我所屬合唱團的聖誕音樂會——我本來就排進行程裡的事情。在保持清醒的狀態下，用我依然不會的語言唱歌，試圖引出內在的福音歌手魂。更重要的是，我還是個英國人。「太好了，狗狗，我們有『一個下午』的娛樂。」狗狗低吼。「沒錯，我這裡用的是『娛樂』這個詞最不嚴格的定義。」只剩下六天要填滿了。目前為止，我們待最久的客人是在夏天的時候待了四天。那時，濱海的史迪克斯維爾還是「開放」的狀態，但我們第三天結束後就不知道怎麼娛樂他們了。

聖誕節前的最後一次合唱排練時，我在兩首歌之間問丹麥海倫娜：「丹麥人不介意整個星期什麼都不做，只和家人聚在一起嗎？」她壓低聲音向我坦承，她的親戚有時確實讓人有點受不了，但大部分的丹麥人都很愛這種做法。

「他們在一九九八年所做的民調顯示，聖誕節花時間與家人相聚，對百分之七十八的丹麥人而言是很重要的。」她說，彷彿這就是證明了。我指出，一九九八年還沒有智慧型手機、iPad或Netflix。「和家人在一起或用無線電視看《六人行》（Friends）是當時能做的所有事情了……」

她坦承：「那倒是沒錯，或許這就是為什麼他們後來沒再做這個民調了。祝妳好運！」

老天，為什麼大家一直要祝我好運？我告訴她：「謝謝，聽起來我好像會需要好運……」

合唱團音樂會順利無阻地結束了。我把丹麥歌詞用英語發音寫出來，拿透明膠帶黏在我前面的女高音身上。最後，合唱團老師為我的丹麥語道賀（「對一個外國人來說還算不錯」），我的公婆也恭喜我，他們都沒發現我在合唱團團員背上黏的潦草筆跡。我點點頭，感恩地說：「謝謝。」丹麥海倫娜努力不笑出聲，答應「暫時」替我保密。

接著，我們一起享用「æbleskiver」──這是一種傳統的球狀鬆餅，配果醬和糖粉食用，只有「好吃」兩個字可以形容。大家互相擁抱，祝福彼此「聖誕快樂！」（God Jul!）後分道揚鑣。我搖搖晃晃走回現在幾乎塞不下我的車子（為了容納我的大肚子，駕駛座被推到很後面，雙腳只剛剛好碰得到踏板），回到家，乾瞪著六天無所事事的深淵。

入境隨俗的歡慶

我們下定決心盡可能採取丹麥人的方式過聖誕節，所以我已經向所有認識的丹麥朋友諮詢，匯集一套笨蛋也做得出來的食譜，為這重大的日子做準備。菜單上有：烤鴨佐李子醬、焦糖馬鈴薯、水煮馬鈴薯（丹麥人不管任何一餐都要吃很多的馬鈴薯）和紫甘藍，最後再上杏仁米布丁。丹麥海倫娜自願在電話那頭隨時待命，以免任何災難發生。於是，計畫展開。丹麥人會在平安夜吃一頓傳統的烤鴨大餐慶祝，所以我的十二月二十四日長這樣：

早上七點：起床，試著不吵醒客人，安靜地把狗放出去。失敗，於是只好幫他們泡茶。

早上九點：開始削東西。對著目前占據冰箱大部分空間的鴨子乾瞪眼。試著用骨頭讓狗分心，別再對鴨子狂吠。對鴨雜碎做了一些不可言說的事情，覺得有點想吐。

早上十一點：製作米布丁，好讓布丁有時間在冰箱凝固、變冰。試著克服甜點和嘔吐物濃稠度相同的這個概念，不去想學校午餐的創傷回憶和「凝結」這個詞。拿手持攪拌機打發鮮奶油。鮮奶油噴到牆上、地上，和狗狗身上。把狗放出去，讓牠自己在雪地清乾淨。融化櫻桃醬要用的糖。杏仁去皮、切碎，接著把更多的糖、鮮奶油一起混入，結成一坨一坨的黏稠物體。

下午一點：吃頓輕便的午餐——在裸麥麵包上放醃漬鯡魚。整屋子都是鮮奶油、融化的糖、魚和脹氣的味道。

下午兩點：完成英國報紙的一篇專欄，因為平安夜在英國仍是合法的工作日。檢查信箱，發現某公關信件邀請我參加「節慶韌性一日工作坊」，還有一封標題則是寫「聖誕節壓力的調適處理技巧」。他們到底知道我多少事……

下午四點半：燙馬鈴薯，鴨子進烤箱。和六個鍋子以及一個塞滿烤盤又喜怒無常的烤箱奮鬥，雖然外面下雪，但我只穿一件伸縮T恤和短褲還是一直流汗，覺得丹麥房子的隔熱效果可能好過頭了。

下午五點：到當地教堂參加彌撒，體驗「傳統」的聖誕節禮拜。但冗長的彌撒是用丹麥語進行，而且我的烤箱裡還有一隻鴨。發現自己當初沒把這點想清楚，一直看錶，身旁穿著毛皮大衣的老人家開始點頭、輕聲打呼。前排有個小孩轉過來、翻白眼，做出上吊自殺的動作，表示他很無聊。但他至少聽得懂牧師在說些什麼……

晚上七點：搖搖晃晃回家。努力把鴨油榨出來。用鮮奶油、油脂和玉米粉製作褐醬汁，好奇以前有沒有使用過這麼多鮮奶油、奶油和糖。結論是沒用。在平底鍋融化更多糖、加更多奶油，一邊做鬼臉、一邊放入一半的馬鈴薯翻炒，直到變得像迷你糖葫蘆一樣。

晚上八點：打開超市買的紫甘藍罐頭，倒入造型質樸的盤子裡，罐子丟進垃圾桶藏起來。切碎紫甘藍，勉強冒充是自製的。所有的菜都上桌，叫樂高人切肉，失敗。忘了放聖誕拉炮[6]，到沙發後面拿出來，旋即希望自己沒惹這麻煩。拉炮沒有「ㄅㄧˋㄤ」，但裡面有一些超級好笑的丹麥笑話，像是：「如果要做一件事，就不要做錯，因為兩者一樣麻煩」和「知道如何傾聽的人，其實通常都坐著想別的事」。噢，我們笑得多開心啊！

晚上九點：「歌舞」時間。沒人受傷，但狗狗濕透了。

容我解釋一下。我的丹麥聖誕節諮詢委員會向我保證，想用對的方式過丹麥聖誕節，一定要在茂密的丹麥杉木上使用丹麥國旗的顏色裝飾，也就是紅與白，還要使用必備的「大自然」、小燈泡和真正的蠟燭。

丹麥海倫娜說：「接著，聖誕大餐之後，你們要繞著樹一邊唱歌、一邊跳舞。」

我打斷她：「咳、咳，等一下，真正的蠟燭？放在乾燥的樹上？在木料很多的丹麥房子裡？」

「是的。」

「小孩子在場，你們也會這樣做？」

「尤其是在小孩子在場時。小朋友愛死了！」

「興奮的小孩加上赤裸裸的火焰？怎麼不會出差錯呢？」

丹麥海倫娜說：「是，我知道妳的意思。大家以前都這麼做，直到有一年聖誕節，有個澳洲人來過節，點出了火災的風險。」

「風險頗大。」

「但我們會確保自己安全無虞。」

「怎麼做？」

她說：「這個嘛，我們總是會放一桶水在旁邊，萬一有事發生，就潑水到樹上。」我的天啊！

「除了蠟燭，還會掛小燈泡？都不會絆到線嗎？」

她看著我，一副我這低能兒的協調性怎麼這麼差的表情。「就……跨過去就好啦……」

「好，但你們要怎麼繞著樹跳舞？」我說，我們通常是把樹放在角落。「這樣一來，就只要裝飾其中一面就可以了。」

丹麥海倫娜露出批評的表情：「我們會裝飾整棵樹，然後唱歌跳舞的時候，把樹放在墊子上、拉到房間中央。」

「好的。」我心想：我做得到，這能有多難？「那你們通常都唱些什麼？」我問。

「這個嘛，有幾首丹麥歌是我們大家都會唱的，我可以給妳歌詞。」她接著說，「然後，我舅舅總是會唱〈冬季仙境〉（Winter Wonderland）的前兩句。」

「只有前兩句？」

「對，因為他不會唱後面的。」

「噢。」

「他可以學啊。我們每年都叫他學，但是到現在還是什麼都沒有。」她搖搖頭，彷彿他是非常令人失望的舅舅。「總之，妳和家人應該唱任何你們想唱的，然後手牽手繞著樹跳舞。簡單！」

只是，實際情況跟這個不太一樣。小燈泡和真正的蠟燭點亮巨大茂密的杉木看起來很漂亮，但我們只有四個人，很難手牽手把樹圍起來。火光十分靠近百葉窗、沙發和樂高人的毛衣，危險地搖曳著；客人兩度絆到小燈泡的線。結果，我們之中沒人記得任何完整的節慶歌曲。第三次絆到線後，我們倒在沙發上歇斯底里地大笑，解放聖誕節困在室內的壓力。聽到這不尋常的噪音，狗狗從前門的崗位跑過來，想看看這場混亂是怎麼回事。牠慢動作地從聖誕樹走向我，再走向樂高人，確定一切都沒事後，發現了那個防範火災的不祥黑

牠評估一下：這東西之前沒看過。牠懷疑這可能是危險物品，於是奮力一跳、撲向這外來
水桶邊緣，好看清楚裡面的東西，結果把裡面的水倒在自己身上，木質地板和為了那天晚上
屬「樹墊」也跟著遭殃，我的第一個丹麥聖誕節就以手上的抹布作結。

期待中的未來

接著……平靜降臨了。如同人們所預警的，商店全關了，路上也空盪盪的。原來，丹麥人真的和家人一起待在屋子裡整整一個星期。所以，我們也做一樣的事。我們看書、閒晃、喝茶、從溫暖的沙發上看著外頭雪花紛飛。然後，雪終於停下來之後，我們一起出去散步。一切都很祥和、銀白。我得承認，一切迷人極了。

被迫待在室內，表示我們可以好好談天，從最喜歡的電影聊到外交政策。我得知，如果不去管他，我公公兩天就能吃完一罐蜂蜜，他還曾經做了一個木籠，在新堡的購物中心裡靜坐在籠子裡十二個小時，為國際特赦組織的政治犯抗議；我得知，我婆婆曾經在某一年特別嚴重的霜害期間，水淹停車場、創造出自己的溜冰場。我在這七天（七天！）當中對公婆的認識，比我和樂高人在一起的這幾年還要深入。就像建立感情的新兵訓練營一樣。難怪丹麥家庭都這麼親密，因為聖誕節來臨時，他們沒有多少選擇。

一切進行得滿順利的，比我擔心的還好。但一星期結束後，我也很高興房子可以變回我們的兩人世界。因為史迪克斯維爾周邊仍然沒有任何動靜，我們便整頓了家中。我把看得見的東西都洗了，樂高人則發揮了他的維京能力，獨自組裝好宜家家居的嬰兒床。我們在空房間掛上丹麥字母表，包括多出來的三個字母[7]和

幾個可疑的潦草字跡。我的書桌被搬到走廊上，而所有的嬰兒設備與用品則移到房間。

十二月三十一日，丹麥終於從白雪靄靄的沉睡中甦醒。丹麥的除夕夜儀式從晚上六點的君主講話開始。自一九四二年德國占領丹麥，國王呼籲全國團結的一席演講開始，便出現了這個習俗。我們在維京男子家慶祝舊的一年過去，迎接新的一年到來。我自告奮勇幫他煮飯。他一邊告訴我丹麥習俗，我一邊不確定地戳著大鍋裡的綠色糊狀物體。他說，這是「傳統的燉羽衣甘藍」，要和馬鈴薯以及醃豬腰肉一起吃，是除夕的傳統菜餚。沒錯，聖誕節暫時吃了一下鴨肉後，丹麥人又堅持回到豬肉。

我們邊聊天邊偶爾攪拌食物，或是搖晃一下烤盤，背景傳來女皇的講話。我告訴他，丹麥人這麼喜愛他們的君主，讓我很驚訝。維京男子透露，他也是忠實粉絲之一。

他告訴我：「雖然大部分的丹麥人可能不會說自己是君主主義者，但是瑪格麗特的支持率還是高得嚇人。」事實上，丹麥君主是歐洲最受歡迎的君主，一項刊登在丹麥報紙《政策報》的民調顯示，有百分之七十七的丹麥人很滿意自己的女皇。

維京男子澄清：「我們不是認為所有的王公貴族都很好，我們只是喜歡我們自己的。」我問他為什麼，他說：「這是個很小的國家，大部分人都會在某個時候看見她本人，甚至是遇到她。而且她是個很好、很普通的女子。她很臭，但她很可愛。」

「你說什麼？」

「我是說菸臭味。她是個重度老菸槍，但是我們不太在意，因為這只是表示她也有缺點，就和我們任何人一樣。」就是這樣。

在今年的演說裡，就我能力所及理解，瑪格麗特是在告訴大家繼續保持寬容，但要試著對彼此好一點。

「我有聽錯嗎？」我問維京男子，對自己的拙劣翻譯能力沒有什麼信心，懷胎九個月的胖手指也不像以往那樣能快速輸入谷歌翻譯。

維京男子告訴我：「妳差不多說對了。」我很喜歡他堅持用女皇的教名稱呼她，彷彿她是家族老朋友。

「瑪格麗特基本上是告訴我們，我們目前做得很好，但可以再努力一點。」

之後，行家們在接下來的五十分鐘，討論瑪格麗特的講話是否隱藏任何言外之意做出最後結論，說她要傳達的訊息的確就是：「繼續保持善意。」非常文明，但我發現，其他的丹麥除夕習俗就沒這麼文雅了。

維京男子告訴我：「我們以前會在半夜炸掉彼此的信箱，拿陶瓷餐具砸朋友的大門，迎接新年。」才剛購入全新北歐設計信箱的樂高人對這可能性表示驚恐。維京男子向他保證：「但現在很少人這麼做了，雖然不能砸盤子很可惜。」他惋惜地補充道。「隔天門口有多少破盤子，就表示你有多受歡迎。」他嘆了一口氣，一臉懷舊樣。

現今，他向我們保證，大部分的慶祝方式都只限於「午夜從沙發上跳下來、到外面看煙火，接著看一個管家拿食物給老婦人的黑白影片」。跳沙發象徵跳向新年，煙火是看好玩的，但老婦人呢？

「對，沒人知道我們為什麼要看那個影片。但，這是傳統。」

「當然囉！」

其他客人抵達後，我們開動吃飯，而我也接受了燉羽衣甘藍的概念。接著，我們用丹麥語跟著維京男子的電子錶進行午夜倒數，試著不去理其他錶走得比較快的人們所發出的歡呼聲。

「十、九、八、七、六、五……」我們大聲倒數，最後齊聲祝賀：「新年快樂！」（Godt Nytår!）

大家互相擁抱、親吻、乾杯，接著開始跳家具。因為這時的我超級胖，所以就被指定為攝影師，不用和其他人一起爬上維京男子的沙發。數到三之後，大家一起跳。

「啊！」

他們跳起來時，發出一聲令人血液隨之凝結的巨吼，我按下了快門，捕捉到我們「丹麥式生活」一年計畫的尾聲。維京男子在半空中高舉雙手、發出戰吼，其他狂歡者看起來也很活潑、四肢胡亂伸展；我滿是興味地發現，樂高人一臉喜悅地笑著，遠遠地跳向來年。他看起來好快樂，而且好放鬆，好有自信、好英俊。

這一刻凍結了，成為由一連串的「一」和「〇」所編碼的數位影像、用電子儀器記錄的瞬間。就在下一刻，穿著襪子的腳丫在光滑的松木地板打滑，木板破裂、屁股瘀青，還有一個女孩似乎扭傷腳踝，但恐怕得到隔天早上清醒過來後才有感覺。

我深情地研究照片，主人則忙著拿膏藥、止痛藥和杜松子酒治癒客人的各式疼痛。我忍不住想：明年就不會這樣了。首先，家裡會變成三個人，那時我們會身在何方，誰也說不準。但現在這一刻，感覺很棒。

跳沙發的傷害都處理好了以後，我們列隊走下維京男子紅磚公寓的樓梯，和大鎮的其他居民一同聚集在大街上。有一些狂歡者戴著逗趣的帽子，原來是丹麥新年的另一項「傳統」。環顧四周，我看到了小妖精、披薩帽，甚至還有一頂熱狗帽。我驚奇不已：哇，丹麥人這麼愛垃圾食物，連女帽也有熱狗主題……此外，還可以看見許多搞笑的塑膠眼鏡，包括依德娜・艾佛瑞基女士（Dame Edna Everage）[8]和早年艾爾頓・強（Elton John）的造型，甚至還有物理老師風格的眼鏡。

我問維京男子：「那些逗趣的眼鏡也是丹麥除夕的另一種傳統嗎？」

「不是，那是用來保護你的眼睛不被煙火所傷。」

噢！我擔心地問：「那我們是不是也該戴上？」維京男子發出一種聲音，表示我太神經兮兮了。因為小時候每年都有折磨人的公共安全活動，警告人們火箭炮的危險，所以看到大鎮的主要街道上出現自製的煙火，讓我有點驚懼。我也不安地發現，許多青少年甚至是更小的孩子，似乎也都在施放火藥砲彈。

我忍不住問：「那是合法的嗎？」

維京人告訴我，購買他所謂的「大型煙火」（「就是，火藥超過一定公克數的那種……」）必須年滿十八歲，但丹麥孩童可以自己買很多「較小型」的煙火，而且通常在很小的時候就會買了。「我第一次自己發射煙火時，可能不到十歲。」維京男子隨口說，一個煙火剛好九十度角「咻」的一聲飛過我們身邊。左邊的火焰筒開始噴射、右邊的蜘蛛白光迸發開來、綠色煙火則在空中形成柳樹的姿態，餘燼四處散落，遠至麵包店。一些較低廉的煙火施展威力，接著最後，一道金色瀑布開始在不怎麼像夜空的空中噴發，卡在玩具店屋簷的排水管，在我們頭上六公尺處大肆噴灑火花。火花朝上噴發，接著向下墜落，照亮了夜空、映出色情小馬和露胸小貓的噴泉。

啊，丹麥，我已經漸漸愛上你了。我一邊想，一邊拿樂高人做人肉盾牌。回到室內後，我們吃了甜點，是一種傳統的杏仁膏環形蛋糕。然後用香檳把蛋糕沖下肚，為來年祝酒。

「乾杯！」

數個小時後，我們準備離開時，天空開始下起稀稀疏疏的雪。我們走過點著蠟燭的房子，吸入家家戶戶飄散出來的火藥與丹麥香料紅酒的味道，令人有些微暈。我覺得異常地喜氣洋洋，似乎從來沒有這麼具有過節的氣氛。

新年當天，是我二十年來第一次沒有宿醉的新年（「親愛的肝，我很抱歉。我答應你會做得更好，請繼續讓我活得好好的……」），我們開電視看首相的新年演說——內容大概是說，一月是新的開始、接下來可能會出現什麼轉變之類的。我很清楚明年我們家會出現什麼轉變。肚子裡的柔道小子今晚正在炫耀（百分之八十可能是）他的全部招式。我們上床睡覺，樂高人立刻就睡著了，但我似乎難以入睡。正面朝上不可能，因為小子會踢破我的必需器官；正面朝下也沒辦法，因為我現在看起來就像是在偷竊靠墊，肚子塞了一坨東西；所以我只好側睡，但又不知道手要怎麼辦。我試了麥可・傑克森（Michael Jackson）在〈顫慄〉（Thriller）這首歌中的姿勢，也試過把手臂向前伸，像八歲的時候擁有的毛茸茸無尾熊鉛筆套蓋的動作那樣，但都沒有用。於是，我只好起身在屋子裡走動一下。

夜空清澈極了，星星全都跑出來，呈現出我從來沒看過的樣子。點點的星光形成的大漩渦在擁擠閃爍的空中與更亮、更大的發光球體較勁。少了光害造成的晦澀，天空看起來更大、更高了。我覺得好像有看到流星，但也可能只是助產士警告過我的另一個快樂的懷孕副作用——視覺模糊罷了！我不再看天空，卻發現還是看不清楚。所有的東西都變成兩個，包括聖誕樹（很好）和那堆待處理的髒碗盤（這就沒這麼好玩了）。

我覺得頭很暈，整個身體好像都在起伏攪動，然後還有一種踉蹌感，彷彿體內的一切都想逃出來。很痛，非常地痛，但接著又消失了。我心想：好奇怪，然後走到冰箱覓食。有疑惑，就吃零食。但是又來了，然後又來了一次。我隨意瞄了廚房牆上的時鐘，等待分針走了幾分鐘後，終於確定。我心想：該死，這次是來真的。

我扶著牆壁，慢慢走回房間，告訴樂高人發生了什麼事，讓他知道我們的聖誕願望已經成真了。但，比預期的要早一些。

本月學習重點：

- 丹麥人超喜歡甘草、克里斯．利亞、《捍衛戰士》和杜松子酒。
- 就連薩爾曼．魯西迪也體驗過「丹麥式生活」的好處。
- 你可以用青苔和蕈菇對抗聖誕節的消費主義。
- 被迫和家人聚在一起也可以是件好事。
- 在丹麥，唱歌永遠是很棒的事。
- 生活即將發生巨變了。

注釋

1 一九八六年的美國電影，以航空母艦與美國海軍戰鬥機武器學校為背景。湯姆・克魯斯飾演綽號為「小孤牛」的男主角，是一名海軍飛行員。

2 曾加入英國皇家海軍陸戰隊，後來專門拍攝有關世界各地原住民議題的紀錄片，其中的《部落》系列便探索了許多偏遠地區的民族，例如喜馬拉雅山、衣索比亞和蒙古等。

3 英屬印度作家，曾獲布克獎。其一九八九年出版的《撒旦詩篇》因為譴責伊斯蘭教，被伊朗的精神領袖下達追殺令，甚至導致英伊兩國斷交。一九九八年兩國復交，但作為復交前提，伊朗政府宣布「不支持也不阻止對薩爾曼的刺殺」。

4 澳洲導演，著名作品有《紅磨坊》和《大亨小傳》，當中不乏歌舞宴會場面。

5 獎品會用多層包裝紙包起來，遊戲期間會邊播放音樂、邊把包裹輪流傳給每一個人。音樂停止時包裹傳到哪個人手中，此人就能撕掉一層包裝。接著再次播放音樂、繼續傳下包裹，音樂停止時再撕掉一層，直到所有包裝都被撕開，露出裡面的獎品，歸撕開最後一層的人所有。

6 英國人在吃聖誕大餐前會拉的紙筒禮炮，裡面常常會裝一則笑話。

7 丹麥字母共二十九個，除了二十六個和英語字母相同的字母外，還有Æ、Ø、Å三個。

8 澳洲喜劇演員巴里・漢弗萊斯（Barry Humphries）創造、飾演的一個女性丑角，以其桃紫色的髮型和貓眼眼鏡為一大特色。

後記

丹麥製造

經過十八個小時的劇痛、咒罵和蝸牛捲後，一個滑溜溜、扭來扭去的生物被放在我的胸口，但一秒鐘後又被抱走、帶到特殊照護中心。我昏昏醒醒一陣子（幾分鐘？幾小時？幾天？），最後終於坐在輪椅上，被人推到一個小小的塑膠早產兒保育箱前面，看起來很像宜家家居賣的儲物箱。

一位護士告訴我：「妳的兒子。」

從我的低視角往上看，只看得到他那張擠成一坨的臉，臉上插的幾根管子，以及一頂羊毛帽。他的頭上放了一盞熱燈，全身赤裸，只戴著那頂帽子、包著尿布。我嘗到鹹鹹的味道，發覺自己在哭。

「他還好嗎？」

護士告訴我：「他不會有事的。」醫生開始移除管子，檢查他全身。「他明天就可以移到妳的房間。」

一股寬心之感湧上我的心頭。

「所以他沒事？」

醫生告訴我：「他好得很。」他手一揮，把羊毛帽摘掉，露出一叢亮紅色的頭髮：「他有維京人的血統?!」真是個大驚喜。我和樂高人都沒有任何紅髮的家族成員。我迅速回想了一下以前有沒有嘲笑過紅髮的人（國中的凱蒂・布魯金，我不太記得了，但如果我有笑過妳，我很抱歉）。不知何故，我們的兒子加入了全世界擁有紅髮的百分之一人口。稀有的景象顯然從他呱呱落地之後，就引來了不少訪客，因為丹麥大部分的新生兒都是金髮或禿頭。樂高人奔波於產後病房和新生病房之間，好確定我們都有在呼吸，同時也對醫院的糖漿咖啡產生了依賴感。他仍對於兒子的紅髮十分震驚。護士、醫生和經過的助產士一直跑來，恭喜他生了一個「真正的維京」兒子。

這個軟綿綿的生物一被放進我的懷裡，我的胸口就產生一股對他的愛意，再也不想讓他離開我。我們在醫院待了一星期，我才恢復足夠的體力回家，因此又有更多遠道而來的訪客（我是說，從醫院另一頭過來）前來探望這位傳說中的維京小孩。他們帶了很多禮物，像是葡萄、羊毛乳墊和針織衣物，包括助產士長在我生產過程中織的一頂帽子。是的，沒有錯：我的分娩活動期長到負責的小姐有餘裕織好一件衣服。她說不定可以從羊毛開始剃起。

我們不知道究竟該為這位新成員取什麼名字。「候選名字」清單上的每一個男性名號現在看起來似乎都不夠有力配上我們創造出來的迷你泰坦的神力。因此，我們便充滿感情地叫他「小紅紅」。

「不叫『猴子』或『肛門』嗎？」樂高人確認。

我堅決地告訴他：「不。」

辦好出院手續後，院方提供我們一家人入住隔壁的「送子鳥飯店」一星期。這是讓新手父母可以從「該死，我們有小孩了！」慢慢過渡到「該死，我們要帶小孩回家了！」的地方。護士會全天候待命，提供建議，教導你究竟該如何照顧這個從下半身蹦出來、嚎啕大哭的粉紅色生物。

樂高人說：「英國的國民保健署可不會提供這種服務。」他翻著宣傳手冊，裡面寫了隔壁飯店設施完善的房間，一晚只要三百丹麥克朗（新台幣一千三百元左右）。我同意這確實很誘人，但我們已經離開一星期，犬隻度假營（意即狗舍）還有一隻憔悴的狗在等我們，於是我們決定回家。我們兩個都嚇壞了，覺得自己還沒成熟到足以應付這種事，不曉得醫院員工到底在想些什麼，竟然讓我們擁有一個人類的監護權。

我：我連我們家的植物也養不活！

樂高人：我們家有種植物？

但我們還是要這麼做。我們回家了。

回到史迪克斯維爾，友善鄰居已經來過，因為她收到樂高人一星期前驚慌發送的群組簡訊：「我們要當爸媽了！」她留下了一個木製的送子鳥在我們家外面，是丹麥的傳統，好讓每個人都知道鎮上來了新生兒，也請郵差和發送免費報紙的男孩這陣子走路小聲一點。她還留了一包棉布，紙條上寫：「因為我聽說他們常嘔吐☺」

我深受感動。自從冬天來臨、跑去冬眠之後，就不再承認我的存在的鬍子先生們，在我們的信箱裡放了一件有農機車圖案的針織圍兜；合唱團的女孩們放了一個玩具大象和一張卡片，大家都有在上面簽名；美國媽媽放了兩個洗碗盆，裡面裝滿小心包好的自製料理，讓我們可以囤在冰箱；丹麥海倫娜與維京男子則帶了蛋糕，還有一個超酷的丹麥設計師幼兒餐具組。我不禁熱淚盈眶。或至少，原本就已經在我最近總是濕潤的眼睛裡打轉的淚水，又多了幾滴。除了獲得一個小孩和一些用來包住「女士洞穴」的大件刺繡品之外，我似乎還得到了情感失禁的症狀，雖然也有可能只是睡眠不足造成的。四肢疲憊不堪，但我還是起身盯著我的兒子，一個小時說了十遍我愛他之後，戳戳樂高人，說：「看看我們的結晶！」

雖然身體極度疲倦，我卻覺得精神抖擻。好像我是新來的（當然不是真的那個意思，但其實也的確就是如此），彷彿每一件事現在都有了更多意義。世界似乎充滿了意義，而我的兒子就像一張白紙，一個從未吃過垃圾食物、看過傑瑞米・凱爾（Jeremy Kyle）[1]、經歷過任何幻滅的小生命。

美國媽媽告訴我：「生育孩子就像是把妳的一顆心從身體拿出一樣。」她說的沒錯。我想要保護他，為了他把一切都變得光明、閃耀。身邊不過多了個小人，就讓我下定決心要盡全力讓這個世界更好。從這點來看，丹麥的一切突然都說得通了。它那世界聞名的工作與生活平衡、對於孩童與教育的重視，以及在性別平等上取得的重大進展，使丹麥成為當下的我們最聰明的選擇。

放了兩周的產後育嬰假後，樂高人回到工作崗位處理完一些小事，接著又放十周的假，在家照顧寶寶。他在這個國家收入最高的公司之一擁有一個閃亮亮的工作，但是爸爸挪出時間照顧小孩（全額薪資照樣給付）被視為一件很重要的事，因此也受到鼓勵。樂高人學會如何幫孩子洗澡、哄他睡覺，也明白了星期二下午兩點鐘，只想不受打擾、好好睡一小時的覺或洗個澡時，那種快抓狂的感覺。他知道，二十四小時全天候照顧一個小孩是件很有成就感的事，卻也極其困難。他懂有些時候你只是需要有人回到家跟你說：「你做得好棒，我買了蝸牛捲給你吃。」

等時候到了，小紅紅可以和其他三歲以下的孩子一起上托兒所或交給保母照顧，在那裡玩耍、創造、學習，而國家會幫忙支付百分之七十五的費用。這就表示，我和樂高人都能繼續我們的工作，比在其他養育小孩就相當於破產的國家輕鬆許多。

美國心理學家亞伯拉罕・馬斯洛（Abraham Maslow）曾經說過，人類需求共分五層等級，每達到一層，才有辦法煩惱其他事情，最後會來到崇高的目標「自我實現」。這些需求從「生理」出發（基本需求：食物、水、睡眠等），接著是「安全」（人身安全、健康和就業）。兩者必須就定位了，才有辦法移到第三層的「歸屬」（友情和性愛親密關係），接著是第四層的「自尊」（自信和尊重），最後則是自我實現（道德、創意、解決問題的能力）。丹麥人的生理與安全需求都由國家照顧好了，因此他們可以更容易地往前、往上移；他們和同一批人同班十年，可以發展出深刻的友誼，在性方面則獲取了許多資訊、被鼓勵從事各種相關活動；學校重視創造力、致力培育未來的人才，因此許多丹麥人都能獲得一臂之力，直達金字塔頂端。反之，有些已發展的國家連第二級的「安全」都做不到，缺少健保和工作保障（哈囉，美國）。

這樣一想，難怪丹麥人這麼快樂了。他們擁有「可惡」到不行的絕佳生活品質。沒錯，這裡物價但這是丹麥，很值得。我不介意買咖啡得多付點錢，因為我知道這表示供應咖啡給我的人：一、不恨我，二、沒有個很爛的生活。每個人的薪資都很優渥，每個人都受到照顧，每個人都會繳稅，就像我繳的那部分稅金。此外，如果我們稍微錢少了點，不能買我們其實根本不需要的東西，那我覺得這個交易也很值得。

美國媽媽在一個下著雨的星期四，以一副高僧的口吻說：「就像佛陀教導我們的。」

「佛陀？」我心想：天啊，我愛美國人！不是歐普拉就是佛陀。

「當然。祂教導我們，欲望是無窮盡的，滿足一個，只是生出更多個，就像分裂中的細胞。」

我由衷想要給她一個以前那種憤世嫉俗的英國式白眼，但卻忍不住同意她。「丹麥式生活」讓我看見了一種更有意義的存在方式，了解人生應該怎麼過，或至少「可以」怎麼過。而我很喜歡這種方式。

當然，這裡並不完美。沒錯，冬天很討厭，我希望丹麥的日照時數可以平均分配在一年四季，這樣才不會冬天時住在魔多、夏天時又有三個月的午夜太陽。但，我們已經在這裡了，就算我最近發現自己擁有維京的力量，也不可能把北歐移近赤道一點。這裡不是澳洲或其他那些氣候比較溫和，卻仍足以在全球調查中競爭生活品質和快樂指數的國家。但我總是覺得，這些覬覦寶座的非北歐國家有點像是在作弊，因為他們住在全年都有陽光的地帶。每年要活過六個月的冰凍黑暗大地，還能成為全世界最快樂的國家，需要堅毅的性格。人生不可能永遠都是那種陽光普照、獨角獸拿彩虹當跳繩的烏托邦。然而，一個穩定、安全、滋養人心，並且可以讓你今天、明天和接下來的一年都放心依賴的環境，就已經是相當特別、幾乎是最棒的東西了。還是有很多讓人開心的地方：夏季的第一批草莓、小紅紅開始會笑了、終於可以喝酒的那天（這些事情沒有特定順序……）。當然，也有讓人低落的事情。可是，對這一年來和我聊過的所有丹麥人來說，那些讓人低落的事情，似乎都是人類無法避免的個人事件。其他的？都有人處理好了。

問題還是有的。這是一個同質性很高的國家，「丹麥式生活」說得好聽，有時和現實仍然會有些落差。社會上有一小部分的人很喜歡把什麼都怪在移民身上，從犯罪到消失的肉丸，都是移民的錯。然而，這個國家腐敗的地方，其他國家也有出現，而且後者還少了丹麥的優勢。丹麥和世界上其他地方所面臨的問題是一樣的。丹麥人民黨雖然得到不少支持，政府仍努力幫本土丹麥人認識來自其他文化的人民。二〇一四年，哥本哈根低矮的天際線變了，為北歐最大的清真寺興建一座高約二十公尺的塔樓，反映政府持續接納、歡迎哥本哈根回教社群的努力。這座塔樓結合傳統的回教特色和典型的北歐設計，希望可以鼓勵文化融合。我們住在這裡的期間，這個地方也有變化：大鎮的族裔越來越多元，提供給像我這樣的「外國人」的東西也越來越不錯，讓我們更有家的感覺。丹麥人希望別人覺得他們很寬容，這對他們非常重要。因此，丹麥做法正慢慢適應，融入新的文化影響和移民。

一年過去了，我覺得自己好像更了解「丹麥式生活」是怎麼一回事。丹麥人的識別能力很強，他們不喜歡南歐或美國人那種開放的友好，也不喜歡英國人那種笑容僵硬的禮貌。丹麥人直白、直接、信任人、很有安全感，是我以前從未遇過的。在丹麥，相當不可能聽到有人跟你說「祝你有美好的一天」。但如果他們真說了，你會知道他們是真心誠意的。如果你的鄰居冬天不理你，你會知道他們不是故意針對你：外面又黑又冷，他們只是想待在室內hygge。

我也學會了一些丹麥語，所以更能理解身邊發生的事情，會話程度也有辦法和友善鄰居的姪女交談。友善鄰居的姪女才兩歲，但她是丹麥人，所以我還是算有進步。我也會在麵包店點咖啡、茶和幾乎每一種我所垂涎的蛋糕，有百分之九十的信心會拿到自己點的東西。我在這裡也有朋友，是一群可愛、大方、堅強、值得信賴、好客的朋友。他們友善、體貼，每次我問一大堆和丹麥有關的事物時，他們總是耐心十足，讓我常常備受感動。

我和樂高人經歷新生兒最初的瘋狂混亂期，從室內悶熱的氛圍中冒出來時，第一件事就是出門。好吧，我到底在騙誰，我仍處於混亂期中。如果看到奇怪的錯字，那是因為我在打字的同時還抱著八周大的寶寶，他一邊嘔吐、一邊排泄，偶爾踢到鍵盤，踢出幾個搗蛋的字。總之，那天是我生日，我們中午訂了餐廳。這件事需要軍事等級的規劃，並來回車上和屋子五次，確保和寶寶出遠門所需要的一切配備都已帶好、確認且二度確認過。這部分完成後，我才發覺自己還穿著睡衣，於是又回到屋內。我穿上一件套裝，希望能夠傳達：「我的身上或許都是嬰兒牛奶和體液，但我沒問題。」

我們開車到大鎮，停好車，接著花了數分鐘互相提醒要怎麼組裝嬰兒車。幸好，天氣很溫和、太陽似乎就要從雲端探出頭來，因此終於有這麼一次，自然和我們站在同一邊。我把小紅紅從座位上抱起來，輕輕放在嬰兒車裡，帽子蓋住他那依舊令人難以置信、如火焰般的紅髮、手套戴在小小的手上，再塞進毯子中，他並沒被吵醒。我們走向餐廳時，我對幾個月不見的色情小馬噴泉露出深情的微笑，然後在玩具店的櫥窗看見自己的影像。我看著那個女孩：脖子上圍著圍巾、臉上戴著墨鏡掩飾眼袋、頭髮綁成丸子頭，好避開寶寶拉扯的拳頭。我逗趣地發現，自己看起來很丹麥，但也看起來很放鬆，是我一直希望長大後能變成的那種人。

在過去的生活中，我以為自己一直在做對的事情，好來到這種境界：努力工作、獲得成功，設法討好每一個人，但似乎總是無法讓這些努力值回票價。我覺得疲累、飢渴（常常是真的肚子餓）、人生苦短，被周遭發生的任何事牽著走。但是現在我覺得安全、穩定、踏實，是好的那種，即使懷孕後多了幾公斤也一樣。我很滿足，而且沒錯，快樂。我會給自己打九分（我還在等著成為森林家族的女王）。

我勾著樂高人的手，他正把嬰兒車推上通往餐廳的一小段坡度。他忙著告訴我，他已經開始為兒子囤積得寶幼兒積木（Duplo，樂高的小兄弟），向我保證這是一項「投資」；我告訴他，我又能以站姿看見自己的腳趾頭了。我們目前機智妙語的對話約莫就是這種程度（我有提到睡眠不足的事嗎？）。我開始想著要點什麼菜，彷彿可以感受到我答應犒賞自己的普羅賽柯氣泡酒（prosecco）的泡泡在舌尖爆開的感覺。

「所以明年，」樂高人開口說，我發現自己好像沒聽到得寶積木之後的話。

「明年？對，嗯……」做決定的時候到了，樂高人滿懷希望地看著我。他幾個月前就已攤牌，我知道他想留下來。現在，就看我了。我環顧大鎮的新拉丁區，是我們訂了午餐的地方，發現有一間亞洲超市和義大利熟食店，是之前沒看過的。可以住在一個有蝸牛捲、港式飲茶和優質帕馬火腿的地方？這簡直好到太不真實。現在正出大太陽，我們的兒子在睡午覺。身為新手媽媽，生活不可能比這更好了。

我說：「我覺得丹麥還不差。」

樂高人的鬍碴臉（他在育嬰假期間留鬍子——每個人都需要有事做嘛）慢慢露出笑意，但他還是想聽我說出口：「所以，妳很享受『丹麥式生活』的一年囉？」

我妥協地說：「是還可以啦。」

他問：「只是『還可以』？」我聳聳肩，他的臉稍稍垮了下來。

「不過，我覺得我們應該把它變成兩年……」他露出燦笑，接著像個負責的爸爸，把嬰兒車的煞車弄好，給我一個熊抱。我還是覺得有點痛，但我告訴他，我明白他的心意。我們要留下來了。北歐夢或許也有缺陷，但對現在的我們來說，丹麥仍是最好的選擇。我很興奮接下來這十二個月會發生什麼事。

我們抵達餐廳，服務生替我們帶位。座位在一個有遮蔽的庭院裡，就在窗戶旁。小紅紅還在熟睡，所以我們便把嬰兒車留在外頭。

注釋

1 英國電視主持人，最有名的節目是《傑瑞米．凱爾秀》，在節目上邀請素人來賓解決他們和重要他人之間的問題，如親子關係、愛情、毒品、酒精等腥羶議題。來賓常常會表露出憤怒或悲傷的情緒，因此招致不少批評，被認為是英國電視界的恥辱。

「丹麥式生活」十大祕訣

好，我不可能把大家都抓來丹麥，而且我們（還）沒辦法控制自己的基因組成。不過，丹麥人有一些和我們不同的地方，無論你在哪裡都能實踐。

1（更多）信任

這是丹麥人如此快樂的第一個原因，所以就試試看吧。你會感覺很好，也為自己省下不必要的壓力。信任身邊的人能讓他們做出更好的行為，因此成為自我應驗的預言。

2 Hygge

記住生活中簡單的美好——點根蠟燭、泡杯咖啡、吃點餡餅。看吧？你已經更快樂了。

3 運用你的身體

騎腳踏車、跑步、跳躍、跳舞、做愛，把身體甩一甩。運用你的身體不僅能釋放令人變快樂的腦內啡，也可以讓你更好看——丹麥式的好看。

4 訴諸美學

盡可能把居家環境變美。丹麥人就是這麼做，尊敬設計、藝術和日常周遭。記得破窗效應嗎？看起來沒人照顧的地方，只會變得越來越糟？反之亦然。

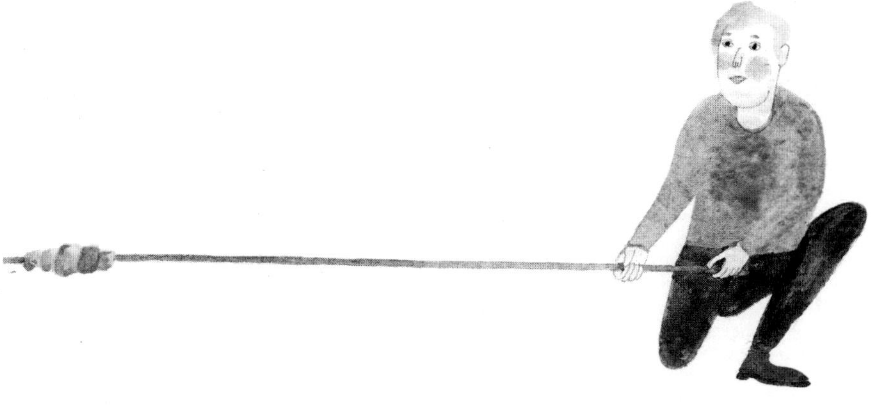

5 縮小選項

若說住在史迪克斯維爾有教我什麼事，那就是把選項減少，可以去除現代生活的一些麻煩。能做的事情、能吃的餐廳（哈！）、能穿的衣服（哈囉，倫敦衣櫃），如果選擇太多，造成的負擔會比好處多。丹麥人很擅長用簡單的生活舒緩壓力、在界限內自由自在。

6 感到自豪

找到你或你的同胞非常擅長的事情，然後對此感到驕傲。不管是踢足球、玩遊戲，還是賽螃蟹，只要贏了就慶祝吧！升國旗，一逮到機會就唱歌。

7 重視家庭

在丹麥，國定假日就像建立感情的新兵訓練營。家庭是丹麥生活最優先的事物。聯絡親戚、進行固定的儀式，可以讓你更快樂，所以不妨兩者都試試。你的家人不怎麼好？那就從朋友下手，或使用第三個祕訣（做愛那部分）。

8 相同的工作、相同的尊重

記住，沒有所謂「女人的工作」和「男人的工作」，只有「工作」而已。照護者和掙錢養家的人一樣重要，兩者少了對方就無法生存。兩種工作都是一樣辛苦、優秀、重要。

9 玩

丹麥人超喜歡一個活動本身的意義。在樂高的土地上，玩樂是任何年齡都值得去做的事情。所以，建造東西吧！創造、烘焙，或甚至是畫出你自己的諾爾・艾德蒙漫畫。總之，常常做東西就對了。弄得越亂越好！

10 分享

根據研究指出，這樣生活真的比較容易，你也會變得比較快樂。沒辦法影響政策，得到像丹麥這樣的福利國家嗎？那就帶著蛋糕到鄰居家，或邀請別人到你家一同hygge，讓溫暖朦朧的感覺充斥空中。

HYGGE ！丹麥一年——我的快樂調查報告

***The Year of Living Danishly:** Uncovering the Secrets of the World's Happiest Country*

作　　者　海倫・羅素（Helen Russel）
譯　　者　羅亞琪
封面插畫　湯舒皮 Soupy Tang
封面設計　Molly Chang
特約編輯　張雪莉
內頁排版　綠貝殼資訊有限公司
行銷企劃　林芳如
行銷統籌　駱漢琦
業務發行　邱紹溢
業務統籌　郭其彬
責任編輯　何韋毅
總 編 輯　周本驥
發 行 人　蘇拾平

出　　版　地平線文化／漫遊者文化事業股份有限公司
地址：台北市松山區復興北路三三一號四樓
電話：(02) 2715-2022
傳真：(02) 2715-2021
讀者服務信箱：service@azothbooks.com
漫遊者臉書：www.facebook.com/azothbooks.read
劃撥帳號：50022001
戶名：漫遊者文化事業股份有限公司

發　　行　大雁文化事業股份有限公司
地　　址　台北市松山區復興北路三三三號十一樓之四

初版一刷　2018 年 2 月
初版三刷　2019 年 12 月
定　　價　台幣 420 元
I S B N　978-986-94846-1-9

國家圖書館出版品預行編目（CIP）資料

HYGGE ！丹麥一年：我的快樂調查報告 / 海倫・羅素（Helen Russell）著；羅亞琪譯．— 初版．— 臺北市：地平線文化，漫遊者文化出版：大雁文化發行，2018.02
368 面；17×22 公分
譯自：The year of living Danishly : uncovering the secrets of the world's happiest country
ISBN 978-986-94846-1-9（平裝）
1. 社會福利國家　2. 幸福　3. 丹麥
747.33　106010795